THE EVERYTHING
GIANT BOOK OF WORD SEARCHES
VOLUME 12

Dear Reader,

This book should keep you busy for a while! I think that's a good thing because word search puzzles are a pleasant way to spend some quality time. They provide a nice mental workout that can turn into a healthy habit. I like word search puzzles because they are challenging yet never overwhelming. You will leave feeling refreshed, not frustrated.

Creating this book has kept me really busy. There are more than 300 word search puzzles here! It was a blast dreaming up a theme for each one. I cover all sorts of diverse topics, with puzzle titles such as *Athletic Shoes*, *North Dakota*, *Mariachi Music*, and *Sleight of Hand* to name just a few. Each grid is stuffed with loads of relevant words for you to find.

Thanks for spending time with this book. It's here whenever you need a relaxing change from the real world. I wish you many enjoyable and rewarding hours in these pages.

Charles Timmerman

Welcome to the EVERYTHING Series!

These handy, accessible books give you all you need to tackle a difficult project, gain a new hobby, comprehend a fascinating topic, prepare for an exam, or even brush up on something you learned back in school but have since forgotten.

You can choose to read an Everything® book from cover to cover or just pick out the information you want from our four useful boxes: e-questions, e-facts, e-alerts, and e-ssentials. We give you everything you need to know on the subject, but throw in a lot of fun stuff along the way, too.

We now have more than 400 Everything® books in print, spanning such wide-ranging categories as weddings, pregnancy, cooking, music instruction, foreign language, crafts, pets, New Age, and so much more. When you're done reading them all, you can finally say you know Everything®!

PUBLISHER Karen Cooper

MANAGING EDITOR, EVERYTHING® SERIES Lisa Laing

COPY CHIEF Casey Ebert

ASSISTANT PRODUCTION EDITOR Jo-Anne Duhamel

ACQUISITIONS EDITOR Lisa Laing

EVERYTHING® SERIES COVER DESIGNER Erin Alexander

Visit the entire Everything® series at www.everything.com

THE

EVERYTHING®

GIANT BOOK OF
WORD SEARCHES

VOLUME 12

More than 300 puzzles for hours
of word search fun!

Charles Timmerman

Founder of Funster.com

Adams Media

New York   London   Toronto   Sydney   New Delhi

Dedicated to my family.

Adams Media
An Imprint of Simon & Schuster, Inc.
100 Technology Center Drive
Stoughton, MA 02072

An Everything® Series Book.
Everything® and everything.com® are registered trademarks of Simon & Schuster, Inc.

First Adams Media trade paperback edition MAY 2017

ADAMS MEDIA and colophon are trademarks of Simon and Schuster.

For information about special discounts for bulk purchases, please contact Simon & Schuster Special Sales at 1-866-506-1949 or business@simonandschuster.com.

The Simon & Schuster Speakers Bureau can bring authors to your live event. For more information or to book an event contact the Simon & Schuster Speakers Bureau at 1-866-248-3049 or visit our website at www.simonspeakers.com.

Interior design by Heather McKiel

Manufactured in the United States of America

7 2023

ISBN 978-1-5072-0258-6

Contents

Contents

Acknowledgments

I would like to thank each and every one of the more than half a million people who have visited my website, Funster.com, to play word games and puzzles. You have shown me how much fun puzzles can be and how addictive they can become!

It is a pleasure to acknowledge the folks at Adams Media who made this book possible. I particularly want to thank my editor, Lisa Laing, for so skillfully managing the many projects we have worked on together.

Introduction

The puzzles in this book are in the traditional word search format. Words in the list are hidden in the puzzle in any direction: up, down, forward, backward, or diagonal. The words are always found in a straight line, and letters are never skipped. Words can overlap. For example, the two letters at the end of the word "MAST" could be used as the start of the word "STERN." Only uppercase letters are used, and any spaces in an entry are removed. For example, "TROPICAL FISH" would be found in the puzzle as "TROPICALFISH." Apostrophes and hyphens are also omitted in the puzzles. Draw a circle around each word you find. Then cross the word off the list so you will always know which words remain to be found.

A favorite strategy is to look for the first letter in a word, then see if the second letter is one of the neighboring letters, and so on until the word is found. Or instead of searching for the first letter in a word, it is sometimes easier to look for letters that stand out, like Q, U, X, and Z. Double letters in a word will also stand out and be easier to find. Another strategy is to simply scan each row, column, and diagonal looking for any words.

PUZZLES

Creative Scrapbooking

ART
BABY
BINDER
BIRTHDAYS
BOOK
BORDERS
BRADS
CLIPPINGS
CRAFT
CREATIVE
CROP
CUT
DECORATE
DESIGN
EMBELLISHMENTS
EVENTS
FAMILY
FUN
GLITTER
GLUE
HOBBY
INDUSTRY
JOURNAL
KEEPSAKE
LAYOUTS

LETTERS
MATERIALS
MEMENTOS
MEMORY
PAGE
PAPER
PERSONAL
PICTURES
PRESERVE
PRINTED MEDIA
PUNCHES

RECORD
RIBBON
SCISSORS
SHAPES
SOCIAL
STAMPS
STENCILS
VACATIONS
WRITING

```
O L Y K C V G M K F M Q H F C O B M R B
F E A J W F P O E B E W O P R H T F K S
H Y L I M A F K M R M P G L I T T E R T
D Z O A C E O O B A O E K F M R T G F N
V A N D Y O L G E D R V M V Y A K A L E
V K P O B O S N L S Y I J E R R R E A V
J H O B B Y U I L M L T P O N C T L D E
Z I R H I B P T I Y J A C R O T X F K S
K Z C W A B I I S Z R E I N E G O A C T
X S P Y R Z C R H T D R W R S C S S A A
T C W Q X S T W M Y I C S Y E P O Q H M
A I V E G Y U R E P A P A P E T J R Z P
U S L A G P R I N T E D M E D I A H D S
W S T R C C E T T M H O K R N O R M T R
E O V E N A S F S T P R E S E R V E G E
S R X D G W T H R U U Y J O U R N A L D
W S G N I P P I L C D C B N N C I D U R
U R E I S H B M O N X N P A I P A G E O
R H N B E S E H C N U P I L B Y F B C B
G A F E D S H A P E S F S J Z J O T I V
```

Solution on page 330

Prince William

```
B F I R S T C H I L D W K K W J N R P F
A R Q W H D Q N O R E C I F F O R T T T
C Y Y D Y I O G N I N I A R T E E V C O
C P I L I H P S D I O L B A T D U K E L
T O B L G L O Z F N I P A P A R A Z Z I
Q L E A C M E D A L S A O C I V B V Z P
I O N B L S A R F K S C A M B R I D G E
T R I T B M O D G N I K D E T I N U N N
O K R O R R O Y O L M I L I T A R Y I A
S U E O B A R R E Z M H E S A N A I D I
B Z H F C T F H A L O U I S E T O N D R
M R T N S A O C Q L C D Y W A L E S E A
Z B A E N M O T O R C Y C L I S T C W T
B U C K I N G H A M P A L A C E I I N I
Y N N V S T A N D R E W S T R O P S T N
A O I I A O X R S T N E M T N I O P P A
P D N B F R E H T A F T X F L Y I N G M
J N M O E O T W L H S A E S R E V O N U
F O W X S D R A W A U F P M Z U Q U I H
W L T Q F C I M D E G R E E R I Q O L W
```

ANCESTRY

APPOINTMENTS

ARMS

ARTHUR

AWARDS

BALMORAL CASTLE

BUCKINGHAM PALACE

CADET

CAMBRIDGE

CATHERINE

COMMISSIONED

DEGREE

DIANA

DUKE

ETON

FATHER

FIRST CHILD

FLYING

FOOTBALL

HELICOPTER

HUMANITARIAN

LONDON

LOUIS

MEDALS

MILITARY

MOTORCYCLIST

OFFICER

OVERSEAS

PAPARAZZI

PHILIP

PILOT

POLO

RAFC

SARF

SON

SPORTS

ST ANDREWS

TABLOIDS

TITLES

TRAINING

UNIFORM

UNITED KINGDOM

WALES

WEDDING

WOMBAT

Solution on page 330

Professors

| U J I D I G A G T Z A H D R D G E B S E |
| W I K E C N S T N E D U T S E Z Z I U Q |
| R S Q G N I R O T N E M M O A W C V I X |
| E M T R X Y E T A U D A R G N U O Y N L |
| A A X E E D K R O T C U R T S N I P E L |
| S X C E G U R A M H O M E W O R K D G I |
| O E K Z D T O I D E M G N I T E E M N N |
| N R L L E S W X K D T T T N E L A T O T |
| W U H A L L O W E D H A L L S X E I B E |
| X N V P W Z C P N S R S R M K L T C T N |
| E E F I O S E C C T K W E O L U E A E I |
| F T D C N D E H S I U G N I T S I D R C |
| K E I N K Z O I L S E N G I I C U Q U I |
| H A P I I O N L T L U E T T O C O X T D |
| W C L R L I I A L I N S R S A O P D C E |
| I H O P M E F O A C N E S T C U Q Z E M |
| S E M D P F C B E I P A O X X N Q Y L I |
| D R A V R A H X I X K R M M A S T E R S |
| O N S P R I N C E T O N V U R E D P E N |
| M G J F W X O N Z A D M R L H L C W T P |

ADMINISTRATION

ASSOCIATE

COLLEGE

COUNSEL

COWORKERS

DEAN

DEGREE

DIPLOMAS

DISTINGUISHED

DOCTORATE

EDUCATOR

EXAMS

EXPERTISE

GENIUS

GRADUATE

HALLOWED HALLS

HARVARD

HOMEWORK

HUMANITIES

INSTITUTION

INSTRUCTOR

INTELLIGENCE

IVY

KNOWLEDGE

LAW

LECTURE

MASTERS

MEDICINE

MEETING

MENTORING

POWER

PRINCETON

PRINCIPAL

QUIZZES

REASON

RED PEN

SCHOOL

SKILL

STAFF

STUDENTS

STUDYING

TALENT

TEACHER

TENURE

WISDOM

Solution on page 330

Coney Island

```
N H Y W Z Z Y L B K V W I D J W N F G Z
T T E X P T E K R B O A R D W A L K J V
U Q Y Z I S N A H N E W Y O R K H C F P
M L P C U X M E A Y T I N U M M O C I N
U M T O M D S E M R P D A C L A T J U U
S V R N N A C Y O N E I X R S E E J F F
I A Z A E O E S V R I A E T C B L J O T
C E L E C M E R W B O A E R E A Y O H O
N N N Z T R P H C A Z R T A E D D U H U
M H G O C N E O P E R Q C R Y T N E T R
S U I S T E E P L E C H A S E D A A H I
Z W I S L H S P M E J I H B E T C W S S
A Y I R T E G N T U V G A R L I N N U T
A F G M A O D I Z U B E B O P C O E N S
D F F G M U R I R Y N O D O O K T R D P
F A A T G E Q I R B L E D K E E T D K P
J T M A T T R A C T I O N L P T O L I E
E O O B S V O V E G X H X Y P S C I D O
U M U D W F V A C A T I O N E R O H S N
Y U S Y O V W N L I X I N S K X E C K V
```

AQUARIUM

ARCADE

ATTRACTION

BEACH

BOARDWALK

BRIGHTON

BROOKLYN

BUMPER CAR

CAROUSEL

CHILDREN

CITY

COASTER

COMMUNITY

COTTON CANDY

DEVELOPMENT

ENTERTAINMENT

FAMOUS

FOOD

FUN

HISTORIC

HOTEL

ICE CREAM

KIDS

LANDMARK

MUSIC

NEPTUNE

NEW YORK

OCEAN

PEOPLE

PIER

RESORT

RIDE

SAND

SEA GATE

SHORE

STEEPLECHASE

SUN

SWIMMER

TAFFY

THUNDERBOLT

TICKETS

TOURISTS

VACATION

WATER

WONDER WHEEL

Solution on page 330

2016 in Review

```
A M A B O P O L I T I C S W E N E K A F
N O T L I M A H F U H T N E L U B R U T
N L B H X E C A P S I M O N E B I L E S
U S R E I L A V A C S C I P M Y L O A L
W T E T T S D A V I D B O W I E S J I Y
E Y X H F H I L E A P Y E A R F U S D B
S U I C I D E S Q U A D Y H E I T T E R
T Q T O D O E R U O V R O S G N H R M E
W V S L E C H N E S F U P P A D N A L F
O I L N L T A I V V S L M P C I A N A U
R L R A C O R T P E E U A V E N S G I G
L A I Y A R A P W H R N O S K G D E C E
D D G R S S M V P T O B A B U D E R O E
H A E Q T T B L D I L N R N L O A T S S
I M R A R R E L R Z D S E O T R D H R Y
L M O B O A A A L E P P O O N Y P I U E
L A M U H N S U R I V A K I Z C O N S K
A H L C O G U S E L E C T I O N O G S R
R U I D H E C N E L O I V N U G L S I U
Y M G L E M O N A D E Z O O T O P I A T
```

ALEPPO

BERNIE SANDERS

BREXIT

CAVALIERS

CUBA

DAVID BOWIE

DEADPOOL

DENVER BRONCOS

DOCTOR STRANGE

DONALD TRUMP

FAKE NEWS

FIDEL CASTRO

FINDING DORY

FULLER HOUSE

GILMORE GIRLS

GUN VIOLENCE

HAMILTON

HARAMBE

HILLARY

IPHONE

LEAP YEAR

LEMONADE

LUKE CAGE

MICHAEL PHELPS

MUHAMMAD ALI

OBAMA

OLYMPICS

POLITICS

REFUGEES

RIO

RUSSIA

RYAN LOCHTE

SIMONE BILES

SOCIAL MEDIA

SPACEX

STRANGER THINGS

SUICIDE SQUAD

THE REVENANT

THIS IS US

TURBULENT

TURKEY

US ELECTION

WESTWORLD

ZIKA VIRUS

ZOOTOPIA

Solution on page 330

Youthful

ACTIVE
ADOLESCENT
ADVENTUROUS
AWKWARD AGE
BLOOM
BOYS
BUSY
CAMP
CHILDHOOD
CHILDREN
CLASS
CLOTHING
CURIOUS
DEPENDENT
DEVELOPING
DISCIPLINE
DISCOVERY
DREAMERS
ENERGETIC
FEARLESS
FLEDGLING
FUN
GENERATION
GIRLS
GROUP
IMAGINATIVE
INEXPERIENCE

INNOCENCE
INQUISITIVE
JUVENILE
KIDS
LAUGHING
MENTOR
MUSIC
PEERS
PRECOCIOUS
PUBERTY
SCHOOL

SPORTS
STUBBORN
STUDYING
TEENS
TELEVISION
UNDERAGE
YOUNG

```
V S I S B N Q G O N H M D P M Z B F R H
W G C G D D G U N J G N I H G U A L C N
W Z N N R E O Y X U M G B A S I E E I I
G N Y I A J P O S U O R U T N E V D A W
Q R B Y P W P E H Q J Y T E E G I G G R
T O O D M O K S N D V E X L E A T L G Q
P S Y U R C L W W D L P T O T R I I H T
M D S T P R U E A E E I Y O F E S N N Y
A I A S I F N R V R S N H H Y D I G V H
C K C G U U Z I I E D U T C D N U C E T
P P T N E C S E L O D A O S I U Q H D J
R E I T W I N J G N U I G I S Q N I R Y
B E V M O C U N Z U N S L E C X I L E T
G R E N E V I T A N I G A M I O M D A R
L S U S E H Z R O T N E M V P S C R M E
U S H N T R B C G X B M O O L B V E E B
A A I O P R E E N E R G E T I C K N R U
O L L C Y N O N O I T A R E N E G M S P
E C A N C F I P D I S C O V E R Y S U B
M M F E A R L E S S T U B B O R N U F Z
```

Solution on page 330

Athletic Shoes

```
W U V H J Q E M H S S W Q J H F Z Y T K
J P X A E Q N L Y H S P A J F F D V V S
S K O O R B P R O M O T E N D O R S E D
L D N S H O E S G S L L A B T E K S A B
P N E W B A L A N C E D M H H U L J O B
D L A C E S B Y F S R O T C E L L O C G
E U L A U S A C A O R H N T G E A M C P
V U Q T I L N V J T F E E S R E V N O C
I J M U R G O R N Y K O N Y D S A M U P
S E I T I V I T C A C C O N S N A R R I
N N V Q S A H U R D C S U T U U A F T U
E T E N N I S E S Y R T P H W R J R S M
P X R A T T A V C R D R T E C E L B B P
X M E A K V F G I E N O H T A R A M U P
E F H R C E E X S V I P I I A D C R F D
L K T U C K R I A E K S S C E K I N I E
K F A B O I G S D A A C C E N T S D L A
N B E B J N S R E G G O J F B R Y S A L
A A L E S S D E K T B L N H I P H O P S
U N E R F G Z I I I M V N R E P P U H J
```

ACCENTS

ACTIVITIES

ADIDAS

AIR JORDAN

ANKLE

ASICS

BASKETBALL

BRANDS

BROOKS

CANVAS

CASUAL

CHUCK TAYLOR

COLLECTORS

CONVERSE

COURTS

DEALS

DESIGNS

ENDORSED

EVERYDAY

EXERCISE

EXPENSIVE

FASHIONABLE

FILA

FOOTWEAR

HIP HOP

JOGGERS

KEDS

LACES

LEATHER

MARATHON

NEW BALANCE

NIKE

PHYSICAL

PROMOTE

PUMAS

RUBBER

RUNNERS

SHOES

SNEAKERS

SOLE

SPORTS

SYNTHETIC

TENNIS

TRACK

UPPER

Solution on page 331

Caught in a Storm

ATMOSPHERE
BLIZZARD
CLIMATE
COLD
CYCLONE
DAMAGE
DANGER
DARK
DISASTER
DISTURBANCE
DRIZZLE
DUST
FLOOD
FORECAST
FRONT
GALE
GUST
HIGH PRESSURE
ICE
KATRINA
LIGHTNING
LOUD
LOW PRESSURE
METEOROLOGY
NATURE
PERFECT STORM
PRECIPITATION

RAGING
RAIN
SAND
SEVERE
SKY
SNOW
SQUALL
STRONG
TEMPERATURE
THUNDER
TORNADO

TYPHOON
VIOLENT
WARNING
WATCH
WAVES
WET
WIND

```
O U P W W Q D P H G R D K G K Y E N B N
G N U Q F C G T D B U D K F E L I D W G
S S X G D L O C T N K I H N R R P V S N
E N E H Q I B A T M O S P H E R E G J O
V E S P D G C L I M A T E F T M T V W R
H I L O V H W C I T S U G F S E E T E T
M E O Z Z T I A X Z F R I E A T M X T S
R L S L Z N N G U N Z B V O S E P F I Q
F W D D E I D C H I N A M Q I O E K C U
V N A U R N R Y S P W N R L D R R K M A
R I M T O G T D E I R C O D U O A T V L
D A A W Q L N A T U R E T S H L T I D L
Q K G G T Y P H O O N S S C T O U V Z D
K C E I N N K N D O A E T S H G R E T Y
R E L C N I Q A L C R A C A U Y E E O K
Z K C F I G N C E P W T E N N R P L R S
P B L B S G Y R W R O Q F D D O E A N A
X Z N D E C O O A T N O R F E N D G A M
T W R R N F L I J W S G E D R T S U D Y
I H J B L E N P R E C I P I T A T I O N
```

Solution on page 331

Shipped

ADDRESS
AIRLINE
BOX
BUSINESS
CAR
COMMERCIAL
CONSUMER
CONTENTS
COURIER
DELIVERY
DIRECT
DISTRIBUTION
DOOR
DRIVER
EXPRESS
FLOWERS
FREIGHT
GOODS
INVOICE
LAUNDRY
LOGISTICS
MAIL
NETWORK
OVERNIGHT
PACKAGE
PACKING
POSTAL

```
T D J P W S B E N X Y M K C U R T O N Q
N B K J D J R B U Z X C V X R G O G U E
L U P D B O X H M L A U N D R Y I U M S
S F P M T M W T Q B U S I N E S S X T G
U S P S Z C A Y Q W L S S Z H F M C N E
L N V E Z K E Y V H T M G E J W U I F C
I O S M P L V R I R S C G R L D K L A W
S B G A C K L A I C R E M M O C O R D E
Z Q A I C Y Y B H D O R E R A W I R D C
S V T L S S U E X X L N P P E Y E H R I
Q L H G G T D C Y N I C T R R I O E E O
U Q G H I U I N O L O S S E R P X E S V
H B I O L D T C R N A K V U N G T G S N
J F N E R Q Y I S P R I O R I T Y A D I
T L R R E I A U O O L C C G D X S K A I
T A E E V Y M Q W E A R G E Y N P C O I
S O V U I E K T D O T J Q J P L I A R J
X D O O R G E J T Z S G O O D S H P N W
F F K S D N H S T I O Y L V Z T S E A K
M C R G W P Q T M T P O M G N O A Z V E
```

PRIORITY
PRODUCTS
RAIL
ROADS
ROUTE
SCHEDULE
SEA
SHIP
SIGN
SPECIAL
STORE

TRUCK
UPS
USPS
VAN
VEHICLES

Solution on page 331

Minions

BANANAS
BILLIONS
BOB
CARL
CAVE
CENTURIES
CHRIS RENAUD
COMEDIC
CREATURES
DAVE
DESPICABLE ME
EL MACHO
EYES
FILM
FRUITS
GOGGLES
GRU
HENCHMEN
JERRY
JORGE
KEVIN
KIDNAPPED
LANGUAGE
MASTERS
MELODIOUS
MINIONESE
MOVIES

NAPOLEON
NONSENSICAL
NORBERT
NUMEROUS
OVERALLS
PAUL
PHIL
PIERRE COFFIN
PURPOSE
QUEEN ELIZABETH II
SERVE

SMALL
STUART
TIM
TOM
VILLAINS
YELLOW

```
N J Y C J S V Q V J X A U C S T E D S G
G O K T W Q A T J Q G T S A M V L E N C
O D C O Y M R N L W C N V V R R R S O L
H C D I Q A R N A W O L L E Y U A P I N
H I L M U S V U J N Z U S D T C C I L A
L D T T P T O M S E A G Q A N H H C L X
Q E S W J E T E U P R B E V O T F A I H
V M D B B R N R Z B J R D E E I E B B Q
Z O E P H S O O E O C U Y B L S O L F G
S C P L I E Y U O B A K A M O X H E R M
E M P C O E N S X N R Z M P P P C M U Y
J S A Y P D R C E I I O R L A Y A E I P
Y L N L W P I R H L T U N P N M M G T T
N L D I L H S O E M P O V E R A L L S B
C G I F A I D N U C E N T U R I E S X K
W I K R R L E V R S O N M U D S E Y E E
O R P H S E L G G O G F Y S A V B V F L
F H C H U S E I V O M E F B V B I Z T H
O L B Q J F M H V M M I N I O N E S E O
F Y F P B J O R G E G A U G N A L M N I
```

Solution on page 331

Global Positioning System

```
W L V J Z F N Q X Q B X L U F P L E H S
M P H O N E E P L A C E F X C J U X G C
F A F O U N D O H L L A Q O S Y F P N T
G T P S I N N U T I D G O N E Y E E I W
I O W P O G O U T A K R O L T G S N K S
E D J A I V R I S I D I E P I O U S C A
C S A T Y N I P T I T C N V L L L I A F
I E U S Z M G E N A T A T G L O E V R E
V D E R H P A A T R R P L W E N M E T T
E I G C V B T R O U A E R A T H I D R Y
D U N B A E O N K F N A T I A C L D A X
K G I E S P I A W I M I F A S E I I V G
Z R H S S C S L R N N I O E L T T R E A
T F C N S A G A L D C G C N G I A E L R
S L A N G I S T S A C D A O R B R C H M
E R C P O S I T I O N I N G C Z Y T G I
T B O H N A I L I V I C L O C A T I O N
U R E T U P M O C W P R E C I S I O N X
O Y G P S H C R A E S U R V E Y I N G L
R Q N H N E W H A F W C O M P A S S Q Z
```

AREA

BROADCAST SIGNALS

CIVILIAN

COMPASS

COMPUTER

COORDINATES

DASHBOARD

DEVICE

DIRECTIONS

ELECTRONICS

EXPENSIVE

FIND

FOUND

GARMIN

GEOCACHING

GPS

GUIDE

HELPFUL

HIKING

LATITUDE

LOCATION

LONGITUDE

MAPPING

MILITARY

PHONE

PLACE

POSITIONING

PRECISION

ROUTE

SAFETY

SATELLITES

SCIENTIFIC

SEARCH

SOVIET UNION

SPACE

SURVEILLANCE

SURVEYING

TECHNOLOGY

TRACKING

TRANSPORTATION

TRAVEL

TRILATERATION

TURN

USEFUL

WAYMARKING

Solution on page 331

Crocodiles

AFRICA

AMBUSH

ANIMAL

AQUATIC

ASIA

ATTACK

AUSTRALIA

BELTS

BIG

CROC

DANGER

EAT

EGGS

FAST

FLORIDA

GREEN

HANDBAG

HIDE

HUNT

JAW

JUNGLE

LAKES

MUD

NILE

PREDATOR

PREHISTORIC

PURSE

REPTILE

RIVER

ROUGH

SCALE

SHOES

SKIN

SMILE

SNOUT

STRONG

SWIM

TAIL

TEETH

TROPICS

WALLET

WATER

WETLANDS

ZOO

```
G T T H X U M X A P L E M X M D Q G C N
D Z L T G G X N Y M I T O X W P A A T Q
J O S E L I N W C T I M H D V N U F M W
E A X O Y E Y O E Q O W T J E I T J I G
T O G D A N G E R E V I R Y R E T A W Z
C N C M F R T L E T T J S E K A L I A T
X M W V Q H B I G R S N W C G P H I O C
H R Y R O A N T O H O O A T P S D U M Z
I Y C R O C N P C U G T L N U F M I W S
C W A I Z I I E T A T U B B I S B B C T
R D W Q K C M R B A A C M G P M W W A Q
T X L S S G W D O F I A C I R F A E S W
P S X T S D N A L T E W G R E E N L B A
N T E L L A W O A P S G H I D E I G Q O
A W E E H N R U G E R I G P A L I N D V
R I K B N I Q H O O U T H S T V D U S S
G K S I D A H H U G P R S E O I E J C J
M F K A Z X S G Q N A I L A R T S U A F
Q B F Q M U H A W R T V N G F P T W L C
J I U J V Q M M V M Z Y L T Q F E I E M
```

Solution on page 331

Katy Perry

ACTRESS

ALBUM

AMERICAN

ARTISTRY

AWARDS

BUSINESSWOMAN

CALIFORNIA

CAPITOL

CAREER

CHARITABLE

CONTRACT

DANCE

DARK HORSE

DISCO

FEMALE

FIREWORK

GLOBAL

GOSPEL

HOT N COLD

HUDSON

I KISSED A GIRL

MILLIONS

MTV

MUSIC

ONE OF THE BOYS

PART OF ME

PHILANTHROPY

POP

RISE

ROAR

ROCK

RUSSELL BRAND

SINGER

SMURFETTE

SOCIAL MEDIA

SONGWRITER

STUDIO

SUPER BOWL

TEENAGE DREAM

TWITTER

UNICEF

VIDEOS

VOICE

WIDE AWAKE

WORLD TOUR

```
I R Y F D G V W C M N A C I R E M A H S
K O E C L V I L A R T I S T R Y J E T A
Y M E O Q H D J P M N D F N A L B U M W
X P B N B W E Q I U Q E A S O M D F J A
N A O T D U O Z T S N M C T W I T T E R
L T C R F R S R O I P L T N O D L X L D
G X J A H W U I L C H A R I T A B L E S
L E J C R T I S N D W I E A O R L G I I
N R K T E E N K S E T C S Y K K N Y C M
M E K A E T E A I E S O S Z R H C T A S
S T M O W C T R L S L S U O R O H L I G
J I V F Y A I E H I S L W R O R U R N O
Q R N E O N E O F T H E B O Y S D R R S
S W O G C T T D V R R P D R M E S U O P
K G T R E N R B I I U C O A A A O L F E
H N E R C R A A F W F M Y Q G N N V I L
D O I O A P Z D P Y O C S I D I D X L A
C S L X R O C K T E E N A G E D R E A M
E D H I N P R O P S U P E R B O W L C E
T D E F Y I G U X E W A O D U N I C E F
```

Solution on page 332

24

Historic Autos

```
D E S I G N O I S S I M S N A R T N T B
T G J S S I S T E A M P O W E R E D V H
E S E Z W E T N A C I R E M A Z S T T S
L O E R J O S E P H C U G N O T B R R E
O O Y I M A F U E L G A S D L O O F N G
R M L I B A E Y R U D P S L C P Z G S A
V I N T E R N A L C O M B U S T I O N T
E N C G R B E Y B R H Z N N G N J A R N
H D Z A O E Z V T N B R A K E S P O L I
C U H S A D W A D M O R V S M A T G W V
F S E O D I T O Z N T I G J J O O S H W
F T N L S I N C P N A N T C M R D S E J
R R R I O R Y V A E E N E C L I O E E W
E Y Y N L G O M E R S B I T U A B L L T
L E F E A G U Q P N R R L D A D S E S T
S O O P U H V W N T T I O R R P O S G R
Y T R A V E L N Z C G I A H A E A R I U
R U D O L F D I E S E L O G N K F O P C
H T E C H N O L O G Y Z K N E P L H K K
C A S T U D E B A K E R N K Y N A D E S
```

AMERICAN

BRAKES

CARRIAGE

CHEVROLET

CHRYSLER

CLASSIC

DESIGN

DURYEA

ELECTRIC MOTOR

ENGINES

FERDINAND VERBIEST

FUEL GAS

GASOLINE

GERMANY

HENRY FORD

HORSELESS

HORSEPOWER

HUMAN TRANSPORT

INDUSTRY

INTERNAL COMBUSTION

INVENTION

JAPAN

JOSEPH CUGNOT

KARL BENZ

MODEL T

OIL

OLDS

PATENT

PRODUCTION

ROADS

RUDOLF DIESEL

SEDAN

STEAM POWERED

STUDEBAKER

TECHNOLOGY

TRANSMISSION

TRANSPORTATION

TRAVEL

TRUCKS

VAN

VINTAGE

WHEELS

Solution on page 332

Yearbooks

ACADEMIC

ACHIEVEMENT

AMBITION

ANECDOTES

BOOK

CLASS

CLUBS

COLLEGE

COVER

FRESHMAN

GOALS

GRADUATION

HIGHLIGHT

HOMECOMING

JOKES

JOURNEY

KEEPSAKE

MASCOT

MEMORIES

MESSAGES

MOST LIKELY

NAMES

ORGANIZATIONS

PAGES

PEOPLE

PHOTOGRAPHS

PORTRAITS

PREDICTIONS

PROM

QUOTES

RECORD

REMINISCE

SIGNATURES

SIGNING

SMILE

SNAPSHOT

SOPHOMORE

SPIRIT

SPORTS

STUDENTS

TEACHERS

THEME

TIME CAPSULE

TIMELINE

YOUTH

```
N U G O A L S B U L C J D R A J Q H G O
N B N O P E C S I N I M E R X Y O U T H
S M F S R E H C A E T T L C Y E D X H D
K E A E E G N Y B L S I U O T N U R G I
E M K N D X A W B N C R S V M R E Q I K
E O D I I S M N A Z E I P E O U G U L B
P R R L C T E P I S H P A R G O T O H P
S I O E T A S G G Z V S C A N J X T G M
A E C M I H N G A C A K E I G O N E I O
K S E I O I N E R P G T M N E K A S H S
E E R T N H Q U C A C H I E V E M E N T
A G R G S P P F M D D M T O R S H R H L
T E I O T X F O D A O U J W N J S U C I
R S J I I T C W S C S T A Z S S E T O K
Q T G B A C A D E M I C E T M S R A L E
M R O V R Y M M X W M L O S I N F N L L
J O U I T N O I T I B M A T L O Z G E Y
K P R B R H K J W F L Y O D E U N I G N
C S T P O S T N E D U T S E G A S S E M
K P E O P L E M E H T G P D A C W T Q R
```

Solution on page 332

Astronomy

ANALYZING

ASTEROID

ASTRONAUT

ASTROPHYSICS

ATMOSPHERE

AXIS

BIG BANG

BLACK HOLE

CAMERA

CAREER

CELESTIAL

CHART

COMET

CONSTELLATION

COSMOS

ECLIPSE

GALAXY

GAZING

GRAVITY

HELIOSPHERE

INFRARED

INTERSTELLAR

MAP

METEORS

MONITOR

MOON

MOVEMENT

NEBULA

NIGHT

OBSERVATORY

ORBIT

PATHS

PLANET

PLOTTING

QUASAR

ROTATE

SCIENCE

SOLAR

SPACE

STAR

SUN

TELESCOPE

TRACK

UNIVERSE

WHITE DWARF

```
H A G U Y H A J T P Q D T V H Z S X S M
D R T B U E N G O U Y K U W S E K E B L
Z E C L V L I U L R N U H R P C T S U N
N M N H T I R P S A B I G B A N G B O B
D A S T R O N A U T T I V R C E N O D R
J C C Q T S G M A E A M T E E I M C O N
Q P A I T P H S D P C R O U R C O C U R
P C N S C H T W L O V K R S R S V A P F
U O T B T E A A S T R A H C P L E R W G
M M H R R R N M J T L J R O G H M E K X
D E G O F E O A B L A C K H O L E E J K
E T I C T S L P E L K W L G D E N R O E
R D N E P U T T H E R G R A V I T Y E P
A Q S L B L S E B Y R O T A V R E S B O
R K K E G R O Q U A S A R U U C G Y K C
F R N S E A V T P G N I Z Y L A N A Z S
N O I T A L L E T S N O C I R O T A T E
I S N I U I G A Z I N G P S H T A P P L
T I R A L O S I X A N S R O E T E M V E
V J R L J W W K S Y E G K T M U R N R T
```

Solution on page 332

Film Festivals

```
L H E Q W B Z W Q V S L G B R Y C L F Z
I O T N O R O T H E A T E R T L R I P C
F Y A I I S I I R T Y G N I N E E R C S
L T R D U N V T N S E I R T N E O P A E
G A E I V O M E E D I B E G I D H S X N
W X J I L M M H V R E R W N U C R O E N
W P L N V I T V I L S P B C C O K C P A
R B R T R N F V E N U E E P S A N E T C
O Q E E U A M C W J U R R N U A S P T S
T K P R S T Z A I K O E O D D T C N R S
C X A N L E R S N U M P I N Q E E O I D
E D C A J I N G G I S E U O P P N I B W
R Z T T K A N T E Q N S P D M R E T E O
I K O I F A R R A C C O L A D E S O C R
D K R O Y W E N E T G O P R R V E M A C
T Q M N K R E L T S I H W O A I W O T N
O D R A W A H X R D V O B L M E O R T B
P U B L I C V A U P R B N O A W H P E D
I T Y S F F T T V U L A I C E P S P N M
W U G X G S S U M M E R E O D S D D D D
```

ACCOLADES

ACTOR

ATTEND

AUDIENCE

AWARD

BERLIN

CANNES

CELEBRITY

COLORADO

CROWDS

DIRECTOR

DRAMA

ENTRIES

EXPERIMENTAL

FANS

GENRE

INDEPENDENT

INTERNATIONAL

MOVIE

NEW YORK

NOMINATE

PREMIERE

PRESENTATION

PREVIEW

PRODUCER

PROMOTION

PUBLIC

RATE

SCENE

SCREENING

SHOW

SPECIAL

SPONSORS

STARS

STUDIO

SUMMER

SUNDANCE

THEATER

TICKETS

TORONTO

TRIBECA

VENUE

VIEWING

WHISTLER

WRITERS

Solution on page 332

Good Fences

ANIMALS
BARRIER
BORDER
BRICK
CHAIN
CLOSE
CONTAIN
DECORATIVE
DOG
EDGE
FARM
FENCING
FIELD
GARDEN
GATE
GUARD
HOUSE
IRON
JUMP
LINK
LOCK
MESH
NEIGHBOR
OBSTACLE
PAINT
PET
PICKET

POLE
POST
PREDATORS
PRIVACY
RAIL
RESTRICT
SAFETY
SECURITY
STONE
SURROUND
TALL

TEMPORARY
TRESPASS
VINYL
WALL
WHITE
WIRE
WOOD

```
J W Y L Y N I V S U K I M N M P F H F C
J L I R C S Y O N K J O D O I E J W U P
T E L C A T S B O E O G E D X S I E M O
U N Y X V R F W J S D I G Q D R A U G R
T D I L I A O E Y T I R U C E S J T Q Z
S W S A R P G P Y T E F A S C T C Z W R
P L O M P D P M M I P N R G O I S I O A
V W J W E L N P R E D A T O R S N B O I
A W Y P D H O U S E T I C T A B H R D V
H L W O P L G C O G V L S P T G A F K G
Q J E U T A X V K R L E S F I S K T L L
F H R D P B R L I A R E P E V B E P Y F
Y G N L L N K B W W R U N N E K T T R Y
R S Q K N E C Z B T N P S C C N R L A G
S P F E L O I O A O I L L I N K B F C G
E O J Q A D R F R J A T P N O C P J Y M
M S D M V D B I R M T S Y G I O T E E K
S T O N E P B T I G N S J L L A T S T M
D L K R P W U N E S O L C E T I H W V I
Z W M Q G F A T R B C D N M Z Y N C U O
```

Solution on page 332

Hear the Sound

```
O N Z B E B T T I V Y P N I G H Y Z V P
C O M M U N I C A T I O N A N S C Z U L
S L F Z E N Z A J R I S N M I E P T V W
B E Z W R O C Q F T T B A R R I E R I P
X V D Y A I M X A R E R U S S E R P B P
O E R E T S Y L U T M T Y D Z P C T R C
N L V H C E L M I C R O P H O N E V A R
G E V A W I E P W A L A R M T S P B T A
U P T P C N B S I N G I N G E E T V I S
Z S T S T L O E M U L O V S I N I K O H
R G O R I N C V L L M D S N V S O U N F
L T N H A L P A M P L I T U D E N F P C
E T H I P N P H W K L E O Q C D R C I K
J H P U K A S V Y E N N W H T E I S Y E
V D T M N L L M N S H O O R Q T U G E W
S E N Z V D A C I K I T A U A M N T L G
O M Q S Y F E T V T R C E T B O W N L T
A B G J W W Y R I A K N S J S O A V I X
C W W G D F Z Y E A C T W I L B O J N D
V G W D W K R X I Y L Z N I Y A R V G P
```

AIR

ALARM

AMPLITUDE

BARRIER

BOOM

BUZZ

CLAP

COMMUNICATION

CRASH

DECIBEL

DIN

EAR

ECHO

FREQUENCY

INSTRUMENT

INTENSITY

LEVEL

LISTEN

LOW

MICROPHONE

MUSIC

NOISE

OSCILLATION

PERCEPTION

PHYSICS

PIANO

PITCH

PRESSURE

RING

SENSE

SILENCE

SINGING

SONG

SOUNDTRACK

STATIC

STEREO

TALKING

THUNDER

TONE

TRANSMIT

TRANSVERSE

VIBRATION

VOLUME

WAVE

YELLING

Solution on page 333

Lovely Lighthouses

```
W E S Z A W N T T Z I K I W T G C T L N
G Q D B X T O W E R S C W A S H O A L S
U E R G N A E C O H E A L S E U A F D W
J C F Q N T R U R A Y L E J R V S N E L
M U L O D I G F E Z D N A I O P T L O L
J X S M A H N R H A K V S C I S L E O A
L X S G S T H N T R J T Y R K R I V M N
E I Y E N Y R A A D S L A Y M O N C J G
D G A B N I F D E C I L B A C R E C W I
U S A A U L N N W N S H I P W R E C K S
I P R K K G I R D T A N D M C I E P E H
Y M F O C A S R A B E M X R M M S W S O
S A F M T E I I B W B W H R O T A T E R
K L R P B C R A T K Y A Z C O C Z I A I
C Y A O A S E W T T E V S R T F K L S Z
N C L L B W G L E H H E M T F A U S I O
G Z A S L R N F F B G S P I A C W Y D N
J N R X L I A P R E N I L E R O H S E G
X R M I W S D H D J R C N I R J B N F N
R J A W U E G A K Z B E C N A T S I D B
```

ALARM

ALERT

BAD WEATHER

BOATS

CAPTAIN

CIRCULAR

CLIFF

COASTLINE

CREW

CYLINDRICAL

DANGER

DARKNESS

DISTANCE

FOG

HARBOR

HAZARD

HORIZON

KEEPER

LAMPS

LENS

MAINE

MIRRORS

NIGHT

OCEAN

REFLECTORS

ROCKS

ROTATE

ROUGH SEAS

SAFETY

SCANNING

SEASIDE

SHIPWRECKS

SHOALS

SHORELINE

SIGNAL

SKY

SPIRAL STAIRS

STORMS

TALL

TOURISTS

TOWERS

WARNING

WATCHMAN

WAVES

WRECKAGE

Solution on page 333

Rubber on the Road

```
C J D N V U G L B Y G G O M O C R M X W
I Z Q G S Q M N F S V V L E S I P W B N
J A X F Q M C E I N A X M A D D A E R T
X O L R Z O D Q X W R B P W T E Q A E U
N M C I T E H T N Y S E T A T O R R S R
V R R K G W D E J M S K C A R T U B O X
X A U T E N J U Z R U R B Y P T J A C K
T O B L R B M R O K A S L I C K D R W G
E Q B W H I T E W A L L X N K L X I H Z
O D E G H D W S N T B O U L E E E C E O
U T R O P S N A R T R P L C P W O L E J
B A X O R W O N S N W A N L R S C M L G
C O V D I S R Y R L W A V C O I P F T Z
O T U Y M V I O A E L A E E H O C A K G
H S A E O T W I D A P L B E L A L D R E
J X S A V A R I B F M L V V P F N O R E
W N P R E S S U R E A M A V W U O G W B
P L J V Y S I P C C Z N I C O V M G E U
N F I R E M Z M K K D Z C R E A V P G T
O V G Y S Y E Z X B V R C O H E F K X S
```

AIR
ALIGNMENT
BALANCE
BIKE
BLACK
CAR
CHANGE
CIRCULAR
FIX
FLAT
GOODYEAR
GROOVE
IRON
JACK
MOVE
PRESSURE
PUMP
PUNCTURE
RECYCLE
REPLACE
RIM
ROAD
ROTATE
ROUND
RUBBER
SIDEWALL
SIZE

SLICK
SNOW
SPARE
SWING
SYNTHETIC
TRACKS
TRANSPORT
TRAVEL
TREAD
TRUCK
TUBE

VAN
VEHICLE
WEAR BAR
WHEEL
WHITEWALL
WORN

Solution on page 333

Rockabilly Music

```
P E C H O U T P G G D D B G L T Z R F L
R M E O I V E G E Q N R M J A T L E U K
U O N S E O U N G U E G R E E E Y G Z M
H W E C S J R H O V G C B A J A A N G F
Z Y R C Y E L S E R P A N Y Q G N I U M
W H U O N T N R E T S E W A A C I S U M
L L O R D E B N Y S R N M I D A I K F S
V N D N N G U A E T N A M T R O P C V I
I N A M K M N L Y T J O H N N Y C A S H
U Q P Q E Y I R F D D F N Y E A D B U P
N B M L X S T M K N U P R L R B A P B M
Y S O S T N E O N A I Z A L O S W A C E
R D P I U A D A N B X H P O Q F M L U M
Y E I O M F S F M K L E G H S S F S L U
H L C R H Y T H M L R I N Y Y I M R T B
Q Y V O I D A R I K E S O D P S V U U L
L T L S R Y T B I O W E S D J M A L R A
J S M V D D E N C I C U G U I T A R E D
C F S X F B S T N Y L L I B L L I H Z J
F I A K N L D G J V R B G G Q X N M Q V M
```

ALBUM

BAND

BASS

BEAT

BILL HALEY

BLUES

BOOGIE

BUDDY HOLLY

CARL PERKINS

COUNTRY

DANCE

DRUMS

ECHO

ELVIS

FANS

FUSION

GENRE

GUITAR

HILLBILLY

HONKY TONK

INFLUENCE

JEANS

JOHNNY CASH

MELODY

MEMPHIS

MUSIC

POMPADOUR

PORTMANTEAU

PRESLEY

PUNK

RADIO

RECORDS

REVERB

RHYTHM

ROLL

SINGER

SLAPBACK

SONG

SOUND

STYLE

SUBCULTURE

SWING

TENNESSEE

UNITED STATES

WESTERN

Solution on page 333

Living in a Castle

```
J D L Y M D Z A Y M A O X X L D B O C G
S L Q G H K R N O T X M Y T L A Y O R Z
M T Y P T C E E M A N S I O N F W N E W
R N N E J I R N G A L F H T R N E D S W
A E O E C S K A O E E G L Y G L V A T U
B I H E M N L R N T N T P E A W C W S R
E C E L G E I G O O S C H T D B L K W T
P N L Q G D L R R O M T Y G B A I M O A
L A G R O R I T P S T R N E I N T O R O
W R D N T A S R T V I F O A G N D I D M
S L J E H G C B B A O L B X V E K Q C J
V O W E I D I L F R B A L U S R Y R O P
N R Z U C U N D T A L V E U Y S E U E R
N W D Q T K D R T L L E M O C O S S D Q
B F U N Q E E H E L A I E L C T T C U M
G D N A M S R A R I H D N M I A R R C N
V K G T S O E W R V Q E I N T N W O R C
A E E E N D L F U A U M G E E O Z B P O
F K O E Y U L H T A I U U P S I X E Z Q
B P N O I T A C I F I T R O F W L O L N
```

ANCIENT

ARMS

BANNERS

BATTLEMENTS

BRIDGE

CINDERELLA

CITADEL

CREST

CROWN

DONJON

DUKES

DUNGEON

ESTATE

FAIRY TALE

FEAST

FLAG

FORTIFICATION

FORTRESS

GARDENS

GOTHIC

HALL

JOUSTING

KING

KNIGHT

LADIES

MANSION

MEDIEVAL

MOAT

MONARCHY

NOBLEMEN

PORTCULLIS

PRINCE

QUEEN

REGENCY

ROBE

ROYALTY

SERVANTS

STONE

STRONGHOLD

SWORD

THRONE

TIARA

TURRET

VILLA

WALL

Solution on page 333

The Girl with the Dragon Tattoo

```
F Q F Y A D B B B D X P Y W L D I S Q B H
R E R E L L I R H T E J I N A E G R N M
C Y A C C O L A D E S B A Y M N I R Y M
E M W C I E L C Y M E L L I A D R R K G
R X A N N U I B Z L S I R E G A E U O B
Y T R A V L O T I I M C W E E T M T O A
H X D B E C N A R A E P P A S I D L B J
T P S U S M A O F O K R X Y K N I P I X
L S L S T S I F S I F E M A F A K H F F
A E E E I H R L L S T M E C N E L O I V
E N V V G A E L L M R L O S M Z I T C A
W I O I A R E M O E B A W C X W L O T N
D Z N D T R E V J L N E L H S U U G I G
J A I E I I I D O G D N A G A I S R O E
O G W N O E C M R I S C I S E Y D A N R
E A G C N T K U S U K I S U H I S P O M
J M M E S V Z H S E M A I W M K T H S H
M T Z E I N T E R N A T I O N A L S I S
R L I S B E T H S A L A N D E R T W R K
T A T T O O T V Q S R L Q V Q Z U A P C
```

ABUSE

ACCOLADES

ANITA

ASSAULT

AWARDS

BILLIONAIRE

BOOK

BRIDGE

CAT

CLUE

CRIMES

DAMAGES

DISAPPEARANCE

DISCOMFORT

EVIDENCE

FAMILY

FICTION

FILM

HACKER

HARRIET

INTERNATIONAL

INVESTIGATION

ISLAND

JOURNAL

KILLER

LEVITICUS

LIBEL

LISBETH SALANDER

MAGAZINE

MIKAEL BLOMKVIST

MILLENNIUM

MOVIE

MURDER

MYSTERY

NOVEL

PHOTOGRAPHS

PRISON

STIEG LARSSON

SWEDISH

TATTOO

THRILLER

VANGER

VIOLENCE

WEALTHY

Solution on page 333

Journeys

```
I  H  S  E  L  N  E  K  Y  C  S  Q  L  V  Q  O  Z  V  E  Z
A  U  G  N  I  G  D  O  L  T  H  H  F  E  U  X  E  M  X  X
Z  J  P  A  A  N  U  M  S  O  G  V  A  X  A  L  E  R  G  J
L  K  R  Y  L  I  W  Z  T  U  S  L  R  E  D  R  O  B  B  A
Z  T  O  X  A  P  T  E  H  R  A  H  G  I  J  G  N  O  N  M
O  V  R  E  N  P  L  E  G  V  V  N  I  D  N  F  K  C  A  P
F  J  Y  L  G  O  N  O  I  T  I  D  E  P  X  E  J  J  Y  L
H  C  R  Q  U  H  I  R  S  K  U  P  R  L  X  I  V  L  S  A
M  P  T  V  A  S  R  T  K  U  A  B  M  P  W  H  I  U  M  N
E  O  N  D  G  A  C  E  A  R  S  C  E  P  N  T  T  G  O  E
W  R  U  O  E  U  R  O  T  N  U  R  I  R  O  N  I  G  W  S
M  V  O  F  I  T  I  U  N  S  I  R  M  S  V  E  N  A  V  I
C  L  C  S  L  T  R  R  T  E  T  T  K  W  X  N  E  G  P  U
F  G  I  B  E  E  A  O  N  T  C  R  S  U  X  I  R  E  A  R
H  N  N  K  U  I  M  C  E  C  A  R  R  E  N  T  A  L  S  C
E  O  N  I  L  S  E  Z  A  M  S  X  D  P  D  N  R  B  S  G
C  U  S  W  K  S  F  D  D  V  E  R  I  R  P  O  Y  K  P  V
J  S  A  T  U  L  M  N  I  W  S  S  D  R  A  C  T  S  O  P
L  Y  R  T  E  Y  A  W  B  U  S  O  Z  C  U  L  T  U  R  E
M  G  N  I  Y  L  F  W  Z  F  G  A  V  Z  B  F  E  D  T  Z
```

ARRIVAL

BORDER

BUS

CAR RENTAL

CONTINENT

COUNTRY

CRUISE

CUISINE

CULTURE

CUSTOMS

DEPARTURE

DESTINATION

EXPEDITION

EXPERIENCES

FLYING

GUIDE

HOSTEL

HOTEL

ITINERARY

JUNKET

LANDMARKS

LANGUAGE

LEARN

LODGING

LUGGAGE

PACK

PASSPORT

PLANE

POSTCARDS

RAILWAY

RELAX

SHIP

SHOPPING

SIGHTS

SOUVENIR

SUBWAY

SUITCASES

TAXI

TOUR

TRAIN

TREKKING

TRIP

VACATION

VOYAGE

WALKING

Solution on page 334

The Media

AFFAIRS

ANGLE

AUDIENCE

BEAT

BROADCAST

BROADSHEET

CAPTIONS

CIRCULATION

COLUMNIST

COMMENTARY

CONFLICT

CORRESPONDENT

CURRENT EVENTS

DEVELOPMENT

DIGITAL

EDITION

EDITORIAL

ELECTRONIC

ETHICS

GLOBAL

INFORMED

INTEGRITY

INTERVIEW

INVESTIGATIVE

JOURNALISM

LEAD

LOCAL

MAGAZINE

MASS MEDIA

NATIONAL

NEWS

OBJECTIVE

PHOTOGRAPHY

POLITICS

PRESS

PRINT

RADIO

SLANDER

SOURCES

SPORTS

STUDIO

TELEVISION

WEATHER

WEEKLY

WRITER

```
L S U N H Y Q V R S C B P T C K S M G W
X Z C L A I R O T I D E R T O T Z L F V
K S R I A F F A Z C I A E C N E I D U A
V R E H T A E W T I N T S R F E Q E X N
T E L E V I S I O N V Z S N L H A N O S
T D D E V E L O P M E N T E I S H I B P
O N E X R L Y O V K S M T W C D T Z J O
E A E L G N A R P E T H M S T A C A O R
B L P D L P E N L E I U L O L O C G U T
Z S C H N O G E O C G E T U C R A A R S
P X O I O O C Y S I A R C Y Q B P M N T
S O L N W T P A A D T R G L W A T E A U
R D U F R S O S L W I A K K E I I V L D
K I M O I A O G E C V C N E I D O I I I
Z G N R T C C U R R E N T E V E N T S O
Y I I M E D P R R A R X R W R M S C M I
C T S E R A K R L C P O D Q E S S E H D
G A T D N O I T I D E H C J T S E J N A
B L Y T I R G E T N I S Y U N A P B D R
R E M L A B O L G J T M L Y I M U O W Z
```

Solution on page 334

History Texts

```
Z A D Q M G A I I L B Y T A E R T D Q X
P O I E B K R S I P Z S D P E O P L E Q
E R U L I A F N V I R S O V Y V E W T N
Q L E M W J C T N A K R O C I Y M R A T
T S C H O O L D E O U L U Y I E S V T L
E H S F I H U Y O E U G R R C E Y M S S
S G P U M S V B P T G E P O L I T I C S
B Y X P T K T Z I D C S N M E J O Y T E
A H B R H X N O E O Z O D L R O W U A R
T P I F E C N R R M M C W T I J D Y N G
T A G T V A R D E I R C N V P Y W P O O
L R Y A E A A U C L C E R K M M C V I R
E G J X N E R S H F I H B Y E G I N T P
I O J S T O P E I C I G R D A A V E A Q
T I M T S A P T N A N G I O M E I E N W
B B Y X M O B A F I Q E H O N H L U V K
Q T T S N G W D K S V W O T N I G Q J J
R Y W I N N O I T A R G I M I D C R B N
S X H J E R U T L U C O N O I N U L S M
D S K U J X D Z N X N P V T G T G G E Z
```

ANCIENT

ARMY

ASIA

BATTLE

BIOGRAPHY

CHRONICLE

CHURCH

CIVIL

CULTURE

DATE

ECONOMICS

EMPIRE

ERA

EUROPE

EVENTS

FAILURE

FIGHTING

INDUSTRIAL

INVENTION

KING

LAW

MAPS

MEDIEVAL

MIGRATION

NATION

NAVY

PAST

PEOPLE

POLITICS

PREHISTORIC

PROGRESS

QUEEN

RECORD

RELIGION

REVOLUTION

SCHOOL

SOCIETY

STATE

STUDY

TEXTBOOK

TREATY

UNION

WAR

WORLD

YEARS

Solution on page 334

Honeymoons

ADVENTURE

ARRIVAL

BRIDE

CANDLELIGHT

CELEBRATION

CHERISHED

CHOCOLATE

COUPLE

CRUISE

DEPARTURE

DINNER

EXCITEMENT

FLIGHT

FUN

GROOM

HAPPY

HARMONY

HUSBAND

ISLAND

JOY

LAUGHTER

LOVE

LUXURY

MEMORABLE

NEWLYWEDS

PARADISE

POOL

PRIVATE

QUIET

RELAXING

ROMANTIC

ROOM SERVICE

ROSES

SECLUDED

SOLITUDE

SUITE

SWEETHEARTS

TOGETHERNESS

TRAVEL

TREK

TRIP

TROPICAL

VACATION

VOYAGE

WIFE

```
K K K H E L J G H M Q X J I S S N N I K
L R L U O T R A V E L O V E G G W Y N F
C B U S U O R V O Y A G E L P U O C M E
V Y X B R M B D Q Q W W Z V S J A P P O
G E U A O C E L E B R A T I O N D A A L
T P R N O R J N E W L Y W E D S V R M O
R S Y D M O O R G T H G I L F Y E A S Q
I V I Z S S E N R E H T E G O T N D M L
P L F L E E J S B D V L R B H N T I W Z
R M I A R S D W B R I D E G D E U S X K
I U E V V R K E D G K N U J L M R E N P
V P V I I N E E H G G A N A J E E D Q V
A O R R C E P T R S L B C E D T L U P I
T O S R E A T H A T I I W E R I A T K D
E L B A R O M E M L P R D I O C X I C J
S U I T E H Z A I O O U E J F X I L U S
C R U I S E I R R U L C O H X E N O E T
O R R O M A N T I C Q H O M C U G S Q Q
E E Z P K D U S E Y P P A H F C T V I Q
T K Z D N A L S I N O I T A C A V Y N Y
```

Solution on page 334

Bring a Lunch

```
K K V N S P Z D T M S M J O O W L C S D
L U R O U E F H E R U E O E A T Q T W P
U X S O I N G R E D I E N T S S N R M U
S S S P F P A N K U S R E V O T F E L K
X Z Q S E Q B F A W H R K M V P L S B M
K X P U Z Q F X T R B F R A E O S S W A
D P K O I A W R S O O E L M G R O E S H
G E U I K S A G T I H U K X E T G D U C
A A V C D V H T C T E L S N T I J K H I
H R S I E S L E W K Z E I A A O A I X W
M T M L F E P N D Q I A E P B N P L H D
I C M E S A F W F K T L L K L S P O L N
Q U R D C N V F O N M U P I E D L J O A
G E M K A G A O O R N N P N S E E O O S
R O L P R A C C R C K C Y S S L D W H K
A G P I T I Y A H I A H Y O L L O B C D
P W A V O D U B D U T M M Y E G C B S E
E W E R N F O X T U T E N S I L S A T U
S E H A Z X F C Q E C A R R O T S Q Q J
C E C I U J B H E A L T H Y U M M Y W D
```

APPLE

BAG

BENTO

CANDY

CARROTS

CARTON

CHEAP

CHIPS

COFFEE CUP

CONTAINERS

COOKIES

DELICIOUS

DESSERT

FAVORITE

FORK

GRAPES

HAM

HEALTHY

ICE PACK

INGREDIENTS

JELLY

JUICE

KIDS

LEFTOVERS

LUNCHBOX

LUNCHMEAT

NAPKINS

NOODLES

ORANGES

PEAR

PORTIONS

SANDWICH

SCHOOL

SOUP

SPOON

SQUISHED

THERMOS

TRAVEL MUG

UTENSILS

VALUE

VEGETABLES

WATER BOTTLES

WHOLESOME

WORK

YUMMY

Solution on page 334

Animal Doctor

```
X X E A T S M Y B G E V R L E P I X Y H
P S W G E I F E A T H E R S T U I V H D
I T R L M L J D D P W T Y H D I U K W D
A T O O E U B D C K S E E V W H U H G U
Q K O M D A C A Q U A R I U M V W U L X
B R Z T I F S M T T M I G G R I G T A S
G F L N C Y M H E O S N O Z F U R E T T
K E S A I F Y E M A Y A M D I A H C I F
P R P T N J T E R R T R M N S Z D H P F
E A I S E H T S E N A I E O H K J N S O
E G H I B E L G M Z B A U S C I J I O J
H S C S R R R F E A P N C E Y I K C H O
S A O S L U O V R I D E S O N G A I D C
U P R A S A V K G S J L A T N E D A T I
O M C N N A I M E O W I N G N L R N X N
M M I I E N E I N N K M E S S E N L L I
F A M C G S P N C P C M S I M N I I U L
M A X T A P S N Y J I W R R T N Q T T C
L S N E U T E R N R S H O T S E N Z A T
Z Z Y P H K Z G T A A W H C Z K P O R P
```

ANESTHESIA

ANIMAL

AQUARIUM

ASSISTANT

BARKING

BROKEN

CAT

CLINIC

COW

DENTAL

DIAGNOSE

EMERGENCY

EXAM

FEATHERS

FUR

GOAT

GROOM

GUINEA PIG

HARNESS

HORSE

HOSPITAL

ILLNESS

KENNEL

LEASH

MEDICINE

MEOWING

MICROCHIPS

NEUTER

PATIENTS

PET

PUPPIES

SHEEP

SHOTS

SICK

SPAY

SURGERY

TABLE

TECHNICIAN

TEETH

THERMOMETER

TRIM

ULTRASOUNDS

VETERINARIAN

WORMER

ZOO

Solution on page 334

Fun Times

BAKING

BOWLING

CAMP

CHASE

CHESS

CONCERTS

COOKING

CYCLING

DANCING

DINE OUT

DINNER

EAT

ENJOYMENT

FAIR

FOOTBALL

GAME

HIKE

HOLIDAYS

KARAOKE

LAKE

MINI GOLF

MOVIE

OUTDOORS

PARKS

PICNIC

PLAY

PUZZLE

REUNION

SCRAPBOOKING

SINGING

SLEEPOVERS

SNACKS

SOCCER

SPORTS

SWIMMING

TALK

THANKSGIVING

TOGETHER

TRAVEL

TRIP

VACATION

VISIT

WATERSLIDES

WEEKEND

```
G N I K O O B P A R C S N A C K S R E W
G N V H S G I J G D A N C I N G F E D Y
H T I A N K A L P T C Y W Y P Z E U E R
T U V V O B Q M P L Q G P L C Z G N M Y
S S E D I L S R E T A W N T M L N I Q E
U R B N T G I G N S I N G I N G I O S S
A O S E A N S R E V O P E E L S K N T T
L O K K C I R K W E P J W E Y W O R G P
X D T E A K C O N C E R T S T V O K Q J
G T M E V A I H Y A B T X P E P C B Z J
Q U R W P B N O A Q H P U K S U F P M G
L O B A U J C L L A B T O O F T M A E R
Y I R K V I I I P E D A N J E T I S I V
D K Z E X E P D K T R I X E D N N N I R
S B W B I S L A T A E G N I M M I W S P
C D Y U S V L Y K L T W V N P Y G D E U
A R R E C C O S V K R E H T E G O T Q Z
W R H P A H N M D C J G K N Q R L J J Z
J C I T M K V T Q V O J P I R T F C N L
D O B L P U S J Y K L V F N H C H A S E
```

Solution on page 335

Nursing Homes

```
C H W J E P H U S R I C Y L R E D L E C
O R I C V D S S G G N A A S R O I N E S
O Z A O E S E C I V R E S L S H A X S O
K P C F N N L M E D N U R S E G C K W C
S M C K T N Z F E R H U Z A I N I H S I
U O G I S S Z Y R N U L L Y L E D H M A
I N F X A H U A H N T T F T R B E A D L
U I R F I C P G C Y H I I I E G M V R Q
V T D Y R O T A L U B M A N D A N I E Q
R O T A R T S I N I M D A U R V S N S S
G R L M T E G F V S L A E M O U W S S D
I N Q U G Y T N O I S S I M D A F U I K
C K I N N D P I M U T E R O O M S R N X
F C I H I T E A R X Y I R C E N S A G J
F G D C T R E L R E C R E A T I O N F W
A X L R T A D E B E M S K S C O A C M E
T W M U I I B E R A H E N I C I D E M B
S T I H N V S H Q S S T N E D I S E R F
N X J C K V T I H B G I O T A L K U M L
N C Z I X E B G V U T R D O C T O R S I
```

ACTIVITIES

ADMINISTRATOR

ADMISSION

AGING

AMBULATORY

BATHING

BED

CALENDAR

CARE

CHURCH

COMMUNITY

COOKS

CRAFTS

DEMENTIA

DISABLED

DOCTORS

DRESSING

ELDERLY

EVENTS

FITNESS

FURNITURE

HEALTH

INSURANCE

KNITTING

MEALS

MEDICAID

MEDICINE

MONITOR

NURSE

ORDERLIES

PUZZLES

RECREATION

RESIDENTS

RETIREMENT

ROOM

SAFE

SENIORS

SERVICES

SOCIAL

SPACE

STAFF

TALK

THERAPY

VISIT

VOLUNTEERS

Solution on page 335

Invitation Received

```
V T I N E F N R L O X H X X L S E F T T
A I N M R T Y O I O G M E W W M W L N O
B M V E S U A N M Y X N F J B H L O A N
M E I R V A C V T M G Y M O J J F U W L
K C T U P E W R I R U Q S F L L J R N I
M O E L R Y A E A R E S E R V A T I O N
O S E L X P L V D R P X I K T H Z S I E
S P O P E O E L X D E N K T G B U H T O
R O N J O B O R A Q I E E I R B L L A C
C R P A R L R W S I H N N T L I O F U R
D E C L I N E A E O D G G C A N P H D E
M P Q E O L B V T A N R W N O D H L A S
D A A A C A T S N I D A O F A U B W R P
S P J O P S H C N E O I L C S C R Q G O
S C M T E O E E T O T N D I R E C A E N
I E I U W P P N T A S K Z I Z M W E G S
L S Q E M O I A C E S U O H N E P O P E
M E R A E R H O L I D A Y E D N D O Z T
R F T N P P L C L Q Z G R F Q T E X V C
R S F C H Z U O D I B G L T P M O R P E
```

ACCEPT
ASK
ATTENDANCE
BAPTISM
CALL
CELEBRATION
CORDIALLY
DATE
DECLINE
DINNER
EMBOSS
ENCOURAGE
ENGRAVE
ENVELOPE
EVENT
FLOURISH
FOIL
FONT
GRADUATION
HOLIDAY
INDUCEMENT
INVITE
LOCATION
LURE
ONLINE
OPEN HOUSE
OPENING NIGHT

PAPER
PARTY
PERSONALIZED
PRINTED
PRIVATE
PROMPT
PROPOSAL
REQUEST
RESERVATION
RESPONSE
RSVP

SHOWER
STAMP
SUMMON
TIME
WANT
WEDDING
WELCOME

Solution on page 335

Very Manly

```
F K A Z J H Z B W E F X R V O A L F L M
Y R O F E T M D V Y M L S T A M I N A A
P R I N G X A Y X C R B E F U P O S E E
H F G S X O K N F O O V E X F P C O F D
H H E L Y J W Y B X I N T L R U U L F I
U G B L X R K A B T O O F O L D B I A R
I A N B A C I S C R U P V I A I U D C P
E A Q V O M R A E G F I N R D D S S R O
M Y K C Y A R T H R D E I U E E E H D W
T Z E G H T S N M E C N A R U D N E S E
N B T Y T O A T R E G P R O T E C T O R
G H A A T H L E T I C I S M U S C L E V
V B R S M U G C G G T N B S K N T K L S
G I E T H G O I F N N E A E E N G X I S
N T G R M Q C O N C E I T G A L W B R E
B U G O C A R R S P T L J I O R R R I N
I R A P R C C E T H O P L K D R D A V T
T T X S E O K H G E P A A A U E R G E I
J S E N E R U I O V V P I T H T I A J F
Q Y O Q T Q F S B E T E P M O C K W C V
```

ARROGANCE

ATHLETICISM

ATTRACTIVE

BEARD

BOAST

BRAG

BUFF

CHALLENGE

COCKY

COMPETE

CONCEIT

CONFIDENT

DARING

EMBELLISH

ENDURANCE

EXAGGERATE

FEARLESS

FIGHT

FITNESS

FLEX

FORCE

GYM

HAIRY

HEROIC

MACHO

MALE

MANLY

MASCULINE

MUSCLE

POSE

POTENT

POWER

PRIDE

PROTECTOR

PROVIDER

SMUG

SOLID

SPORTS

STAMINA

STRUT

TESTOSTERONE

TOUGH

VALIANT

VIGOROUS

VIRILE

Solution on page 335

Mayors

```
Q R R E W O P O L I T I C I A N V R N T
L V T T X S V E L E C T E D F G E E W S
O F F I C E Y T I N U M M O C I B P Y E
C V W N R I T U F N H I E S C A H R M A
A K M S A C D O K O N V E S G P J E A T
L Q E O Z I A P V I I C N N O M L S N Q
J E E F Y L E C S T N W Q O A A O E A H
R Y T I R O H T U A O O S I W C B N G Z
G Y I T H P R C N T G U J S R M L T E T
U Q N I A A E I L N P O Z I U S A Q R Y
I T G Y T X D X T E R M V C T V R S L A
D V S I E R B S R M G U N E A Y O P A H
A Y O Y O R E V L E Q I E D R R Y E P B
N N Z F E Q I M I L C G S A C N A A I U
C F Q D N S I X L P R H T L U Y M K C D
E T A D I D N A C M N E A Q A S F E I G
Q E C O U N C I L I R T A I E T E R N E
L J N E G D I R E C T O R O R X I J U T
N T Y S E H C E E P S J N L U L H O M J
I V H O B O S S E X A T E W B R C Q N Y
```

ADMINISTRATION
AUTHORITY
BOSS
BUDGET
BUREAUCRAT
CAMPAIGN
CANDIDATE
CHAIR
CHIEF
COMMUNITY
COUNCIL
DECISIONS
DIRECTOR
ELECTED
EXECUTIVE
GOVERNMENT
GUIDANCE
HEAD
IMPLEMENTATION
INCUMBENT
LAWS
LEADER
LEGISLATION
LOCAL
MANAGER
MAYORAL
MEETINGS

MONEY
MUNICIPAL
OFFICE
ORDINANCES
OVERSEER
POLICIES
POLITICIAN
POWER
REPRESENT
SEAT
SECRETARY

SPEAKER
SPEECHES
SUPERVISION
TAXES
TERM
TOWN
VOTE

Solution on page 335

46

Neighborhood Parks

```
S U M C F X I F H A X X C A U S F L F K
R L O X N D G O P O C K E T M D V V M D
I X R O K W Z U I S E I T I V I T C A Y
K A U S W F D N C C E G X O U K J E S H
S Z R F S K F T N E R D L I H C S N E Z
S T A U P X D A I E C A L P A T H S R S
J Q L N O X N I C Z E S U O H B U L C B
R M A D R E A N T I W Y R E C L N W A L
I D N I T X L H D I L Q T O O Y J D O M
L Z O N S P U B L I C I L N O R S T Q Y
U Z I G K E Z D M M C O T I E D I R L B
T A T H S R L A K S O I K Y G M T O B B
M A A E Z I F X C P M C K R S H U U E A
I D E Y F E Y B E O M X E S W E T N O Q
L R R E N N I F N H U E D N Z E C I O Q
T I C S O C I A L L N R O T T H W A N M
S A E T Y E B Q F E I F T V E E I A P G
N Z R C L R X W R B T A F S S O R W E S
M O L D U U J Y J W Y S E N I O R S N A
K E S L L I R G D W Z R L S T S P G F Y
```

ACRES
ACTIVITIES
AESTHETIC
BENCHES
BICYCLE
BIRDS
CENTERS
CHILDREN
CLUBHOUSE
COMMUNITY
COURTS
DOGS
EXPERIENCE
FACILITY
FAMILY
FIELDS
FOUNTAIN
FUNDING
GREENERY
GRILLS
KIDS
KIOSK
LAND
LAWN
LIGHTING
LOT

MAINTENANCE
MONUMENT
OUTDOORS
PATHS
PICNIC
PLACE
POCKET
POOL
PUBLIC
RECREATIONAL
RURAL

SENIORS
SIT
SOCIAL
SPACES
SPORTS
TREES
URBAN
WILDLIFE

Solution on page 335

Punk Rock

```
S R B I X Q X N H Z Z A G K D H B F Y D
E O X T K H Y V E N H T R M H X S P W S
A I T S T Y L E B S G N I C R E I P C J
F N A G Q O U N D E R G R O U N D J N A
Z L Q H Z Y F K F Z D V X T F X V W N H
H R L R N M H N R U Z T N E L O I V E V
U A P E O S T S O O T T A T K L C V T M
P O Y H I C U L O D Y C R Z D M I P T T
Y T A T H I O K C T N W I I K T O O O Z
N W I A S R Y O C E H O E S A A U L R G
K R Z E A Y O S R O H E L N U H S I Y N
B A S L F L F O L T R Y R A E M R T N I
K K A N A R C H Y O U E B A S S K I N M
L E B E R D A O H A T I G E M O M C H A
K K B V R J T S N L D S R A U O R A O E
S S R A T I U G A C Z N I D R O N L J R
T G H W N E L T T A E S E P D A H E F C
L N Q W O D V A N G E R J E X A G N S S
L O I E D N S U B C U L T U R E C N A D
B S E N G L A N D R X M O S H G S V O K
```

ALTERNATIVE

ANARCHY

ANGER

BANDS

BASS

BRITISH

CONCERTS

COOL

DANCE

DRUMS

EMO

ENGLAND

FASHION

GARAGE ROCK

GENRE

GREEN DAY

GUITARS

HAIR

HARDCORE

JOHNNY ROTTEN

LEATHER

LONDON

LOUD

LYRICS

MOHAWK

MOSH

NEW WAVE

NEW YORK

PIERCINGS

POLITICAL

REBEL

ROCK MUSIC

SCREAMING

SEATTLE

SEX PISTOLS

SID VICIOUS

SONGS

STYLE

SUBCULTURE

TATTOOS

THE RAMONES

UNDERGROUND

VIOLENT

WILD

YOUTHFUL

Solution on page 336

Nice People

AFFABLE
AFFECTIONATE
ALTRUISTIC
AMIABLE
BENEVOLENT
CARING
CIVIL
COMPANION
COMPASSIONATE
CONVERSATION
CORDIAL
EMPATHETIC
FUN
GENIAL
GENTLE
GIVING
GOOD
GRACIOUS
GREETINGS
HAPPY
HELP
HONEST
JOKE
KIND
LAUGH
LIKEABLE
LOVING

NICE
OPTIMISTIC
OUTGOING
POLITE
POSITIVE
RECEPTIVE
RELIABLE
SHARE
SINCERE
SMILE

SOCIAL
SUPPORTIVE
SYMPATHETIC
TALK
TRUSTWORTHY
WARM
WAVE
WELCOME

```
Q L C N O H V B Q L T Q H C E R A H S V
U A A W E L C O M E L B A I L E R G K L
X I R J G N F X W M B E V V S V N L W O
I C I T S I M I T P O E F I N I A G B V
G O N S Z X L Q E A I P N L T T N T L I
W S G S U P P O R T I V E E P I I F W N
Y J A P Y O A J F H Q E E E V S C K U G
Y L F K S W E R U E A R L I J O K E C N
C T F H U Z L E G T G P G B N P L I G I
O S E E O P B C A I R R P V A T T E E O
F E C L I B A I I C F U E Y J E P S N G
D N T T C Z I N S T H R S C H L K M I T
N O I N A P M O C G S L K T E C Z I A U
M H O E R L A P J A A I A H W P P L L O
S R N G G Q C V T I N P U L W O T E Q W
K L A U G H N I D D M J O R K V R I V C
V F T W W L O R B Y P O L I T E E T V W
H D E T A N O I S S A P M O C L V E H E
H Y S I N C E R E B E L B A F F A S S Y
V U L H Y M A Q M J L L N F M J W N P L
```

Solution on page 336

Birds

ALBATROSS

BLACKBIRD

BLUE JAY

BLUEBIRD

BUZZARD

CARDINAL

CHICKEN

CONDOR

CRANE

CUCKOO

DOVE

DUCK

EAGLE

EMU

FALCON

FINCH

FLAMINGO

GOOSE

GULL

HAWK

HERON

KIWI

LARK

MACAW

ORIOLE

OSTRICH

OWL

PARAKEET

PARROT

PEACOCK

PELICAN

PHEASANT

PIGEON

QUAIL

RAVEN

ROADRUNNER

ROBIN

STARLING

STORK

THRUSH

TOUCAN

TURKEY

VULTURE

WOODPECKER

WREN

```
N E Y S M K I H R S O N E E X H W E A P
R O B L Q N E V A R O R O D N O C D J P
Q X E R P R X L G P U W A C A M O N P E
I V H U O T W X O T F T L C L V H I I O
M P C N R B P E L I C A N Q E A G L E F
D E V U E L I U P A R T C U W E F U N I
R I X I K U V W R E N O T K O G K I L D
Y G O S C E Y S K I W I K N E O B V A L
F T W S E B T A S B S H D X A O F A B S
V H O T P I O Z J O N T J R R S L L R W
A R O A D R U N N E R U O P A E A W B I
I U K R O D C W K T U T I R U C M E C X
J S C L O G A C O C C L A V K V I N H W
Z H U I W E N R V S O S B B B D A N L I P
H D C N N N R B L K T C I R L J G A C Y
H P L G R A T E E K A R A P N A O R K L
R L I D P R K K S E D Z I E T U R K E Y
P Q V J I C V V A G Z E Q C P Z C P N I
I J K D F N L I A U Q Y W J H U M E C C
F W B B Q W U R B S I F W E D G A V X Q
```

Solution on page 336

Going Steady

```
W W S S I V I S I T R K D O R R R H E Y
Q E O P D E T G S K W E V I U M Q U T Q
X C H A R M X S Q E J I N Y U L G D I B
M X F R S E T C O K N G Y T W I L C U I
T O R K T F N C L T L I P P R O P O S E
N L I A I S O N E U R B D T H A M U R C
H S H G F M R N I T S I N A A R P P U K
A U M R P E T S X D U I L T E Y I L P Z
R E L A T I O N S H I P V F R R D E X S
M P N T O H G O A T N E M E G A G N E M
O Y E N W R E I T K B O Y F R I E N D I
N L S V A P T T N E M T I M M O C H F T
Y X S U L B H C K V T P J T E E W S P T
D H F E K U E E M C U C H O C O L A T E
A U D N E I R F L R I G X E X E S Q I N
T G C N W D N F L O W E R S V S N B M Z
E S O E R Y E A T T R A C T I O N N V I
E H L K I S S W Y M E S C O R T L L O B
P B K L A T S M N Y Z V N I S O W A E C
O W B R P Y B D Y S O C Q A W L V U Q Q
```

AFFECTIONS

ATTRACTION

BOYFRIEND

CHARM

CHOCOLATE

COMMITMENT

COMPANY

CONNECTION

COUPLE

DATE

DINNER

ENGAGEMENT

ESCORT

EXCLUSIVE

FLIRT

FLOWERS

GIFTS

GIRLFRIEND

HARMONY

HEART

HOLD

HUGS

INTENTIONS

INTRIGUE

KISS

LETTER

LIAISON

LOVE

PAIR

PARTNER

PASSION

PHONE

PLEDGE

PROPOSE

PURSUIT

READINESS

RELATIONSHIP

RING

SMITTEN

SPARK

SWEET

TALK

TOGETHERNESS

VISIT

WALK

Solution on page 336

First-Aid Kit

```
B I E Y I Q V X N X A X F W R A P X H N
W A E N C B N X Y V L O H O C L A Z I S
F A K R O W Y C N E G R E M E A Q G E P
B B M X L S G N I P M A C H R T S P V L
U W J W L M I A N T I S E P T I C R O I
G B B R E E F T P G O B B A S P I R I N
C E J E C L F Q R V N I V K B S S K B T
P W K Q T L J T E O G I B H N O S W B S
H D K H I I O T N C C Z D I J H O E I T
O O H J O N T H E R M O M E T E R I Q E
G O M T N G O B G M K E R E E N S T W R
C L W E L S S I V N E P B D N L A E L I
V B O D Y A R S N S I D S Q Y I B C M L
O K U V T L E P A T E V I S E H D A L E
S R N N E T Z H C L M G A C O Z E O K Q
W R D L F S E L X Z I E A S A R E F I L
A C S F A M E Z U A G N N D C T C A R E
B U R N S A W B L A N K E T N C I D M E
S T D C N S T L A V I V R U S A J O E X
N M I K D K R O N Y S O X C S D B P N R
```

ADHESIVE TAPE

ALCOHOL

ANTIBIOTIC

ANTISEPTIC

ASPIRIN

BANDAGES

BLANKET

BLEEDING

BLOOD

BOX

BURNS

CAMPING

CARE

CLEAN

COLLECTION

CREAM

CUT

EMERGENCY

GAUZE

GLOVES

HEALTH

HELP

HOME

HOSPITAL

HYDROCORTISONE

IODINE

LIFE

MASK

MEDICATION

OINTMENTS

RED CROSS

SAFETY

SALINE

SAVING

SCISSORS

SMELLING SALTS

SPLINTS

STERILE

SURVIVAL

SWABS

THERMOMETER

TWEEZERS

WORK

WOUNDS

WRAP

Solution on page 336

Rainforests

AMAZON

ANIMALS

ANTS

BIRDS

BRAZIL

BUTTERFLIES

CANOPY

CLIMATE

CONSERVATION

DENSE

DIVERSITY

EARTH

ECOLOGY

ECOSYSTEM

EMERGENT LAYER

ENDANGERED

ENVIRONMENT

EQUATOR

FAUNA

FLORA

FOLIAGE

FOREST

FUNGI

HOT

JAGUARS

JUNGLE

LIZARD

MADAGASCAR

MEDICINE

MONKEYS

MONSOON

OXYGEN

RAIN

REPTILES

SHRUBS

SOIL

SOUTH AMERICA

SPECIES

TEMPERATE

TREE

TROPIC

UNDERGROWTH

VINES

WATER

WET

```
M V E F Y O Y D F C D K A E K D W K G K
D L Y U F Y B S D R I B Q N M Y H M V L
Y K S L E L E G A I L O F H T T C A E W
O T O D A A U S F J V W T E W S N D O U
J R I W R T V L D B D E S O T E E A U I
A Q L B T A E A T U Y U R V Y R G G G Z
G M O P H P Z M W T E G S S U O Y A A R
U O E S I O K I P T R Q L H I F X S U T
A N C I I F T N L E B A U L R T O C M J
R K Q K S Y U A D R R I I A E U Y A T T
S E W W C N J N S F A A X N T A B R N I
P Y P D N U U U G L Z Y T H A O E S E E
E S Y T N I N A V I I R A E W E R W M C
C P V G I O C F S E L M K A M A Z O N O
I F L C O L C O N S E R V A T I O N O S
E E W S I L E M E R G E N T L A Y E R Y
S Z N M U P O S I T S W I O P C L B I S
P O A K W Q O C A N O P Y B S E N I V T
M T E F U Q A R E H D E R E G N A D N E
E Q Q Z P W B D T J X M E D I C I N E M
```

Solution on page 336

Tennis Fan

ACE
ANDRE AGASSI
ARTHUR ASHE
AUDIENCE
BALL
BILL TILDEN
BOBBY RIGGS
BORIS BECKER
CARVE
CHAIR
CLAY
DEUCE
DINK
DON BUDGE
DROP SHOT
FOREHAND
GAME
HIT
JIMMY CONNORS
KIM CLIJSTERS
LET
LOB
MATCH
OVERHAND
OVERHEAD
PETE SAMPRAS
PLAY

POINT
QUALIFIER
RAFAEL NADAL
RECEIVER
REFEREE
RETURN
ROD LAVER
ROGER FEDERER
ROLAND GARROS
SCORE
SET

SLAM
SLICE
SMASH
SPIN
STEFAN EDBERG
STROKE
US OPEN

```
B A R E I F I L A U Q F O R E H A N D V
J L U F C T N S E R E K C E B S I R O B
M J E M A G J R S T Q S D R O P S H O T
M A O P R P T T O A R Y U E L T R J N E
V I T N V Z E J A D G H I D K E O K G R
R C P C E J P T I N L A M E U V L I R Q
C E R X H D T G E M D A E F R D A M E X
I K F B S L L P K S M R V R J Q N C B O
H G B E A T O I N C A Y Z E D C D L D M
R R C Z R S R N T F H M C G R N G I E A
K E C E U E R O A L G X P O L R A J N C
X C H C H U E E K O L J M R N Z R S A F
J E A N T I L I E E V I A Q A N R T F S
W I I E R N T D R C Z E B I Y S O E E G
U V R I A K P B O B B Y R I G G S R T U
D E G D U B N O D O V E R H E A D S S D
S R A U X I A I I L Q U C R A C A Y E Y
H L H A P R I L D N L T O U S N I A A T
N P A S C O S I L E T C K E E O D L C P
Z U G M O E G S M A S H M F R D C P S T
```

Solution on page 337

Habits: Good and Bad

ADDICTIONS

ANXIETY

AUTOMATIC

BEHAVIOR

BENEFICIAL

BREAK

BURPING

CHEWING

DAILY

DISGUSTING

DRINKING

EATING

EXERCISE

FAMILIAR

FIDGET

FLOSSING

GOOD

GROSS

HABITUAL

HEALTHY

HYGIENE

LEARNED

LIFESTYLE

MANNERS

NEGATIVITY

```
N L R P P B U R P I N G I Z N F L F A P
E E E J O E S N Y T E I X N A A L J E X
R A G M S N T D A I L Y C M U O U B N F
V R U A I E Z A M W G N I T S U G S I D
O N L N T F I T N Z A L I S U N R S T X
U E A N I I T G Q I I R I L B U N E U P
S D R E V C V N C A T N E Y C T O Y O T
M U X R I I N I R V G S C O O R I L R H
O C P S T A R W T C J N A I N I T D E F
K G C C Y L J E N Y E O T R S T I E G R
I Y H T L A E H P D E I N D C I D T P R
N C B R E A K C N E E T E R I O A A G B
G O X W X M B E Y R T C L I O N R E I S
A K N R E T T A P P K I Y N U B T P S F
O F F O R G A N I Z E D T K S M D E O I
L P R A C T I C E R I D S I D O P R C D
T W R C I T A M O T U A E N O F O C I G
G R O S S E C O R P W M F G G N I T A E
H Y G I E N E D J B R O I V A H E B L T
G S L J F P U N C T U A L A U T I B A H
```

NERVOUS

NUTRITION

ORGANIZE

PATTERN

POSITIVITY

PRACTICE

PROCESS

PROCRASTINATE

PUNCTUAL

REGULAR

REPEATEDLY

REPETITION

RITUAL

ROUTINE

SMOKING

SOCIAL

SUBCONSCIOUS

TENDENCY

TRADITION

UNAWARE

Solution on page 337

Sleight of Hand

```
Y E I R P D F G S R E G N I F E S O L C
X F O O R K P F N T F V Y R L R L P Q R
F D S P E N R P P I S T I G A U Y B U C
D N A E S C A R D S N I F G C T A E A C
Z W S V T E C D W A X N T C I S J Q P T
F G W A I S T A G E V O U R G E Y E Z F
Y F I D D D I Z F T C I E C A G K T D V
T V T D I F C F J G H T D M M B C A L Z
R G C N G Q E O N Q X A J B L T I L E I
X N H A I C P I P E P N W U L Y R U G P
I I I N T G H S D P O I E D I A Q P E P
V T N A A C N C Y I E D R D K J I I R T
H A G D T N O I T C E R I D S I M N D I
A E M I I R I P M P H O F S R G O A E K
N H D V O T E V A R A O U I N V G M M Q
J C X F N C R T R L O C L I E I R W A R
L D S T E A L I N G M F M O H L O Y I X
V J G D E V I E C E D I R V G Q D C N A
T M V G E Q U I C K T D N E W Y Z Z A Z
W Z F R G U B A L L S D V G P F X Z G I
```

ARTISTS

BALLS

CARDS

CHEATING

CLOSE

COINS

COORDINATION

CUNNING

CUPS

DAN AND DAVE

DAVID BLAINE

DAVID COPPERFIELD

DECEIVE

DECEPTION

DEXTERITY

DITCHING

EFFECT

ENTERTAIN

FINGERS

GESTURE

LEGERDEMAIN

MAGICAL

MANIPULATE

MISDIRECTION

PALMING

PERFORMING

PRACTICE

PRESTIDIGITATION

PSYCHOLOGY

QUICK

RICKY JAY

ROPE

SKILL

STAGE

STEALING

SWITCHING

TABLE

TIMING

TRICKS

Solution on page 337

Pitch a Tent

```
P K H S A H X V B D N N O L Y N I U F P
U V O H T N P R A T N L P U P T C W B R
O M F U N O I T C E T O R P T L R X E U
F O F C U N C D K F B K I H O D G V F V
W S G A B G N I P E E L S T P K O S O F
S F Y B M U N K A O D R H U A C S O O G
A H L T O I T M C A R X O A C E S D R P
Y P A R T Y L Q K Z S T B P N R R G P S
E W G D N N Y Y I A M S A R E S I C R P
G P E M E R G E N C Y A E B U S E C E T
K I K Q I O C R G F L D U M L H G G T R
B I E F U T A F I L L G M R B E S T A A
O R P J O I M E A I S E L O P L T J W V
J K S E T U P M W T R K R O L T Y H S E
Z G H B M Q S M N Q J S U L C E F F D L
D S N Y S S I E E B R I A F G R A U W Q
K P M I A O T D Y N S Y O V Q S B O N X
Y Q Z U K M E O P I T C H I N G R Z F E
I E V C Z I Y M D Z D J Q O V A I Z S T
S O W E A T H E R J O J O T Q Q C M L U
```

ASSEMBLY

BACKPACKING

BUGS

CAMPSITE

CANVAS

CIRCUS

CLOTH

COTS

COVER

DOME

EMERGENCY

EQUIPMENT

FABRIC

FAMILY

FLOOR

FUN

GROUND

HIKING

MOSQUITO

NYLON

OUTDOORS

OUTSIDE

PARTY

PEGS

PITCHING

POLES

PORTABLE

PROTECTION

PUP

RECREATION

ROPES

SETUP

SHADE

SHELTERS

SIZES

SLEEPING BAGS

SMALL

SUMMER

TARP

TENT

TRAVEL

WATERPROOF

WEATHER

WILDERNESS

Solution on page 337

Movie Projectors

```
E T H R E A D B R E K C I L F T E H S L
Z E W M P O S E R D E V I C E Z M K M D
S G I V U O F P W I I C T H T I R A G N
D J D S X L U G L G V M L P S A C C O U
Y B E Z E I T D I I G V A H D H M I Z O
E R A C S B I I S T C E R X I Y T R E S
Z R T A L H E U P A U E G N X A N T O J
J O Z U V D A M R L R V E O N M E C M F
R O B D S L L O O P E E R I J E M E S L
O K C I N P W N J H H X M T M D N L H B
T U V E E S Q E F Q U T A O I I E O E
A F N N L N Q B C W L E R T C A A O W G
R T E C A S U U T L K F M N N A T V V S
E G M E C H A N I C A L Z E A H R D B Y
P N Y D I I Y K O P I M B S R E E L R D
O Q T C T L N R N F M M P E R U T C I P
I F H G P W P E U O N E J R A R N O G D
J Q G N O S A Z M N A N N P X M E R H M
E Q J Z T E A B G A N O I T C A N D T U
N T N G B U L E D G K A V T O U W X I J
```

ACTION

AUDIENCE

BEAM

BOOTH

BRIGHT

BULB

CAMERA

CINEMA

CORD

DARK

DEVICE

DIGITAL

DOUSER

ELECTRIC

ENTERTAINMENT

EQUIPMENT

FILM

FLICKER

FORMAT

FRAME

HOME

ILLUMINATION

IMAX

LAMP

LARGE

LENS

LOOP

MACHINE

MECHANICAL

MEDIA

MULTIPLEX

OPERATOR

OPTICAL

PICTURE

PRESENTATION

PROJECTION

REEL

REFLECTOR

SHOW

SOUND

SPLICE

SPROCKET

THREAD

VISUAL

WIDE

Solution on page 337

Domiciles

ABODE

ACCOMMODATION

ADDRESS

APARTMENTS

ARCHITECTURE

ATTIC

BASEMENT

BRICK

BUILDING

CABIN

COTTAGE

DECOR

DOOR

DUPLEX

DWELLING

FAMILY

```
Y W Q F W R O F P Z L F Q Z K T W Y E Y
Y I X L H S L L A W G N I G D O L M H E
L N M O R T G A G E Y A W L L A H G C B
I D V O E N Z T W R C D O M N Y H N B G
M O O R D E O S D G O H V O N G E I F A
A W B O G M X D Y O E O I M O D U L A R
F S N Y H T O C R S C T M J I U G L S A
I V K C I R B C U Y A N R S T P T E H G
R C I T T A O O I D P E E H A L O W E E
E F L E Y P H B N B S R N R D E W D L B
P U E F R A E U H A G T C N O X N F T Y
L R R L R E O P E G N H F L M A H Q E C
A E O J N F A L D E I M D B M C O R R U
C L C T E E K L M T V E U M O F U Q S D
E I E R E K H E E U I I N T C T S S O Q
S A D A D C S C H S L Z T A C A E T B L
S R U B H A T M T D T A L U A R B V U F
W T L O B U Y I I I G A R V D U N I T H
U M G D R E W N O E K T T D O O W Q N A
C P E E L S G V O N S H A E F I N T G A
```

FIREPLACE

FLAT

FLOOR

FOUNDATION

GARAGE

HALLWAY

HOUSEHOLD

HUTS

KITCHEN

LEASE

LIVING SPACE

LODGING

MODULAR

MORTGAGE

NEIGHBORHOOD

PROTECTION

REAL ESTATE

RENT

RESIDENCE

ROOMS

SHELTER

SLEEP

STRUCTURE

TOWNHOUSE

TRAILER

UNIT

WALLS

WINDOWS

WOOD

Solution on page 337

Build a Factory

ASSEMBLY
BOOTS
CAPITAL
CHEMICALS
CONSUMERISM
DIRT
EFFICIENCY
EMPLOYEES
EQUIPMENT
FABRICATION
FOREMAN
FORKLIFT
HEAT
INDUSTRY
INJURIES
INNOVATION
LABOR
MACHINE
MANAGEMENT
MANUFACTURE
MARKET
MATERIALS
MILLS
NOISE
ORDERS
PERSONNEL
PLANT

PROCESSING
PRODUCED
PULP
RAW
REFINED
RESOURCES
ROBOTICS
SHIPPING
SMOKESTACKS
SPECIALIZED
SUPPLIES

SYSTEMATIC
TEAMWORK
TOOLS
TRUCKS
UNIFORMS
WAREHOUSE
WORKFORCE

```
V B J Q P X B H C B W K F I G P N W W P
S E I L P P U S R E D R O C S T O O B E
C Y M A N A G E M E N T E K R A M R E R
I H S D D E C U D O R P M T R U C K S S
T K E T Y D E Z I L A I C E P S H F M O
O N V A E R U T C A F U N A M J N O G N
B I M D T M A C H I N E C H A O K R Q N
O B A S F C A L M E F F I C I E N C Y E
R O Y Z I Y V T S P L A N T S A M E X L
U T E R L R A W I L W L A T M A T S U A
N E B E K T E U V C A V A E T N O M S T
I A D S R S M M E L O C R B E R O A H I
F M E O O U P J U N K O I M O Z L T I P
O W N U F D L M N S F A P M M R S E P A
R O I R K N O I G G N I S S E C O R P C
M R F C E I Y L J B U O Z P N H M I I I
S K E E I L E L F Q A T C B P O C A N M
F K R S A C E S E I R U J N I L I L G N
W Y L B M E S S A I W A R E H O U S E T
Y S M I F H G K D X V H R I K G H P E U
```

Solution on page 338

A Collection of Little Things

ANT
ATOM
BIRD
BUNNY
BUTTON
CELL
COIN
CRICKET
DIME
DROP
DUST
EARRING
EGG
EYELASH
GENE
GERMS
GNAT
GRAIN
GRUB
HAMSTER
INCH
KERNEL
KITTEN
LADYBUG
LOUSE

MILLIMETER
MINIATURES
MINNOW
MITE
MOTH
MOUSE
NEEDLE
NEWBORN
PAPERCLIP
PEBBLE
PENNY

PETAL
SEED
SEQUIN
SHREW
SMIDGE
SPRINKLES
TADPOLE
THIMBLE
TOOTH

```
E B A P D H H O X P D C R S X E F M S T
A T V F J V B H A V K T A P E M I D O B
T N E H I T H G G K C F Z I L Q L O T P
J X S H J W Y C S M M I I L O G E F S E
L Q G M X N G F P C Q V O C P G N E L R
D O A T M C K J D G E U M R D I R D E I
H D R B U N N Y E O S L I E A U E P N W
R Y D X F Z B I S E E D L P T E K O E N
M V D L W Z C E U T N A L A N I A R G H
I V D R H I S T M Q T O I P T Y H D C D
O U G N I R R A E E E N M T R S N N F U
I I M U Y B L N P K I S E L K N I R P S
J Y O K B N U G G M C N T Y Q N I O C T
L Q T B E Y G R T I E I E R E T S M A H
A V H G P E D U G N G L R W E L B B E P
T M X T X E J A X N S G B C Q S A I Q E
U Q P J O I I R L O M O R M I M U S Y N
F Y D C Y O S M H W R E G D I M S O H N
F D I D B U T T O N E C U T C H V G M Y
E S X S R H T J J J G J E Y M O T A W O
```

Solution on page 338

Buying on the Internet

```
R Z Y C L A F D M A W W T E T U U Z Q B
L S H E L A U T R I V X C O H V V Y N V
L I F O S O E G R A H C L I E N T E L E
Q P A N L K T Z P A R O Q D Q Y U G G L
Y X S T R I O H G H Q S I T E J S A L E
N D T A E D D O E V I T I T E P M O C C
Q R M I B R B A B S R R C H E C K O U T
A A U S A F C U Y D E A G F F K P G N R
Z C P T T M R C Y B V N L H I R B E E O
R O D N E V E T W Z I S U E O R I D F N
A L J S P R D I L L L A E M O N R J T I
R S D D U E I O D Y E C O W E O Q R N C
A T E N R E T N I M D T S V E G R V A O
Y C S U C M A A O F I I N Y R P E L H M
A U L F H H G H I O N O T Y O N T R C M
E D U E A Z W O N G C N U Y T C U E R E
O O P R S H I P P I N G I O S P P L E R
Z R M L E U G U C S S E R D D A M L M C
O P I B Q W C B J B B Y U G W Y O E I E
Y W X B A N E S P Z G L T N U O C S I D
```

ADDRESS

AUCTION

BOOKS

BROWSING

BUY

CARD

CHARGE

CHECKOUT

CLIENTELE

CLOTHES

COMMERCE

COMPETITIVE

COMPUTER

CONVENIENT

COST

CREDIT

DELIVER

DISCOUNT

ELECTRONIC

FAST

HANDLING

HOLIDAY

HOME

IMPULSE

INTERNET

INVENTORY

MARKET

MERCHANT

ORDER

PAY

PRODUCTS

PROMOTION

PURCHASE

REBATE

REFUND

RETAIL

RETURN

SALE

SELLER

SHIPPING

SITE

STORE

TRANSACTION

VENDOR

VIRTUAL

Solution on page 338

Formal Debates

ANSWERS
ARGUE
ASSERTION
CASE
COMPETITIVE
CONTENTION
CONTROVERSY
DELIBERATE
DISAGREEMENT
DISCUSS
DISPUTE
FACTS
FALLACY
INFORMATIVE
ISSUE
JUDGE
LOGIC
MONITOR
NEGOTIATE
NOTES
OPPONENT
ORDER
PARTICIPANTS
PERSPECTIVE
PERSUADE
PODIUM
POINT

POLITICAL
POSITION
PROOF
PUBLIC
QUESTION
RATIONALIZE
REASONING
REBUTTAL
RHETORIC
RULES
SCORING

STRATEGY
STRUCTURE
SUBSTANCE
TALKING
TEAM
THOUGHTS
TOURNAMENT

```
U P X C F A C T S A F U T V G J H S N M
R O K P O D I U M C E C I L S B U M I A
F O E C S D B P U B L I C I G O L D Q W
B D T E O S C O N T R O V E R S Y A G T
N K L I T E V I T A M R O F N I S S U E
O U O A N T Q I N P A N S W E R S S S Q A
R G N I N O S A E R R B N T R E X E Q M
D C T H W N M T M H K G A A V S T R I O
E H C C N I T E R N I T I T A O T D I
R X O J L T A T E I T I T N R T U I U K
Q Q N V I L O P R O O C A E Z N R O Z O
U B T V K R O O G N E P B D F E N N A R
E O E I I S C E A P I I I A R N A B D R
S S N C I S N L S C L S L U E O M T I W
T G T T F B I R I E C L T S T P E M S B
I K I O P Z E T D U A C A R M P N I P E
O O O M E P R U S C U C H E W O T O U U
N R N S N A D S Y R P M D P A E D I T G
P O T T P O L I T I C A L A T T U B E R
Y G E T A R T S T H G U O H T N I O P A
```

Solution on page 338

See Mexico

ACAPULCO

ARCHITECTURE

AZTECS

BAJA

BEANS

BORDER

BULLFIGHTING

CANCUN

CULTURE

ENCHILADAS

FESTIVAL

FOOD

GOLDEN EAGLE

GUADALAJARA

GULF

HOT

IMMIGRATION

MARIACHI

MAYANS

MEXICANS

MEXICO CITY

MOLE

OAXACA

OLMEC

PACIFIC OCEAN

PESOS

PYRAMIDS

RESORTS

RICE

RIO GRANDE

SOCCER

SOUTH

SPANISH

TACOS

TAMALES

TEQUILA

TORTILLA

TOURISM

TRAVEL

TROPICAL

VACATION

YUCATAN

```
E R U T L U C N U A M A R I A C H I T U R
R D G R E D R O B Z R S D I M A R Y P E
M Z N P E B V I M A U G J S T R O S E R
L E V A R T P T J H E N S N A C I X E M
V G F Y R B T A T Q L I Y A Q H Z D L H
G S H H L G L R C A O T O U R I S M R M
P Z T H N A O G C I M H X W G T G T E F
R M E V D E C I O H F G E O M E O W O I
Y G Q A O C P M R Z E I N P E C L O A H
W P U C C O B M T O S F C T X T D V P F
D G I A R A Q I A A T L H O I U E M J Y
H Y L T F X P G M Z I L I R C R N A P M
U S A I B A J U A T V U L T O E E Y Y O
M V I O U C A I L E A B A I C C A A S S
C C D N R A B K E C L J D L I C G N O O
K N A T A C U Y S S O Q A L T O L S U C
G Y J N E P C G B E A N S A Y S E D T A
N U I M C Z S W A O J N R I G P K C H T
T U L J L U M R Z E A W L D S Q P P I C
N O K F D B N R A P B H Y A I T W R E R
```

Solution on page 338

Ponds

ALGAE
ALLIGATOR
ANIMALS
BEAVER
BEETLES
BIRDS
BOAT
BUGS
CATTAILS
CRANE
DAM
DRAGONFLY
FARM
FIELD
FISH
FROG
GARDEN
GEESE
HERON
ICE
LARVAE
LILY
LOONS
MINNOW
MUSKRAT
NATURAL
OTTER

POOL
PUDDLE
REEDS
ROCKS
SHALLOW
SNAILS
SNAKES
SPLASH
SPRING
STREAM
SWIM

TADPOLE
TOAD
TURTLE
WADE
WATER
WETLAND
WINTER

```
X U B R Y F B X V L B F Y V R S D E E R
A U C E M M J A L J O W J S T R E A M E
S C P P I F P U J H D O E W B F V S C T
E I S C G K M V A H S L P E O R R Y O A
K N U N A J U L J K D L N T A O C X M W
Q T S C R L J Z C D H A I L T G Y Z H H
C N D L M X T O U O R H T A D P O L E B
T B C H V W R P B C R S Q N T B D E I E
F I R B T T I E L T R U T D E T R K B L
E E A Q F F O B T L S O Z E W K A X I H
A K V S N I H K N T C G T L K S G C R U
A L O X E E E A N K O L A A N A O M D C
Q H O W R C A L G A E R R A G N N F S X
P G A O I E C M D S U R K E G I F P S O
B B N Z N O M I D T I E S F V M L I L Q
O U F I D S L N A A S T U I V A Y L I W
I G G A R D E N M C R N M S S L E A A A
E P O S R P W O V C L I D H W S W B N D
I T Q C W M S W N Q O W C O I G E E S E
O V C K U S J V A O L F L S M T W M T W
```

Solution on page 338

Running for Office

```
O E P A H Y H V U G W A U I K Y M D X F
P G N I G N I L S D U M Y C R Y P O L L
I R O D E T I B D N U O S A T A A N G P
W A I E S S E R G N O C M I V D J O H B
S S S M E Z U P M C L I R O X V V R O F
W S I V G W E R A R R O T A N E S S U I
A R C O A E V O Q P J E A A R R N E S E
U O E N S C A M P A I G N N C T V E E V
V O D A S L B O M L J Q M C S I W T C O
Z T Y C E A A T Y X S E P M T S L A N Y
V S E I M R L I D E N X C A S E X B E G
T R D L Y E L O C T K A T Y I M Z E U I
N E I B T D O N U R N N C O V E N D L P
E E L U R E T S H D E O O R I N E Z F U
D T S P A F S X I S R M I D T T Z E N N
I N D E P E N D E N T N M T C S I U I D
S U N R S L A R E B I L W O A N T C O I
E L A U R T P O T N E B M U C N I C P T
R O L P E E V I T A V R E S N O C P D Z
P V E S R H E T O R I C A U C U S P S K
```

ACTIVISTS

ADVERTISEMENTS

BALLOT

CAMPAIGN

CANDIDATES

CAUCUS

CITIZEN

COMMERCIALS

CONGRESS

CONSERVATIVE

DEBATE

DECISION

DONKEY

DONORS

FEDERAL

GOVERNMENT

GRASSROOTS

HOUSE

INCUMBENT

INDEPENDENT

INFLUENCE

LANDSLIDE

LIBERAL

MAJORITY

MAYOR

MEDIA

MESSAGE

MUDSLINGING

NATION

PARTY

POLL

PRESIDENT

PRIMARY

PROMOTIONS

PUBLICATIONS

PUNDIT

REPRESENTATIVE

REPUBLICAN

RHETORIC

RUN

SENATOR

SOUND BITE

SPIN

VOLUNTEERS

VOTE

Solution on page 339

Parades

```
C V H D A C R O B A T S M U R D Q B L D
D U K E R G U I T T E F N O C S H A T S
M H V N T U F W O I D R A U G R O L O C
B A T O N S C I R C U S F K N E S L E L
W G R A N D M A R S H A L Y I C P O A N
X H S C U E T D D E T X M A V N E O P D
F F S G H I F R P H E U M D I A C N F R
E C N C N I A O V O I N S L G D T S F L
S Z A G H W N X H L S E G A S Q A T V F
T U I O A I O G E I G C F I K U T R C A
I D C R E E L H B D H K L R N E O E M G
V R I S P F S D U A T R O O A E R E U Q
A N T C K D A J R Y N E A M H N S T C H
L V I E L M N A O E L D T E T O J J X L
D Q L T A O C A F X N A S M D H R F O L
B Z O U T W S R A C E C I L O P S S M
G A P O E S X N S G A L F S H L I N E U
H H P R O C E S S I O N F I T R O O P S
G A S R O S N O P S R O D N E V N I K I
A B E G D S T N W G W U A G D F Y S I C
```

ACROBATS
AWARDS
BALLOONS
BATONS
CHARACTERS
CHILDREN
CIRCUS
CLOWNS
COLOR GUARD
CONFETTI
DANCERS
DIGNITARIES
DRUMS
FESTIVAL
FIRE ENGINES
FLAGS
FLOATS
GRAND MARSHAL
GRAND PRIZE
HATS
HELIUM
HOLIDAY
HORSES
JUDGES
LEADER
LINE
MARCHING BANDS

MEMORIAL DAY
MUSIC
POLICE CARS
POLITICIANS
PONIES
PROCESSION
QUEEN
ROUTE
SING
SPECTATORS
SPONSORS

STREET
THANKSGIVING
TROOPS
VENDORS
WALK
WAVE

Solution on page 339

Going to the Dance

```
P F S R B I C I R K N E S I F T S B H H
L L O Q C S L D D D O I S K F E L Q R P
Y O A I L N D Q V L V S C A S L C S N X
M O J R A U I N Q N S D N O M A I D Q R
A R Q L U K F G E O S C O S R V M D Q V
E Z D W Y G L E H I Y H I O L S I D T F
C T E K X J U O C T R B L P O G A I I N
N L I L Y T R A P A M F L H N T Y G C C
A A K Q J X B Q N T R C I I E K S F E O
D W E S U H G O D I A G T S R G A L R N
Q Q T L K E O S A V T A O T N M E C A S
Z I T U B K T S P N R L C I X B H L E O
M V Q P X M N T P I A P R C R E L F A C
X G D Y C E E I E M I T E A S E F K T I
O S V I N T D S R A S V T T R R J V N A
S G S R N U F O N D F I R E T H G U A L
D U N I G N F O I E O A D D N A B D G R
M X U A M F E X O N D N O I S N A M E I
O Q G H T P G R R D I T J G M D X O L W
L D H C N U P C A C P Q W M G X J B E T
```

BAND

CELEBRATION

CHAIR

CINDERELLA

CORSAGE

COTILLION

DANCE

DAPPER

DATE

DIAMONDS

DIGNITARIES

DINNER

DRINK

EAT

ELEGANT

ENSEMBLE

ETIQUETTE

FANCY

FLOOR

FOOD

FORMAL

FRIENDS

GRACEFUL

INAUGURAL

INVITATION

LAUGHTER

MANSION

MASKS

MUSIC

NIGHT

ORCHESTRA

PARTY

PIANO

POLKA

PUNCH

QUINTET

ROOM

SOCIAL

SOPHISTICATED

STRINGS

TANGO

TUXEDO

TWIRL

VALET

WALTZ

Solution on page 339

Use Some Logic

```
A J E L S H E L C M L W L A N O I T A R
A B J A J P H O S J L A M R O F V F O B
W X L I S X A W I D C U D W W O N K R N
I X O P I U E S C I S Y H P A T E M E V
P S B W S P D L T U C C A U S E J F L B
R E M M Y I S Y P N E U R T R M C F P S
O E Y E L S L D E M O B I G Q D A K I L
O R S A A A E T C N O I S U L C N O C J
F O V E N B S L Z L V C T N T I Y P N L
U X M A A I Y D U T S F O P H Q H R I E
C Q T T S R N G S R T Z T T M P P E R M
S N E N C W C F O C L H L N R U O M P L
Z S O L I E I H E L I A E A A X S I P G
T C E S S P R L V R O T C O I E O S L B
O M D N A M L R Q S E T N I R Q L E A J
T O E L M E T H O D I N N A R Y I O T N
M S L K T J R P W C E W C O M I H K O G
A M W N R E L I A B L E F E W E P T R B
T A I K C M J L S O U N D N E S S M L W
H M V H H F U N D E I N D U C T I V E S
```

ANALYSIS

ANALYTICAL

ARISTOTLE

ASSUMPTION

BOOLEAN

CAUSE

COMPLEX

CONCLUSION

CONSISTENCY

CORRECT

DEBATE

EMPIRICAL

FACT

FORMAL

GREEK

INDUCTIVE

INFERENCE

INTELLECT

KNOW

MATH

METAPHYSICS

METHOD

ONTOLOGY

PHILOSOPHY

PLATO

PRACTICAL

PREMISE

PRINCIPLE

PROOF

RATIONAL

REASON

RELIABLE

RESEARCH

RULES

SEMANTICS

SENSE

SOUNDNESS

STUDY

SYMBOL

TEST

THEORY

THINK

TRUE

VALID

WISDOM

Solution on page 339

Georgia

AGRICULTURE
AIRPORT
ALBANY
APPALACHIAN
ATHENS
ATLANTA
AUGUSTA
BLUE RIDGE
CHEROKEE
CIVIL WAR
CNN
COAST
COLUMBUS
DAVID PERDUE
DEER
DELIVERANCE
FALCONS
FORT STEWART
GEORGIA TECH
GLADYS KNIGHT
HAWKS
JIMMY CARTER
JOHNS CREEK
KING GEORGE II
MACON
MARTA
MOUNTAINS

NATHAN DEAL
OGLETHORPE
OLYMPICS
PARKS
PEACH
PECANS
PIEDMONT
RAY CHARLES
RECREATION
RIVERS
ROSWELL

SANDY SPRINGS
SAVANNAH
SOUTHEASTERN
SOYBEANS
TED TURNER
TY COBB
YELLOW JACKETS

```
T S A O C O L U M B U S N I A T N U O M
S B K T Y C O B B V D E G D I R E U L B
R D N O K A S A P P A L A C H I A N C S
E D A I R P O R T S V R T E V I S I C O
V E T A U G U S T A I A N C N N V I Y Y
I L H D S J T W Y V D H A U E I P E L B
R I A E K A H S N A P C L H L M L G A E
E V N E W G E K A N E Y T W Y L L R R A
T E D R A R A E B N R A A L O A S O E N
R R E O H I S C L A D R O W D O A E C S
A A A S F C T J A H U Y J Y G Q K G R N
C N L W R U E Z O D E A S L S O M G E O
Y C K E E L R T T H C K E P R P A N A C
M E M L N T N Z A K N T N E R O C I T L
M K L L R U S U E I H S H U H I O K I A
I Z A F U R I T G O G C C I C V N I O F
J F T S T E S H R T Z R X R A K E G N I
H I R H D Y T P R O X R O L E V P U S U
S N A C E P E U A R F C U E P E G C V F
C J M Z T N O M D E I P W L G S K R A P
```

Solution on page 339

See a Lawyer

ACCUSED

APPEAL

ARGUE

ASSISTANT

ATTORNEY

BENCH

BILLING

BRIEF

BUSINESS

CASE

CONTRACT

COURT

CRIMINAL

CUSTODY

DEFEND

DIVORCE

ETHICS

EXPERTS

FILE

GUILT

INNOCENCE

JUDGE

JURY

JUSTICE

LIABILITY

LITIGATION

MOTION

NOTARIZE

OBJECTION

PAPERWORK

PATENT

PROSECUTOR

REPRESENTATION

RESEARCH

SENTENCE

SETTLE

SOLICITOR

STRATEGY

SUE

TERMS

TESTIMONY

TRIAL

TYPE

VERDICT

WITNESS

```
R H L S V S U S B G I W N A S X J U L R
V C C T M T S C K T E Q Y A T S H U B T
L G U R R C N E D E F E N D R E U G R A
H H S A A L B E N F E Z O J E U C E S Y
E U T T C E U B Y T L V M P P B P N E X
E I O E C S S Q E R I G I R X R R R N A
M P D G U T I E N I T W T O E R O I T M
K O Y Y S X N E R A I N S S C T T M E U
T L T T E I E A O L G M E E I C J R N F
T I M I D I S Y T N A N T C T O Z B C Q
Y C X J O N S T T S T O I U S U C O E A
A S I U T N N I A A I L R T U R N L E L
V E Y D E O O L T E O S X O J T I Q Z B
F T B G R C V I Z S N E S R R F T C I I
J T E E M E O B T X H C C A X H L U R L
Y L N Z S N V A M C I S C R I M I N A L
G E C E T C D I Z H E T N T O L U O T I
T O H J T E F L T E L J S T H V G U O N
J O M E S A C E B U D C B A G X I O N G
Y H P L A E P P A P E R W O R K T D E S
```

Solution on page 339

Smartphones

```
F K V M X G T N Q B E M R D N O I R G K
N O I T A C I N U M M O C T Z P I U N O
S S E L E R I W E M L E R J H O M T Y N
Y K O L Z F V Z S I B M S O J V W K K O
F P I S B R W M T J N E N M O B I L E I
G S T N D A C M C U G E R E K A E P S D
J S S N O T T U B A B S V P L R H U W E
U Y A N S W E R S O E R E N A T Y E O Q
I E R Y M A Y S O T U O J M O D N T R W
G S X P I A E K T P N S T O A C A Y B C
C I E V D M W I D A E S T M N G P B D Z
M H M R E U N P N R M E C R C T M A T V
B K A O V G Z D U T U C A A L L O G L I
W C I T S I R T R L E O R L L L C I G B
F V L C D O C O B I N R T A N A A G F R
N R I S I I P E A C N P N W T M C C T A
B S U D P S Q O J M V G O E Q S A T H T
F C A S E P U I F D I D C S T O R A G E
Y O Y A V O A M D S Z N A L P L D P N X
K K G P G D Q F O R Z T G C B Z S G F T
```

ALARM
ANDROID
ANSWER
APPS
BLUETOOTH
BROWSE
BUTTONS
CALL
CARD
CASE
CHAT
COMMUNICATION
COMPANY
CONTRACT
CONVENIENT
DOWNLOAD
EMAIL
GAMES
GIGABYTE
GPS
INTERNET
MENU
MESSAGES
MOBILE
MUSIC
NUMBER PAD
PHONE BOOK

PICTURES
PLAN
PORTABLE
PROCESSOR
RING
ROAMING
SERVICE
SETTINGS
SIGNAL
SKIN
SMALL

SPEAKER
STORAGE
SURF
TEXT
VIBRATE
VIDEO
WIRELESS

Solution on page 340

Drawer Contents

```
N R Y N X F A B D D A V B S T Y N C A A
P L N N D B U I P B S L F L M B D R J B
N Z S K W X A A H O A P J S A E H M O O
H U O R P P J T B S N B K L O N Z O T J
L C C D E A T L H V T F Y D T E K C A J
U C K R M T O D P I L L O W C A S E S H
X X S A I U A I T A N R E C I H R P T B
N F S W S L T E S S A G U B M P A G U F
D F O E R E I H W N E F S Y R L E W E J
W M V R M F L N T S F V P U B S W S L T
S O P S K I X V E L K X O M I E R R D R
U N W O G T H G I N S O R L V T E E R I
X E A H S S T N A P S E D A G X D X I H
Q Y T E N L K E F Y P R H R S H N O G S
V K K H J S E C M E S S G T H S U B F H
G U R A T K V V N U R V U Y O T T E P E
H A U H G R N S O E F O O A E L I N K E
R I G T P C L U T T E R C K S R C E E T
D I Y L H P U F J R D Y E S B R A S S S
T M O W S C A R V E S A P P J W J V A N
```

AFTERSHAVE

BABY WIPES

BATHING SUIT

BELTS

BLANKET

BLOUSE

BOOK

BOXERS

BRAS

BRIEFS

CLOTHES

CLUTTER

COUGH DROPS

CUFFLINKS

DEODORANT

DIAPERS

DRAWERS

FLASHLIGHT

GIRDLE

GLOVES

ITEMS

JACKET

JEANS

JEWELRY

JUNK

LINENS

MESS

MONEY

NIGHTGOWN

PAJAMAS

PANTS

PENS

PERFUME

PET TOY

PILLOWCASES

SCARVES

SHEETS

SHIRT

SHOES

SOCKS

SWEATER

TIES

TIGHTS

TOWELS

UNDERWEAR

Solution on page 340

Tour of the Capitals

ALBANY
ANNAPOLIS
ATLANTA
AUGUSTA
AUSTIN
BATON ROUGE
BISMARCK
BOISE
BOSTON
CARSON CITY
CHARLESTON
CHEYENNE
COLUMBUS
CONCORD
DENVER
DES MOINES
DOVER
FRANKFORT
HARRISBURG
HARTFORD
HELENA
INDIANAPOLIS
JACKSON
JEFFERSON CITY
JUNEAU
LANSING
LINCOLN

LITTLE ROCK
MADISON
MONTGOMERY
NASHVILLE
OKLAHOMA CITY
OLYMPIA
PHOENIX
PROVIDENCE
RALEIGH
RICHMOND
SACRAMENTO

SALT LAKE CITY
SANTA FE
SPRINGFIELD
ST PAUL
TALLAHASSEE
TRENTON
WASHINGTON

```
A C T K Y A N E L E H U A E N U J X Y G
N L O Y T I C N O S R E F F E J W P N S
L F B N I Y A X W A S H I N G T O N U V
P H E A C H T R A L E I G H R U B B W T
A A N A N O B I E T L G R I C H M O N D
T R L M O Y R M C L S H U K S U P X T K
N T O C S I N D I A N A P O L I S X A C
A F C H R V S M W K M G N O R E O M L R
L O N A A S Y P C E T O C T N N D O L A
T R I R C R P O R C S R H K A G O N A M
A D L L E N R N O I N T O A W F V T H S
N E G E L E O I R T N P P F L O E G A I
N S D S L S V T S Y N G H A K K R O S B
A M A T I I I S S B M E F O U N O M S T
P O T O V O D U L O U Q M I E L A E E R
O I S N H B E A H R B R O A E N V R E E
L N U J S G N I S N A L G H R L I Y F N
I E G T A S C H E Y E N N E L C D X W T
S S U R N R E V N E D N O S K C A J H O
F U A I P M Y L O U F T X M A D I S O N
```

Solution on page 340

Learn a Language

```
K J U N U N G H L P I T A L I A N G I S
W D P E O Y S I G E R M A N A I S R E P
P G Q T E I S E B R J A T U R K I S H T
P F W Z L T S C P A B A C A D P Y N N H
H G W G E E J R R M J Y D T S K A E P S
R C N N W E S E M A N T E I V C C P L
A E N A V Q Z G P M A C U C N C B X A W
S B P E G W Y N O M M P T P A D E R F A
E A A E R T Q I S W R I O X I Y N S R D
J Y Y W A F G D I Q W T R A H V G Z I J
V R H M M D M N T R P Z L J E K A K K E
U A I I M F L A I U Q O L L O C L D A C
A L P H A B E T O G G D R C Z G I S A T
N U M B R C I S N U N O I T A N O T N I
N B I M G N R R E N E E A A U D R U S V
I A B R G L L E I U A M L W L G D D A E
D C I B A R A D N O S S E L D E U Y C R
N O I T A I C N U N O R P O A B C E R B
I V I U O D R U S S I A N U T H S T S K
H N X G U O X Z E S E N O T N A C X M E
```

ACCENT

ADJECTIVE

AFRIKAANS

ALPHABET

ARABIC

BENGALI

CANTONESE

CHALLENGING

COLLOQUIAL

DIALECT

DIALOGUE

ENGLISH

FRENCH

GERMAN

GRAMMAR

HINDI

IMMERSION

INTONATION

ITALIAN

JAPANESE

LATIN

LESSON

LISTEN

MANDARIN

NOUN

PERSIAN

PHRASE

PORTUGUESE

PRACTICE

PREPOSITION

PRONUNCIATION

PUNJABI

RUSSIAN

SIGN

SPEAK

STUDY

TAMIL

TURKISH

TUTOR

UNDERSTANDING

URDU

VERB

VIETNAMESE

VOCABULARY

WRITING

Solution on page 340

At the Stadium

```
N E N C Q M N A U O V Q F P B J G G L K
K Z A G M S U Z S Y G J Q O Y K E B Q H
Q E C N J P R N D M M D E V O T E E S U
U G H I N Q A O K R Y B M G R D S R T M
D B O L I F A I D T I G A E P Q O F S B
N P S I S F M H U N T N G U L T D U A R
O V D A T A N S T S E R K C A B A S I E
U P T R R R M U A C U V F T Z Y K S S L
O W A G G E S C N B S P C S G E I C U L
H P O R U R M E M T A E U R T G Z Y H A
D R M V E A I A N L P I E B N A L D T L
P O A H R D H E C S C N A S W R N L N O
R E S C U P R E T Z E L S N D U V D E C
S U C A W A Q R A G L S R E W O L L O F
T R O P P U S Y E L L Q N R O C P O P I
E I T E E X B T M E G A P H O N E C U H
P T R D B K E H N Z H Q S D N E I R F D
S Q J I T W W I F A I C O J V B O O S L
Y Y W R P S Y U N V H L N A T P P W L F
F N R P X S L N B R T C W O D F C D B D
```

AUDIENCE
BACKRESTS
BASKETBALL
BOOS
CAMERAS
CHANTS
CHEER
CLAP
COLA
CROWD
CUSHION
DEVOTEES
DRINK
EAT
ENCOURAGE
ENERGY
ENTHUSIASTS
FANS
FOLLOWERS
FOOD
FRIENDS
GAME
HAMBURGER
LOUD
MASCOT
MEGAPHONE
NACHOS

PARENTS
POPCORN
PRETZELS
PRIDE
PROGRAM
RAILING
SIGNS
SODA
SPECTATORS
SPIRIT
STAND

STEPS
SUPPORT
UMBRELLA
USHERS
VENDORS
WAVE
YELL

Solution on page 340

Magazines

ADVERTISEMENT

ARTICLES

BOOKSTORE

CELEBRITIES

COLUMNS

CONTENTS

COVER

CURRENT

DENTIST

DIGEST

DIGITAL

DOCTOR

EDITOR

FASHION

FEATURES

FICTION

GLANCE

GLOSSY

IDEAS

INFORMATION

INSTRUCT

INTERVIEWS

ISSUE

JOURNAL

MAIL

MASTHEAD

MONTHLY

NEWS

ONLINE

OPINION

PAGES

PERUSE

PHOTOS

PURCHASE

QUARTERLY

RECIPES

RELAXATION

SECTIONS

SKIM

SPORTS

STORIES

SUBSCRIPTION

VOLUME

WAITING ROOM

WRITTEN

```
N S M H W N Y N D S E P I C E R H N J L
D S W A D S O O E I D E J O U R N A L M
R I A E S I C G J S F R G L A N C E Q O
U F G O N T G Y O S N U Q U L S N N N N
S C L I O R H E S U F S T M T M O O O T
P G P R T S A E S E E E E N U W I I I H
O O B O S A C T A T I T E S W S T T H L
R T A T I R L T C D M T F A N A C A S Y
T D R I T I U S G U N A I O M L I X A F
S I E D N R H U K O R T I R L S F A F D
K T V E E D A B C T I T O L B W I L W N
I F O S D B E S I N C F S M S E Y E O S
M Q C R A N E C G E N U H N U I L R S P
V I B M I G L R S I R M C I I V R E K F
J B V L A E O I B O O K S T O R E U C D
S N N P S O S P U R C H A S E E T I V A
V O L U M E U T U C U R R E N T R U I F
E A D V E R T I S E M E N T K N A N A X
B A Z F S O T O H P A S A E D I U L V R
P W R I T T E N L B J P U M S W Q M H E
```

Solution on page 340

Fun Run

ANKLE
CAUSE
CHALLENGE
CHARITY
CHEER
COMPETITION
CRAMPS
DONATION
ENDURANCE
EXERCISE
FAST
FEET
FINISH
GOAL
HEALTH
HEART RATE
HILLS
HOT
HYDRATE
INTENSITY
INTERVALS
KNEE
LEGS
MILES
MUSCLES
PACE
RACE

RECORD
REST
ROAD
RUNNING
SNEAKERS
SPEED
SPRINT
START
STEADY
STRETCH
STRIDE

SUPPORT
SWEAT
THIRST
TIME
TRAIN
WATER
WINNER

```
N A J M T N T E S N E A K E R S T A R T
D N A G X T K Q B E Z T X G W J H C W K
H D M F S H Y D R A T E N Y R S W E A T
R P O O I I E U P J R I R A C E C I Q S
L O J L V U D M K C N Y T I S N E T N I
K W L P F S V J I N T E R V A L S H L W
N S E B P E H S U T Z C T R A I N G C V
E P L K F L E R O Q J D U K B D N D Y S
L P R R L M F T V Z M D Y H S O O H X W
W F L O Q G U N Z D N H T P I N N X T F
L V W E A T E S O E T A R T R A E H Z D
D U E Q G D T T C U K I I H X T G F K I
K N R L I S S R E L N T S C B I N T T T
K Q E R K U E E O T E I T T X O E W B S
G R T L E N Y C L P N S O E H N L M T R
K S A J N C A W M I P O G R N E L E V I
R O W I O U O O F Y M U Y T I R A H C H
G Q W K S S C R A M P S S S E D H L G T
H S P E E D D C D E C A P S Y R C T T O
H J E V W X Z O A W F R T G W S F S J H
```

Solution on page 341

Give and Take

ACCOMMODATE

AGGRESSIVE

AGREE

ARGUE

ARRANGEMENT

BUSINESS

CLOSE

COMPROMISE

CONCESSIONS

CONCILIATE

CONFER

CONSULT

CUSTODY

DEAL

DEBATE

DICKER

DIVORCE

ENACT

FORMS

HAGGLE

INCENTIVES

JUDGE

LAWSUIT

LAWYER

MEDIATE

MODERATE

OFFER

PARLEY

PARTIES

PLACATE

PRICE

PROCEEDINGS

PROPOSAL

REASON

RECONCILE

REFEREE

SETTLE

SIGN

SQUABBLE

STIPULATE

SWAP

TABLE

TACTIC

TERMS

TRADE

```
B P Y P P Y A O N C D B Y R E Y W A L P
H A G G L E K P V N I X U T E C I R P P
L R D S P D U R U P V T O S L K R U A P
E T A R E D O M C P O I C H I U C W Z K
T I E D E V I S S E R G G A C N S I A I
A E R T M A I X K K C O V A N L E N D L
B S D C A S E T T L E K C C O E J S O K
E V L O S I L N N C A C I E C N G I S C
D Z S N T W D P V E O T K Y E L R A P P
O L S C I Y A E Q M C N R N R D T B E R
E O X I P I Y P M A U N C D D I I S E O
W L P L U P Y O T I C S I E U O I N U P
S V B I L S D A Y O L C Q S S M X S G O
N G N A A A E R I A U T W U O S M M R S
U C Q T T N E M E G N A R R A R I R A A
M M T E E F R D C K L E P A E B E O V L
W U S E N P E J J L G M R T D F B F N L
N C R O V A F W Y D O T S U C E O L F S
V G C A D L E V U C N S P L A C A T E O
A N O S A E R J Z P R E E E X W I F I R
```

Solution on page 341

Snapchat

```
S O F T W A R E V A N S P I E G E L B E
Y Z W T B D G K W C I R X C N N K O V F
V P D E H C N U A L Y C E I N G B S J Y
G X S T J G I A S R E H T O R B T A R F
S R W N M S G I R T P A I O Y O D A E E
T H E E C A D V B C T W M C V R L G Y
A Y B T M L S E V I C T U K E O I A G B
N S S N U M S M N A H R N R P B M C I G
F E I O S P E U R O P J T M O I E M E X
O R T C I I M E T H I I E M Q L P I B I
R U E W C M T O Y N S T Y H E E F I R C
D T T V O N W M C I O B D B R L X B O L
P C A C I R S X N F X N R M E D W U W S
R I H S B E K G O W I I A S O S K S N N
O P C H T V T S Y S T N E V E E V I L Z
J Q I A A S Z A I Y E N I L N O R N V Y
E O L R B C Y Y V N M D I S C O V E R G
C V B I L O K Y T I L O V I R F E S I J
T B U N E A O E L H R G P F A D C S Q G
U W P G T H T E D P P P A I Y F W V Q Z
```

ADVERTISING

APP

BOBBY MURPHY

BRAND

BUSINESS

CELEBRITY

CHAT

COMMUNICATING

COMPUTER

CONTENT

DISCOVER

EVAN SPIEGEL

FRAT BROTHERS

FRIVOLITY

GROWTH

HACKED

HOT

IMAGE

IMPERMANENT

INTERACTION

IPO

LAUNCHED

LENS

LIVE EVENTS

MEDIA

MESSAGING

MOBILE

MUSIC

NETWORKS

ONLINE

PICABOO

PICTURES

PRIVATE

PROJECT

PUBLIC

REGGIE BROWN

SELFIE

SHARING

SOFTWARE

STANFORD

STOCK

TABLET

TEMPORARY

WEBSITE

Solution on page 341

Stained Glass Art

```
O P E D E Z I L Y T S U O N I M U L A P
E Z I H O I E S A V M C O L W E A F F E
X X S H Y N C Q D H O O G A O R Y D N J
T F D P A V C S E B O B G V D X P M A L
F N I P F Y H A C U T A Q E N G M O O Q
Z V A R C R T C O I H L H I I F R S T Q
V G M I R E T G R P N T X D W N Y Q S I
T E O S T P O P A U A T T E A L N U M V
O W N M W P R I T C H L R M A N A E E J
M A D S Z O Y W I O C C E I E N F G M L
X P S R R C R G V K J N R S C L F Y O J
Z W D K Z V S I E F T O B W C A I T R A
R F P A I N T E D A T G E O M E T R I C
R D D W V L T V L C A D E S I G N E A E
M X N T Y U L H I G A B S T R A C T L Q
G U H E U Q A P O I G K C C H I P S F Z
W T B M L X M R E D L O S K A E R B Z F
X B L P U B G A D V F W G S E P A H S K
A A H L Z K D C V C O L O R H Z H I C S
B A F E M A R F Z I F M K Z Q X W O C Y
```

ABBEY
ABSTRACT
ART
BLEND
BREAK
CATHEDRAL
CHIP
CHURCH
COBALT
COLOR
COPPER
CUT
DECORATIVE
DESIGN
DIAMOND
EGYPTIAN
FLUX
FRAME
GEOMETRIC
GOGGLES
HEAT
INTRICATE
LAMP
LEAD
LUMINOUS
MEDIEVAL
MEMORIAL
MOSAIC
MOSQUE
OPALESCENT
OPAQUE
ORNAMENTAL
PAINTED
PANEL
PICTORIAL
PRISMS
SHAPES
SKILL
SMOOTH
SOLDER
STYLIZED
TEMPLE
TIFFANY
VASE
WINDOW

Solution on page 341

Microwave It

APPLIANCE

BEEP

BELL

BOIL

BUTTON

CAROUSEL

CLOCK

COMPACT

CONTROL PANEL

COUNTER

DEFROST

DING

DOOR

EASY

ELECTRIC

ENERGY

FAST

FOOD

FROZEN

HEAT

KITCHEN

LIGHT

MAGNETRON

MEAL

MODERN

MOLECULES

NUKE

PLATE

POPCORN

POPULAR

PORTABLE

POTATOES

QUICK

RADIATION

RAYS

ROTATE

SETTING

SQUARE

TECHNOLOGY

TIME

TURNTABLE

WARM

WATTS

WAVE

ZAP

```
J B I S B S B Y N X Z E L N H V C Y D Y
V E P V T W E E E P Q E I Q U G E J S T
H J C B C U H Z Y T S S G H C K N A R Y
Y D L Z U C R G I U A E H I H E E I S L
W C S S T R O N O V E L T W E R R U D D
Y H L I V C O R T P P U P C A E G K O C
A K K Y Z I A P N A T C H Y T V V Y C O N
N N W Q G C P P Z I B E S N N N E O F C
Q R E A W O G R M A R L U P O P U L A R
S F O Z T N L E N O R O E I Q U I C K S
P P A C O T S O O O C M T N B I K Y I E
Z O D S P R S D N S G A G J A E H H L O
M M R Q T O F C O H I G Q N J T A B X T
O X R U L L P Z N D C N N Q I A A Q H A
J N M A P P L I A N C E L E C T R I C T
X W E R W A I R L V W T T L R O T P Q O
A M M E M N O T T U B R I O O R B E K P
L T Q O D E F R O S T O P I M H Z E S B
O D R Z W L X N X W B N R E D O M B L M
V F B T I M V I Q Y K N I O K X F Q D L
```

Solution on page 341

Big Flood

ARK
BOAT
BREACH
BRIDGES
CATASTROPHIC
COASTAL
CONTROL
CURRENT
DAM
DESTROY
DIKES
DISASTER
DIVERSION
FLOW
HOMES
HURRICANE
KATRINA
LAKE
LAND
LEVEE
MONSOON
NOAH
OCEAN
PIPES
PLAIN
PRECIPITATION
PREVENTION

PUMP
RAIN
REBUILD
RESCUE
RISK
RIVER
ROAD
SANDBAG
SNOWMELT
STORM

STREAM
SUBMERGE
SURGE
THREAT
TIDE
TORNADO
WATER
WAVE

```
S D S T Y G M N G K R U H N W X G Z B L
T P I P E S C J C I H P O R T S A T A C
K V Q V W I Q S H R L I S L S O M N A U
K P G E E T U B L A T S A O C W D M P R
P W P D W R P K I A S Z N R O A D V S N
Z I E Z G U S N T Q W N D T O R N A D O
F X N E K U T I D E J O B N A X R O D C
G V A Y Y A P W O L F O A O M E W A V E
I L C O J I T F P N K S G C T J R Q S A
D X I X C C A R A D N N O A H Z B H G N
N P R E V E N T I O N O W H Z M R O T S
S Y R E G T B S W N P M N H C J N I A R
I P U L H R A M D P A D D L I U B E R T
I F H U I S E D Q B R E A C H P U M P O
N X D D T L S M M J S E M E H C S E R B
E A G E T M D T B T Z V M B S E K I D F
I E R N T N E R R U C E B E M A V S B L
S N X T L Z E O I E S L R O L E R K I K
Z I S M H I Y C Y Q A M H V R C F K E R
M K N L I Q N X L F R M O I R V F P I W
```

Solution on page 341

Remembering John Glenn

```
C J D F E M B O S U E M F W Q R B G L M
H O L D P S R A T S Z P D A W A R D S E
W C M X D H J Z H A L L O F F A M E S Y
B A N B T U L C F H G G Y E A R T H E C
N L C U A T H I S T O R I C S V A S N A
L A E I A T F S P R E S B Y T E R I A N
Q N S K R L V Q T V T C A I E W C U T D
I M R A Y E C R O F R I A T L C O G E I
B S O I I E M C P L A T D U E K M N C D
B O N M S R S A C Y I U D A V R E I A A
I G O J V I M H X K N A C N I D D T P T
F O H M D I N E W S I N M O S K N S S E
N M Q I I I A R D N N O H R I H F I V K
J A T S O L V O C A G R T T O V K D A C
N T M S W E I G H T L E S S N F O W M O
G E M I N I A T W Y V A N A O I I J D R
X N I O P Y T C A B D V E T E R A N O A
G Q L N X G O O Y R U C R E M S P H U F
Y M E M O I R M D S Y P I L O T I B R O
B U P J Q E W T S A X R Z W Q O Z N S O
```

AERONAUTICS

AIR FORCE

AIR MEDAL

AMERICA

ASTRONAUT

AVIATOR

AWARDS

CANDIDATE

COMBAT

DEMOCRAT

DISCOVERY

DISTINGUISHED

EARTH

FIRST

FLYING

GEMINI

HALL OF FAME

HERO

HISTORIC

HONORS

LAUNCH

MAN

MEMOIR

MERCURY

MILITARY

MISSION

MOON

NASA

NAVY

NEWS

OHIO

ORBIT

PILOT

PRESBYTERIAN

ROCKET

SENATE

SHUTTLE

SKY

SPACE

STARS

TELEVISION

TRAINING

UNIFORM

VETERAN

WEIGHTLESS

Solution on page 342

Stunning

ACTIVE

ADVENTURE

AMAZING

AWESOME

BLAST

BREATHTAKING

CHALLENGE

COMPETITION

CONQUEST

DANGER

DARE

DRAMATIC

ELECTRIFYING

EMOTION

ENERGIZING

ENTERTAINING

EXCITING

EXHILARATING

EXPLORATION

EXPLOSION

FABULOUS

FANTASTIC

FAST

FIERCE

FRANTIC

FUN

GREAT

GRIPPING

INSPIRING

INTENSE

INTRIGUING

MAGNIFICENT

MARVELOUS

MOVING

OVERWHELMING

PROVOCATIVE

RIVETING

SCARY

SENSATIONAL

STIMULATING

STIRRING

TERRIFYING

TRIUMPH

VICTORY

ZEST

```
E H Y F K I C H A L L E N G E L G Q V Z
X I G U E L E C T R I F Y I N G K K K M
P X G N I P P I R G C E R U T N E V D A
L A N O I T A S N E S K C G E I A J D R
O C M J E M O T I O N G I N R K C A Z V
S I F A S T L C V X H B T I T A T T X E
I T P T Z A D E X H I L A R A T I N G L
O S R E Z I E T H A W A M I I H V E N O
N A O R E G N A D W C S A P N T E C I U
V T V R S I E G N D R T R S I A K I T S
X N O I T A R O L P X E D N N E E F I D
Z A C F L A G N I V O M V I G R C I C J
C F A Y N O I T I T E P M O C B O N X O
R R T I M S Z S T I M U L A T I N G E N
V A I N G N I U G I R T N I R B Q A E W
R N V G T G N I R R I T S T R I U M P H
G T E A A Y G F I E R C E M O S E W A T
M I N T E N S E R F A B U L O U S P E B
H C X G R Y I A D R T W R I V E T I N G
J L U S G S D X Y J W L Y R O T C I V O
```

Solution on page 342

Wearing Contacts

A L Y L I A D H T R J W F R T V M S W Z
U T Z A Y I C U I D Y N O E N I L A S R
Q D F A R S I G H T E D A M Z S N B N I
L R N B T P T S I O M F I O C I E T A G
S A Y N E H U C D L R W G V S O G D E I
E H E C M E E L B A E M R E P N R Y L D
U S R L O R P R E S C R I P T I O N C H
Y F A A T I A W P T H G I N R E V O E U
I Y C C P C R N M S I T A M G I T S A A
P T A O O A E A E D E T H G I S R A E N
V R C F N L H X E Z C O A N Y L K E E W
D E O I B T T S P E N H O L F T F O S R
J S L B B E I L F E Z I T I N A S O Y F
E N O B N L A N O I T I D A R T L R D N
A I R D A S I Q U C M V D N O U C X U M
B L E T T S F O E O J F I T T I N G O X
B D D I I G U R S M U L T I F O C A L X
I R C D R Y R E L B A S O P S I D P C G
L I M P R O V E R W U N O V E L T Y H D
N P V T C I T E M S O C I S N Q Y M E E

ASTIGMATISM
BIFOCAL
CARE
CASE
CLEAN
CLOUDY
COLORED
CONTINUOUS
CORNEA
CORRECTION
COSMETIC
DAILY
DISINFECTANT
DISPOSABLE
DRY
EXTENDED
FARSIGHTED
FITTING
HARD
HYBRID
IMPROVE
INSERT
MOIST
MULTIFOCAL
NEARSIGHTED
NOVELTY
OPTOMETRY

OVERNIGHT
PERMEABLE
PLASTIC
PRESCRIPTION
REMOVE
REUSABLE
RIGID
SALINE
SANITIZE
SOFT

SOLUTION
SPHERICAL
THERAPEUTIC
TINTED
TRADITIONAL
VISION
WEAR
WEEKLY

Solution on page 342

Magnificent Italian Food

```
A P S A T T A B A I C W C B L M O W V F
L I Z M Q F O P A S T A I R A M A L A C
S A N J O T T O S I R U P C P R E P B K
U D S O A D R I G A T O N I A Z Z I P Q
U I E A L L E X B Y C F E N C P T I C W
A N G C L L L R B F P H O C T O R I T I
I A S A E A E E F U I B X N B R L E L I
P B T G N S M N R L R C I R D R C L S P
L L N N A H F I N A A I U S A U E M O E
E A A O Z N M C C A Z S D G C C T T F N
O S L C N A I C F Y C Z H D I O S A M N
P A P C A S N U F H F D O M A E T O E E
A G G H P E E T E J U G R M P E A T N C
A N G I S M S T O R T E L L I N I A I U
T A E E P R T E C A V B J N R I C L U A
D O E M Y A R F A R F A L L E W C E G S
M H M W Z P O T T U I C S O R P A G N C
C Q M A R I N A R A E N O Z L A C M I Z
M R W I T T E H G A P S H R O S O Q L J
Q A R E V O M X W K G L B O P R F O U J
```

ALFREDO

BISCOTTI

BRESAOLA

BRUSCHETTA

BURIDDA

CALAMARI

CALZONE

CANNELLONI

CAPICOLLO

CAPRESE

CARBONARA

CHEESE

CIABATTA

EGGPLANT

FARFALLE

FETTUCCINE

FOCACCIA

FONDUTA

GARLIC

GELATO

GNOCCHI

LASAGNA

LINGUINE

MARINARA

MINESTRONE

MOZZARELLA

ORZO

PANZANELLA

PARMESAN

PASTA

PENNE

PESTO

PIADINA

PIZZA

PROSCIUTTO

RIGATONI

RISOTTO

SALAMI

SAUCE

SPAGHETTI

TOMATO

TORTELLINI

VERMICELLI

WINE

ZITI

Solution on page 342

Interesting Talk

APPLAUSE

AUDIENCE

CAPTIVATE

CELEBRITY

CEREMONIAL

CHAT

CHURCH

DEBATE

DELIBERATE

DICTION

DISCUSS

ELOCUTION

ELOQUENCE

ENTERTAINMENT

EVENT

EXPLAIN

EXTEMPORANEOUS

GESTURES

GUESTS

INFLECTION

INFLUENCE

INTRODUCE

LECTURE

MEETING

MOTIVATE

NOTES

ORATOR

ORGANIZED

PERSUADE

PLATFORM

PODIUM

POLITICS

PREPARE

PRESENT

RHETORIC

SPEAKER

STAGE

TALK

TEACH

TICKET

TOAST

TOPIC

VISUALS

VOCABULARY

VOCALIZE

```
V L X M C O C P E R S U A D E B R L Z O
I N I N E X O Z Q B C N R L I F Z E E E
S P O O C L I Y E L I K O N B R T C L V
U H G I I L P T S A Y C F E I A N T E Z
A Z E T A O A E L R U L O T V F E U W Y
L U I C D B R P A T U R N I R Y M R M A
S C O I E U X L I E A E T C E T N E D P
S V U D T E U O N T V O A K K I I F N K
U M P S E B N C O E M D L E A R A O O O
C A E T A T E R M K H E K T E B T H I T
S G L C C O A B E W C E R A P E R P T Z
I C O A H A Z R R N E G A T S L E L C V
D V Q P Y S U O E N A R O P M E T X E T
K P U T R T J I C B H C R U H C N W L Z
W R E I Q C D D E Z I N A G R O E N F M
S E N V Q U Q V D W P L A T F O R M N J
L S C A A L X C I R O T E H R T O P I C
M E E T I N G K I N T R O D U C E O G H
D N F E S U A L P P A A P L G P S L M A
S T S E U G N W L S Y P N V X U M E R T
```

Solution on page 342

Corporate

AGENDA
AUTHORITY
BRANCH
BUSINESS
CAPITAL
COMPANY
CORPORATION
CULTURE
DEPARTMENT
DIRECTORS
EMPLOYEES
ENTERPRISE
EQUITY
EXECUTIVE
FINANCE
FISCAL YEAR
GROUP
HEADQUARTERS
INCOME
INTERNATIONAL
INVEST
LEADERSHIP
MANAGEMENT
MARKET
MEETING
MERGER
OFFICE

OPERATIONS
ORGANIZATION
OWNER
PARTNERSHIP
PLAN
REPORTS
RETREAT
SHARES
STATUTE
STOCK
SUBSIDIARY

SUIT
SUPERVISOR
TAKEOVER
TEAMS
TRADE
WORK

```
H P E H T E M P L O Y E E S Z L M S P A
L I Q I K S R E T R A U Q D A E H P H S
D H U E C I F F O N S S E N I S U B B Z
R S N H C R Z K S S H W O T S E V N I K
P R O M A P O M N A M I W Z H C N A R B
P E L E P R A O R L T F N T R N T O T P
U N H R I E I E A A E S E N O A W C A M
O T I G T T S A N V U A R E S N J Z E H
R R Z E A N G R I B U Y D M I I H L R M
G A G R L E E T S T X A I E V F B N T E
Y P E A N T U I H I E T R G R I Y G E E
C P F D N C D O C M Q A E A E S C V R T
O S A I E I R P O P U K C N P C H U W I
M D T X A I Z C L I I E T A U A T I P N
P N E R T D N A K V T O O M S L H Q P G
A M Y Y O I N A T U Y V R E U Y Q F J B
N I C Z X P L D T I L E S C U E D A R T
Y Q W U R Z E A B C O R P O R A T I O N
E M A R K E T R C M T N E M T R A P E D
X X W O M S T O C K Q H I S Y J O M R Y
```

Solution on page 342

Star Trek

ACTORS

ADVENTURE

ALIEN

BEAM

BONES

BOOKS

BRIDGE

CAPTAIN

CONVENTIONS

DATA

EARTH

ENTERPRISE

EXPLORATION

FANS

FEDERATION

FICTION

FINAL FRONTIER

FRANCHISE

FUTURE

GALAXY

GENERATION

KIRK

KLINGON

LEONARD NIMOY

MOVIE

PICARD

PLANETS

```
Y U T F R B Y X A L A G N W A G Q Z P Z
J K B G S L J S B D S C I E N C E R B I
E I F R F Y J N V R E G A Y O V O A Y F
Y R F I I A G E N E R A T I O N K C H L
T K U Q C D N O E K C O P S S O F T E D
T C T T Y T G S L P I C A R D I I O S O
O X P N U D I E A O E R C P C T N R I H
C N X R P F A O S Q N H G O R A A S H C
S T E N A L P T N I E H N W R R L Y C F
L E V A R T B E A M R V C D O O F E N I
L L X W O R M H O L E P N E C L R I A R
F E D E R A T I O N I I R O T P O K R H
Q V A I Z K S B T S M E M E W X N K F M
U I I V U L N I X O K Y N N T E T E B Z
T S J O L I O N Y C V U L C A N I R H F
S I S M U N O I T A T R O P E L E T C U
G O V C S G F R O D D E N B E R R Y B V
M N S K O O B B G J P I H S R A T S T Z
S J U R E N T A H S E N O B E C A P S T
U Y M A V L T J Q W Z J A N Q Q K D K M
```

RODDENBERRY

SCIENCE

SCOTTY

SHATNER

SHIP

SPACE

SPOCK

STARS

SULU

TECHNOLOGY

TELEPORTATION

TELEVISION

TRAVEL

TREKKIE

VOYAGER

VULCAN

WORMHOLE

Solution on page 343

HVAC

AIR
APARTMENT
ARCHITECTURE
BUILDING
CAPACITY
CENTRAL
COMFORT
COMPLIANCE
COOLING
COSTS
DANGERS
DESIGN
DUCT
DUST
EFFICIENCY
ENERGY
ENGINEERING
ENVIRONMENT
FACILITIES
FILTRATION
FORCED
HEATING
HOMES
HOSPITALS
HOTELS
HUMIDITY
INDOOR

INSPECTIONS
INTAKE
INTERIOR
METERING
OPERATION
OUTLET
OXYGEN
PERMITS
REFRIGERATION
RESIDENTIAL
ROOM

SKYSCRAPER
SMELLS
STEAM
TEMPERATURE
THERMAL
UNIT
VENT

```
L M H T G G B C G K O O P E R A T I O N
V I B R X N U F K E F L O C G U R O E O
W W E O H I I O O M H S I F R G A C A I
T E E F U L L R A E N V I R O N M E N T
E F K M M O D C E R U T C E T I H C R A
A X A O I O I E I E C N A I L P M O C R
H Q T C D C N D T N N R H C A D H A P E
N S N S I G G S L A T I P S O H P Y X G
Y K I T T L H R X M C E G C S A C G O I
J Y X E Y G I Q E M L L R N C N O R S R
T S T A P A R T M E N T O I E L S E E F
H C C M U D E S I G N I T I O A T N U E
E R U T A R E P M E T Y C T Z R S E D R
R A D X I H B B V C S I G N I T A E H S
M P J N O H O M E S F D O D A N G E R S
A E G T R R Z P L F W W U U W E U O O L
L R E I B W S P E R M I T S W C O J O L
G L A I T N E D I S E R L T B M R V D E
S Z N O I T A R T L I F E O X Y G E N M
F N B H Y U V A C I X H T W A L S L I S
```

Solution on page 343

Costumes

ALIEN
ANGEL
ARMY MAN
ASTRONAUT
ATHLETE
BATMAN
BEE
BROOM
CELEBRITY
DEVIL
DOG
DRESS
ELVIS
FAIRY
FIREMAN
FLAPPER
GHOST
GLASSES
GLOVES
GYPSY
HAT
MAKEUP
MASK
MERMAID
MONSTER
MOUSE
MUMMY

NINJA
NURSE
PAINT
PIRATE
POLICEMAN
PRINCESS
PUMPKIN
REFEREE
SKELETON
SUPERHERO
SUPERMAN

TEETH
TIGER
VAMPIRE
WEREWOLF
WIG
WONDER WOMAN
ZOMBIE

```
T H S Z L K G V W L P R A Y S P Y G P M
D N M U N E I L A W T I G E R N H B L A
L P U Q P X G Z O M B I E T N I A P V H
G Y O R X E K N Z V P N L P D H A T S D
M P T K S T R O A M I I F E E R E F E R
F L Z H C E Y M M U M B R O O M V S S I
F W D D S L Z N A M O W R E D N O W S E
Z V U M I H Y G S N O P O L I C E M A N
S J O V E T I C T U I I I G E S T A L Q
S S E R D A O M R M P G G L F S A S G I
Y D S K E L E T O N D E E P L E R K C Y
Q S S V Z Q X R N I D B R J O C I Y V A
I U I A R M Y M A N R F V H W N P C J O
F P M V A U E M U I T L I S E I Q B L T
T M W K L A R B T G A A X R R R D A C M
D O E D T E W Y O H O P W B E P O T W M
L U P U M P K I N O V P E N W M G M P X
P S D S E A L Q G S S E V O L G A A Y Y
T E E T H M O N S T E R Q M Q N I N J A
V T V H Z A R U X X D Y F B U M W V Y H
```

Solution on page 343

92

Make a Quilt

```
R M S Q N H G E E G T Y K L Q X P U Q W
B T E E H S R B X O A L P N C I A S O M
V S W V H D D C H E I R L O O M B V Z T
K J W A O P F L O S O Z C Z M U E L R W
Q Q P N N P C A Y V F C H Q F N D A F N
R E L U R T F R B J E M B R O I D E R Y
S M M W I E I K A R V R X B R I N G R S
Y F G K T L F Q B F I J P A T C H O C L
N A T Z V T V W U I T C P I E H M I D E
B R P Y I E T H R E A D O S R E S N P N
C G F D N K J O X L R N T L M S S I O A
L G I F T N C T N D O U T G O Y T P M P
I R U F A A I H H E C O N R U R U A L A
H N I A G L B C E E E I S B A W F V Y V
C M Y A E B L H A N D M A D E F F U A E
F T U S P O O A C N A T O D N Z I Z L N
T W R Q T M C R I T T J D T B J N I P W
I B L H O F K B D I I I D K I U G U S Q
X P L Y P O B U N E N T E O B F V V I A
F P F R W D T G L G R S S S R X P Z D L
```

AMISH

ANTIQUE

ART

BABY

BATTING

BED

BINDING

BLANKET

BLOCK

BORDER

CLOTH

COLORFUL

COMFORTER

COVER

CRAFT

CUT

DECORATIVE

DISPLAY

EMBROIDERY

FABRIC

GIFT

HANDMADE

HEIRLOOM

MEMORY

MOSAIC

MOTIF

NEEDLE

PANELS

PATCH

PIN

RULER

SCISSORS

SEW

SHAPES

SHEET

SILK

STITCH

STUFFING

TEXTILES

THREAD

TOP

TRADITION

VINTAGE

WEDDING

WOVEN

Solution on page 343

It's a Crime

ARREST

ARSON

ASSAULT

BAIL

BATTERY

BURGLARY

CONSPIRACY

COURT

DAMAGE

DISOBEY

DRUGS

DWI

EMBEZZLEMENT

EVASION

EXTORTION

FELONY

FIGHTING

FORGERY

GAMBLING

HARASSMENT

HOMICIDE

JAIL

KIDNAPPING

LAWYER

LITTERING

MISDEMEANOR

MURDER

NEGLIGENCE

PAROLE

PENALTY

PERJURY

PRISON

RECORD

ROBBERY

SHOPLIFTING

SMUGGLING

SPEEDING

STALKING

STEALING

TERRORISM

TRESPASS

TRUANCY

UNDERAGE

VANDALISM

WARRANT

```
T Y U W A H Y R U J R E P R I S O N J T
D P N M C L L E Y J O S T E A L I N G M
G A R O J S D S C C N V M W A R R A N T
A F V O L A P N S N A B N T J R V I N F
M M B F M E I Q E N E R R O F M I E Y C
B V T A E H F L D Z M G I E I W M B T T
L O G D T C B A Z T E N I P D S U F L R
I E I K Y T L L E M D V Q L S R A T A E
N N H O W I E L O S S V O A G N U V N S
G G G R S M O R A I I P R L G E O M E P
L N N M E R S V Y R M A A Q N T N C P A
I I I N A Y U G W O H R O B B E R Y N S
A L T P Y C W N U R Y A G N I K L A T S
B G F T P E R A D R Y C N A U R T C V D
N G I L E A B Z L E D U I U C C O U R T
R U L U I R N O I T R O T X E J T O D H
B M P A Y S I D S G O A H O M I C I D E
O S O S U O G N I I Q Q G V B E V L O M
H C H S W N F W G K D L I E R S K C A B
B A S A R R E S T V Q I F O R G E R Y X
```

Solution on page 343

Whale Watching

```
Z T W N M J B B E F I L D L I W A E S N
T Q J A L V E P E A C E F U L G U N W V
E B N I I L T G T V S K A I K L H H I B
H D V U U T B D Y T E G O C E A N E M U
C B U G P E I R I S S M N M B X W U A D
S J A C S V G N E Y P I H I D I V E V R
V P R R A I A A G A E R T C N T O U R B
E I O M N T M Z E G C A A G R R M O L J
Z E U R I A I V E T T H Z Y C J O U V A
Z B Q O Z M C O C S A V I A A R E M A C
G T N I W R N L N R C I G N I G N U L K
Z W N V D O B L E A U S L G G F R K A E
X G K A E F J H I L L C H S A L P S B T
D Q Y H E N T V T U A R K I L L E R E K
Y R R E F I G B A C R E S E V A W C A E
V G L B D T G L P O F S K C A B P M U H
Z V O Y Y I Z S G N I T H G I S A O T I
W A E R P M U J D I V I D E O G P B Y L
T G H R R E I G Z B I N R V R A P J Y C
C C S C T Z S P U O R G D G Q D V T Y J
```

AMAZING

BABY

BARNACLE

BEAUTY

BEHAVIOR

BELUGA

BINOCULARS

BLUE

BOAT

BREACHING

CAMERA

CRESTING

DESTINATION

DIVE

EDUCATIONAL

FEED

FERRY

GROUPS

GUIDE

HABITAT

HERD

HUMPBACK

INFORMATIVE

JACKET

JUMP

KILLER

LUNGING

MORNING

OCEAN

ORCA

PATIENCE

PEACEFUL

SEA

SIGHTINGS

SPECTACULAR

SPLASH

SPRAY

SWIM

TAIL SLAP

TOUR

VIDEO

VIEWING

WAITING

WAVES

WILDLIFE

Solution on page 343

Wireless Communication

ACCESS
BLUETOOTH
BROADBAND
BROADCAST
CELLULAR
COMMUNICATION
COMPUTER
CONNECT
CONVERSATION
CORDLESS
COVERAGE
DATA
DIGITAL
DISH
ELECTRIC
HEADSET
HOTSPOT
INFORMATION
INFRARED
INTERNET
IPAD
KEYBOARD
LAPTOP
MICROWAVE
MOBILE

MODEM
NETWORK
PHONE
PORTABLE
PRINTER
RADIO
RANGE
RECEIVER
REMOTE
ROAMING
ROUTER

SATELLITE
SERVICE
SIGNAL
SPEAKERS
TECHNOLOGY
TELECOM
TELEVISION
TRAVEL
WIFI

```
R O U T E R I F I W I W G P O C L T X W
T J B C E N O H P T U B R O A D B A N D
D M P O G L H N A N K C O R D L E S S R
C M O M N K E O D I O R U Y U P J E Q A
S G R P A X A C T N P I O E E M T R D O
M E T U R P D E O S J P T W R Q C V G B
T E A T T Q S G L M P O W A T O E I N Y
U P B E C S E A R E O O L T M E N C L E
F O L R E W T R L T S U T M T R N E Z K
X T E C O I H E H L L A U B O M O D E M
Y P C R G A C V Y L E N T Z E B C F Y L
S A D I G T D O E N I V K E J T I G N M
E L D H R S L C T C Z F A Y L N O L A I
Y O K I S R E K A E P S W W T L D M E N
H I C J N O I T A S R E V N O C I J E F
L D R E C E I V E R T D E N T R Q T W R
D A T A R O A M I N G O H V J X C D E A
Y R E T N I R P D B G C M L A N G I S R
T X L E V A R T E L E V I S I O N S M E
X T W I J Z B I N T E R N E T M O H X D
```

Solution on page 344

Lots of Money

ABUNDANCE
ACCOUNTS
ADVANTAGE
AFFLUENCE
ASSETS
BANK
BILLIONS
BONDS
BOUNTY
CAPITAL
COMFORTABLE
DONATE
ESTATE
FAMILY
FORTUNE
FUNDS
GENEROUS
GOLD
GROWTH
HEALTH
HELICOPTER
HOUSES
INHERIT
INTEREST
INVESTMENT
JET
LUXURY

MANSION
MILLIONS
MONEY
OPULENCE
PLENTY
POSSESSIONS
PROPERTY
SAVINGS
SECURITY
SILVER
SOCIAL

STOCKS
TRAVEL
TREASURE
VALUABLE
VEHICLES
WORTH
YACHT

```
J C S Z L A A N Y A C H T K V D B Y S S
D S L D Q Z I E L G R H S N O I S N A M
P C U O N F N T H B G O T G L D E E L Z
O I X N F O S C F E C K L L M Y G G A R
V J U A M E B A N I K T I R T A A I T M
S H R T R T S E A C C O U N T S F E I B
E F Y E C A R L B A N K E N T A F L P O
L B T R T O E V U S E L A O M U L B A U
C N O U U P M C S D P V C I M I U A C N
I F Y S Z H O F N X D K L R O W E U H T
H T N A P I B C O A S Y Z N D U N L H Y
E S R E H R G C I R D F S O X Y C A S T
V D Z R T Q O E S L T N E M T S E V N I
E N U T R O F P S L E A U U B V J I R R
G U A D O Z D G E S J H B B E C N E G U
G F S A W D N V S R S C R L A H V X R C
X Z S H Q I A R S G T E C N E L U P O E
C M E I V R B B O R E Y M R I P Y G W S
N X T A T N D L P L J Q I S H E A L T H
H B S A V O D E S T A T E S E S U O H V
```

Solution on page 344

Ethics

```
P J R Y X C R H M F F E S B N Y Q Z L H
L S C O D E S E L U R K E T H I C A L J
O A B E P S Y C H O L O G Y K L E G A Z
M E V O L C O N S C I E N C E R Y R N V
E T R U T H T B E H A V I O R T I R O N
J P F Y M U A K V T D S D J I S S T S L
O B S E T A R C O S B X N L T N K N R J
V W R D E I L P P A P L A O I H O E E C
Z J T F O C R K D R I R T F V I I M P A
J A I H R O M G V F O L S P T K X G V M
G V R T E N N C E M E F R S Q L Y D I M
U F M A L D S W G T C I E C U L T U R E
B L U E I U O D H F N U D S M K B J T L
Y A T D G C M N R C Q I N M S U R Z U I
D C N O I T C A I A X X U T S I F L E D
U I D O O G X P E S D E C I S I O N S M
T D Z X N L L H K E M N N W G V L N L Y
S E I R O E H T O P L E A S U R E S A K
V M R E S P E C T F S C I T I L O P W L
C G S S V A L U E S L Q J U S T I C E D
```

ACTION

APPLIED

ARISTOTLE

BAD

BEHAVIOR

BUSINESS

CODES

CONDUCT

CONSCIENCE

CULTURE

DEATH

DECISIONS

DILEMMA

ETHICAL

GOOD

HEDONISM

INTEGRITY

JUDGMENT

JUSTICE

LAW

LIFE

LOVE

MEDICAL

MORALITY

PERSONAL

PLEASURE

POLITICS

PRINCIPLES

PROFESSIONAL

PROPER

PSYCHOLOGY

QUESTIONS

REAL

RELIGION

RESPECT

RULES

SOCRATES

STANDARDS

STUDY

THEORIES

TRUTH

UNDERSTANDING

VALUES

VIRTUE

Solution on page 344

Atmospheric

AIR

ANIMALS

ARGON

BREATH

CARBON DIOXIDE

CLIMATE

CLOUDS

DUST

EFFECT

EVOLUTION

EXOSPHERE

GAS

GLOBAL WARMING

GRAVITY

HELIUM

HOLE

HYDROGEN

IONOSPHERE

LAYER

LIFE

LIGHT

MESOSPHERE

METHANE

NITROGEN

OXYGEN

OZONE

PHOTOSYNTHESIS

PLANET

POLLEN

PROTECT

RADIATION

REENTRY

SKY

SOLAR

SPACE

STRATIFICATION

STRATOSPHERE

SUN

TEMPERATURE

THERMOSPHERE

TROPOSPHERE

ULTRAVIOLET

WATER

WAVELENGTH

WEATHER

```
P S S M F N K X H L W N E G O R T I N Y
U I P G E M N C H R I I R Q R E L O H G
S X Y L R J L G S D R F C R A E I G S X
M K L O A I D N T E M P E R A T U R E G
U O R B M N V Y R T N E E R U U L A L O
P U D A O P E N A H T E M L C G T V I Z
E T T L L H N T T E T P O L P T R I W R
J E Y W K O U R I R K V H E W M A T E S
W R W A W T S A F M E L Y R Q U V Y A D
R C A R B O N D I O X I D E M I I G T X
V Z V M O S E I C S O G R H J L O I H K
M C E I Z Y G A A P S H O P S E L O E P
S G L N O N Y T T H P T G S D H E N R W
O L E G N T X I I E H E E O U T T O U L
R D N O E H O O O R E A N T O A T S U D
J E G L S E S N N E R E Y A L E S P K N
L R T W C S P E F F E C T R C R W H F Y
A D H A N I M A L S E K T T B B P E W X
J T P A W S P M E R E H P S O P O R T W
S S E I R R O X C E R E H P S O S E M R
```

Solution on page 344

Patent Protection

```
N L R O O S P R O T E C T C U D O R P H
C K F J S J K I N V E N T G K O X I P E
J W F Z F C N U M B E R R X J F X G R Y
C D T U Q E I C O M P A N Y F F N U O G
E K S K X J S E P B N H I N U I T G P E
L G R P P E P O N T J N Y H L C Q N E P
U G I N T E L L E C T U A L A E T J R T
F R F G N E E D H E E C E F O N V O T S
E A E D V G T E R C E S U I E P C O Y O
S W I E A W E N T P L N N M F E O L N C
U N D L Q T A R E X A F N E S S P N R M
G N C S A T A R C M R R V S A P E E O E
V A E D I D M U H I E I Z C A Q A L S M
Q K V O E I E M N V S V L O D T H G I R
I A N M S Q U G O U W T O U O R H A K F
A A A S L Y E G L J L A I R T S U D N I
L R I E A W N C O X P L L T P P N G R O
K O W K N E X O G T P L A C I M E H C U
N A U O E E F P Y V A M D R A W I N G S
C P H A N F Q Y T H Y R Y A S W P X Z M
```

APPLY

CHEMICAL

COMPANY

COPY

COST

COURT

CREATOR

DEVELOPMENT

DRAWINGS

DRUG

EXCLUSIVE

EXPIRE

FEE

FILE

FIRST

GOVERNMENT

GRANTED

IDEA

IMPROVEMENT

INDUSTRIAL

INFRINGE

INTELLECTUAL

INTERNATIONAL

INVENT

LAW

LEGAL

MANUFACTURE

MONOPOLY

NEW

NOVEL

NUMBER

OFFICE

PENDING

PERMISSION

PROCESS

PRODUCT

PROPERTY

PROTECT

RIGHT

SCIENCE

SECRET

SELLING

TECHNOLOGY

TRADEMARK

USEFUL

Solution on page 344

Alaska Trip

```
Q S Q O P D D O A S N B D W K G V D F H
T H A I C I B S K O Y A A C T U N D R A
M G Y L L K P K M E Z W W E S V U H S H
D C L I M A T E N M N O K U Y L S E F B
G R F P H O N I L A P H A R A S T X X A
W S S T A C N E J I N E N R E A H X C W
D G E K D A C G D K N R G N T N G O N H
L I A M N N L Q R U E E R S M C I N R H
O D N G P A A T J H S E D O U H N V T J
C I M N C D B L T T D E U M E O D A C Q
R T N I Q A T R S L T N F I L R I L N W
U A E T W U O T I I T W L K O A M D H M
I R Z N T N A W N A K D G S R G L E S K
S O O U F T H U I R F A N E T E L Z T Q
E D R H E Y L N E W C O I B E V S I B U
R R F M F I S H I N G R Z D P N A C A Y
F A I N U I T N E M N R E V O G M E R R
Y W E R R A T U M O O S E W N K O A R O
Y E Q B E E H G U O B I R A C N I R O F
N S X W R V K K X E D E F I L D L I W F
```

ANCHORAGE
BARROW
BEAR
CANADA
CARIBOU
CLIMATE
COLD
CRUISE
DENALI
ESKIMO
EXXON VALDEZ
FAIRBANKS
FISHING
FREEZING
FROZEN
GLACIERS
GOVERNMENT
HUNTING
ICE
IDITAROD
INUIT
JUNEAU
KODIAK ISLAND
LARGEST STATE
MIDNIGHT SUN
MOOSE
MOUNTAINS

NOME
NORTHERN
OIL
PETROLEUM
PIPELINE
RAIL
ROAD
SALMON
SARAH PALIN
SEWARD

SNOW
TUNDRA
UNITED STATES
WEATHER
WILDERNESS
WILDLIFE
WINTER
YUKON

Solution on page 344

Ham Radio

```
S S E L E R I W E Q U I P M E N T B L Y
A N T E N N A D T E C H N O L O G Y E W
E V I N D U S T R Y E S N E C I L D L H
W F L A N G I S M Y V I H K O T K M E V
S P L F J M S R E I F I L P M A R I C W
Z B E G I N N E R V W A V E M E O C T K
A A T O W E R B V O T I X Z U R P R R G
R S A T R A N S M I S S I O N C E O O C
M E S S A G E S R C A I Y I I E R P N O
I M T N E D N E P E D N I D C R A H I M
F E O T O D O H A G V M B U A R T O C P
R N V D I I O R G A N I Z A T I O N S U
E T C N D M T C R E V I E C E R R E T T
Q L M A J C S A E M U R T C E P S T W E
U B R B L W K N L S T R A N S I S T O R
E D U T I L P M A U R K U O U N Y Q Y N
N O I T A T S A L R G O R N P H A G U H
C T B R O A D C A S T E M W L W X R P L
Y Q N H O B B Y C N E G R E M E B O T V
Y P F Q F L J P R I V A T E J A C C F N
```

AMPLIFIERS

AMPLITUDE

ANTENNA

AUDIO

BAND

BASEMENT

BEGINNER

BROADCAST

CALL

COMMUNICATE

COMPUTER

ELECTRONICS

EMERGENCY

EQUIPMENT

FCC

FOX HUNTING

FREQUENCY

HOBBY

INDEPENDENT

INDUSTRY

LICENSE

MESSAGES

MICROPHONE

MORSE CODE

OPERATOR

ORGANIZATIONS

PRIVATE

RADIO

RECEIVER

RECREATION

REGULATIONS

SATELLITE

SIGNAL

SPECTRUM

STATION

TALK

TECHNOLOGY

TOWER

TRANSCEIVERS

TRANSISTOR

TRANSMISSION

TRANSMITTER

VOICE

WAVE

WIRELESS

Solution on page 345

Appearances

ADORABLE

ALERT

ATTRACTIVE

AVERAGE

BEAUTIFUL

BRIGHT

CLEAR

CLOUDY

COLORFUL

CROWDED

CUTE

DARK

DISTINCT

DRAB

DULL

ELEGANT

EXCITED

EXOTIC

FAIR

FANCY

FILTHY

GLAMOROUS

GORGEOUS

GRACEFUL

GROTESQUE

HANDSOME

HOMELY

LOVELY

MAGNIFICENT

MISTY

MOTIONLESS

MUDDY

PECULIAR

PLAIN

PLEASING

POISED

PRECIOUS

PRETTY

QUAINT

SHINY

SPARKLING

SPOTLESS

UGLY

UNSIGHTLY

UNUSUAL

```
Q N Q D N O Y L Y M U B U D C L D W V K
D L Y E E T O D O G P N N B D U R H Y P
X L T S S D D L W Y L D I S T I N C T N
I U J I L B W J P U E T N S S K J V T Y
C D M O U F P O F G R O T E S Q U E E M
Z C V P F A G I R M S S E L T O P S R L
H A G P E A T N E C I F I N G A M Q P A
Y X L L C U G T I U K S U O I C E R P U
L H V E A L A C R L X R A I L U C E P S
G B T E R M O J I A K Y L T H G I S N U
U G B L G T O U H Z C R X O T O S M K N
G J Q B I M T R D A G T A M F R M F P U
P K R A D F J D O Y N O I P I G Y E N R
L U F R O L O C C U I Q C V S E M X L R
C I T O X E S F L P S G Y Y E O Q C O Y
M J X D P H A V E R A G E F S U F I V D
J P L A I N T N A G E L E D A S A T E D
S X D N C Z G Y R J L C N I F L I E L U
H W Y Y Y X X B F V P A N U B A R D Y M
A K R N I W B R I G H T W I U V F C O B
```

Solution on page 345

2016 Oscar Nominees and Winners

```
B S I U H B W W R J N D I C A P R I O D
Y P H A J W V K L A P P D C V U K T H A
W O Y V Q S U M W D C L E E A K X E X Y
H T T E H C N A L B E T A C E R P E Q O
I L O M C Y R G S A O I R S E R O N A N
N I M A O N A S I L A M O N A F C L V E
S G H R A O E B R I D G E O F S P I E S
I H A I L P R R G C C T B B Q M B D X H
D T R A L U M Z W I U V E M S A R K M O
E D D I E R E D M A Y N E U T R I F A K
O E Y W R C Z W C V L O H R E K E A C T
U V F N E L S C U I O R T T L R L S H Q
T N Y V D U I R P K C C E D S Y A S I E
N O T S N A R C N A Y R B F N L R B N Z
J C H R I S T I A N B A L E I A S E A P
K H I B C F X A M D A M W O W N O N M J
S T A L L O N E E E Q J R D E C N D Y M
M U S T A N G X W R S T U T T E R E R M
U Z N F Q O M A R K R U F F A L O R J G
E Y R O T S R A E B Y V T V K T W N D A
```

A WAR

ALICIA VIKANDER

AMY

ANOMALISA

AVE MARIA

BEAR STORY

BRIDGE OF SPIES

BRIE LARSON

BRYAN CRANSTON

CAROL

CATE BLANCHETT

CHRISTIAN BALE

CINDERELLA

CREED

DAY ONE

DICAPRIO

EDDIE REDMAYNE

EX MACHINA

FASSBENDER

INSIDE OUT

JENNIFER LAWRENCE

JOY

KATE WINSLET

MAD MAX

MARK RUFFALO

MARK RYLANCE

MUSTANG

ROOM

SAOIRSE RONAN

SHOK

SON OF SAUL

SPOTLIGHT

STALLONE

STUTTERER

THEEB

TOM HARDY

TRUMBO

Solution on page 345

Parts of Life

```
B D Z X C E D B V G T I M C Y P P J Q Y
H F A W U B A E B B E I N G U B Y V G M
Y O O G V W D A A L H L V R A Y R B U E
U R M V N I A R I T O R P B R C Y J I N
K C X E N I P T U N H O Y O I Q F T A U
C E G R O W T H N W S G D Y E R H Z V T
M S F D I S A A Z E E E U R H P T I M E
X I O K G H T F E B R T C O H T L H R T
P F H U I O I A V E E N P T H U A U E Q
S K S F L R O M S G H N O S S T E E P Z
R U V U E T N I G I P A L I V E H Q R V
F L T L R E E L K N S T E H T P L C O B
M R C E J V B Y O N O U V P H C N E D Q
L Y T F R R I L R I I R O L J H E L U L
C A A L C Q D V G N B E L I G N O L C B
W Y A E K D L T A G E P R O C E S S E S
L S G G R B O R N L E C O S Y S T E M S
W A C U J M Q W I A V M E A N I N G Q T
Y R N B N Y U A C X L P Y T E I C O S Z
O E P D U N F X Y B Q P K U R E Z N C C
```

ADAPTATION

BABY

BEGINNING

BEING

BIOSPHERE

BIRTH

BLOOD

BORN

BREATH

CELLS

CONSCIOUS

CYCLE

DEATH

EARTH

EATING

ECOSYSTEM

FAMILY

FORCE

GROW

HEALTH

HISTORY

HOMEOSTASIS

INSECTS

LIVE

LONG

LOVE

MEANING

NATURE

OLD

ORGANIC

PEOPLE

PLANT

PROCESSES

PURPOSE

RELIGION

REPRODUCE

SELECTION

SHORT

SOCIETY

SOUL

SURVIVAL

THOUGHT

TIME

WATER

WORK

Solution on page 345

Engineering

APPLY

BIONICS

BUILD

CAD

CIVIL

COLLEGE

COMPUTER

CONSTRUCT

CREATE

DEGREE

DESIGN

DEVICES

DISCIPLINE

DRAWING

ENGINE

ENVIRONMENTAL

GENETIC

INDUSTRIAL

INNOVATION

INTELLIGENCE

INVENT

KNOWLEDGE

LOGIC

MAKE

MANUFACTURING

MECHANICS

MIT

MODEL

PATENT

PHYSICS

PLAN

PROBLEMS

PROFESSION

PROTOTYPE

ROAD

SAFETY

SCIENCE

SKILL

SOLUTIONS

STUDY

SYSTEMS

TEST

TOOLS

TRAINS

WORK

```
D G T C B E C X E T S O Y W T R A I N S
L L C K R O W I R B M O L V J N Y Q D A
A B I O N I C S T S E T P M O D E L X V
G B T V C O F X G N T S P E K K E V I E
J X E W I T W S I U S P A Y A S C T N L
I M N R M C T L K T Y R T M M R U G O I
T K E G G Y P U E I S O E D E S I G N X
R Z G I C I G R Z D L B N A T N I R X C
D Z L T C N N H O W G L T N E C R S M M
H E A S G N I T R F R E T U P M O C E G
U G I C H O R Q E G E M P S E S A I N A
Q D R I A V U H X L N S O Y C M D S G V
E E T E Q A T E S U L L S I T L J Y N X
Z V S N G T C E T L U I N I D O D H I X
K I U C E I A E B T O A G E O U T P W M
J C D E D O F V I X H O G E T N I O A X
F E N L K N U O T C U R T S N O C M R R
F S I P L A N W E G E L L O C C I D D P
P U I V J S A M X E D T S T Y T E F A S
B L A T N E M N O R I V N E S F X C E C
```

Solution on page 345

Retirement

ACCOMPLISHED

ACTIVITIES

ADVENTURE

AGING

AWARD

BEACH

BENEFITS

BRUNCH

CAREER

CELEBRATE

CHESS

COCKTAILS

DOCUMENTS

DRAWING

EARLY

EASYGOING

EXERCISE

EXIT

FAMILY

FISHING

FREEDOM

GARDENING

GOLFING

GRANDCHILDREN

HOBBY

HOME

INSURANCE

INVESTMENT

LEISURE

MENTORING

MOVING

PARTY

PENSION

PHOTOGRAPHY

PLANNING

POOLSIDE

RELAX

REST

SAILING

SENIOR

TIME

TRAVEL

VACATION

VOLUNTEER

WRITING

```
H U P H Z G W D E A R K D L H O C C E E
O X A L E R N M E G N I V O M S J A L X
L E Z I I B C I N R E E T N U L O V E E
W L F T N O R I W C U M M F D F S B I R
Y L I T Z V N U N A C T I V I T I E S C
U N W O I E E A N C R P N S B S S A U I
G X H A D X R S F C T D R E S T A C R S
W R N R L U E R T O H G X E V H I H E E
Z Q A O S I E A F M F H H D O D R A W A
I G C N I E C R R P E C O C K T A I L S
R N I G D S M P Z L C N E I F A M I L Y
W I K O S C N O Z I Y S T I F E N E B G
B H M L L T H E H S A Z R O I N E S H O
M S A F E A N I P H O T O G R A P H Y I
L I Q I V F C E L E B R A T E I X G B N
M F T N A A P M M D P L A N N I N G B G
V Y I G R Y E A V U R S A I L I N G O Z
Q O M E T K P Q R F C E B K G S G B H Y
U P E U W V A C A T I O N A S V N G O Y
O R S Y T E J Y Z A Y E D I S L O O P Y
```

Solution on page 345

Fitness Club

```
L W G T F Y S I L L N C K Z Q M K K A Y
O L N N R L T O R Q U Q R E T T O P S Q
C J I E J A E I N S T R E N G T H L M L
K O X M S E I X V J R D Q E I F L K P R
E U O E D S H N I I I S L C R E T A W A
R N B V O A A C E B T L F C B C G S P K
O N H O U U E P S R I C V R A I N I I U
B D I M V N L R E P O L A L G S I N H D
L I G J L A E T T I N B I T O U T S S S
X M B F E K C I D C D S A T Y M F T R T
D N W E A H C R I U T K Q G Y M I R E A
Z N G E L A A B M H E A L T H C L U B E
A U N X L C O T E Q U I P M E N T C M W
W S I R Z R Y N H S S X X P I L A T E S
R T L J E S I C R E X E R T I O N O M Y
A H C A Y C N O I E C N A M R O F R E P
U G Y D S E R B I B M A C H I N E S O U
J I C J B R E N T R A P B G B G W O U O
Q E D R I L L S C A L E W P I I L T F R
C W E M P A D V D W Q F Y A M X L N P G
```

ACTIVITY

AEROBIC

BARBELLS

BENCH

BICYCLE

BOXING

CALISTHENICS

CARDIO

CYCLING

DRILLS

ELLIPTICAL

EQUIPMENT

EXERCISE

EXERTION

FLEXIBILITY

GROUP

GYM

HEALTH CLUB

INSTRUCTORS

LIFTING

LOCKER

MACHINES

MEMBERSHIP

MIRRORS

MOVEMENT

MUSIC

NUTRITION

PARTNER

PASS

PERFORMANCE

PILATES

POOL

SAUNA

SCALE

SNEAKERS

SPOTTER

STRENGTH

STRETCH

SWEAT

SWIM

TRAINER

TREADMILL

WATER

WEIGHTS

YOGA

Solution on page 346

Newsmakers

ACCIDENT

ANCHOR

ANNOUNCE

ARTICLE

BROADCAST

BULLETIN

COVERAGE

CRIME

CURRENT

DANGER

DISASTER

EARTHQUAKE

EDITORIAL

EMERGENCY

EVENT

EXPLOSION

FIRE

FLOOD

GLOBAL

HEADLINE

HURRICANE

IMPORTANT

INTERRUPT

INVESTIGATE

JOURNALIST

LATE

LIVE

LOCAL

NEWSPAPER

POLICE

RADIO

REPORT

RESEARCH

ROBBERY

SPECIAL

SPORTS

STORM

SUDDEN

TELEVISION

TORNADO

TRAGEDY

TYPHOON

URGENT

WEATHER

WORLDWIDE

```
M P H A X R S V E L C I T R A N D O E H
D I P N E Z X G R E H T A E W K K I C M
D Y N P G I A Q B Y R E P A P S W E N L
C F O V Z R O H C N A P W U N E D D U S
Q R I T E L E V I S I O N K R T H Z O L
T Z S V F S S U Q E D I W D L R O W N A
G L O B A L T R A D I O W F P R E O N T
R C L C Y F Z I J E M E O W I E D T A E
V W P U I Z R R G N K F X L V S I L N C
K E X R J O U R N A L I S T F E T S Q I
T H E R Z G M I U C T S A C D A O R B L
O N J E B R T Q R I H E W T X R R T P O
D H A N O E H T G R Q E M N R C I Y A P
A I I T L T R J E R L H A E S H A P D L
N Y S L R A B M N U O T G D R T L H D E
R H U A G O I J T H C N I I L G R O K Y
O B E E S R P C V V A E Z C R I E O A U
T A D V C T C M E D L V I C C Z N N P B
S Y Z Q I Z E U I P Q E J A P M D E C S
U K Q G W L Q R A J S P D R O B B E R Y
```

Solution on page 346

Favorite Teachers

```
J M H I U K F C S U P P O R T I N G F Z
E N G A G I N G N I T A V I T O M L U E
D E R A P E R P D R O M U H I E X E L E
A D V O C A T E R E E L Y S L L W T H H
L D E Z I N A G R O T G S B H I N A R Y
M E D K T E K D K Z F A A W S E T D I M
W T U J S L N E S U P E M E G R R O A U
V N C O A B C C M M G V S I U O E M F N
U E A X I A L R O D A N E S N D S M L X
B L T W S H P C E U E R T R I A P O E N
R A E H U C P L T A R W T S B O O C X W
L T D G H A W M A A T A C H B O N C I H
R R M E T O N S R G K I G O A R S A B O
L O H I N R T E E A P E V I J J I E L N
I T E K E P S F D L W O P E N M B G E E
S N U F X P G N I R U T R U N G L H H S
T E Q S E A S N S C O M M I T T E D A T
E M J C O O E I N T E R E S T I N G K B
N R T L Z D S U O R E N E G N I R A C Z
R Y H F O X A C C R E D I T E D N I K E
```

ACCOMMODATE
ACCREDITED
ADVOCATE
ANIMATED
APPROACHABLE
BRIGHT
CARING
COMMITTED
COMPASSION
CONSIDERATE
CREATIVE
DISCIPLINED
EAGER
EDUCATED
ENCOURAGING
ENGAGING
ENTHUSIASTIC
FAIR
FLEXIBLE
FUN
GENEROUS
GENTLE
HONEST
HUMOR
INTERESTING
KIND
KNOWLEDGEABLE
LISTEN
MENTOR
MOTIVATING
NURTURING
OPEN
ORGANIZED
PATIENT
PREPARED
PROFESSIONAL
RESPECT
RESPONSIBLE
SMART
SUPPORTING
TALENTED
TRUST
VERBOSE
WARM
WISE

Solution on page 346

In the Country

ACRES
AGRICULTURE
BACKWOODS
BEAUTIFUL
BOONDOCKS
BROOKS
CATTLE
CHICKENS
CLEAN
COW
CRICKETS
FAMILY
FIELDS
FLOWERS
HAMMOCK
HAYSTACKS
KIDS
LAND
MEADOWS
MINING
MOUNTAINS
MOWING
NATURE
NEIGHBORS
OPEN
OUTBACK
PASTURE

PEACEFUL
PICKUP TRUCK
POND
POPULATION
PRIVATE
QUIET
ROPING
ROUNDUP
SAFE
SECLUDED
SILO

SIMPLE
SMALL
TOWN
TRACTOR
TRAVEL
TREES
VILLAGE

```
I W L L A M S K O O R B S A F E I N H U
B D A Y Q B G N I P O R V P S I M P L E
P N H D W J N A E L C N W L I T E X E U
D O S W R N K G R K O X U F A M I L Y J
K P Q G O Q N O U I C F L Q T F T N D V
R O S A U I G T T I I I R R L T W E S S
V O Z I N O M A L T E K H O A O G M L E
L V E I D E L H U F A K W C T A K L E R
K T M F U U A A C A C E J A L C U S V C
Y J N B P M E Y I U R R T L B F A T A A
N T N O M B H S R S V J I A E N M R R X
A U P O B O N T G O R V M C V E B E T P
J K C N A N P A A N X O A E K I S E A Q
L K Z D C U O C J B U E B N A E R S M H
Z G G O K A Q K L N P L A H C D T P E A
K D N C W O C S T A Z T G L G U O S H Q
P J I K O K C A B T U O U T R I P W E X
S P W S O K I D S R H D L E P P E Z S F
N Y O X D N V P E T E G C I M F N N Q B
G H M G S K F L H D D Q T M S F N V R Z
```

Solution on page 346

The Rolling Stones

```
F J E B R R U B Y T U E S D A Y F S E E
M R E C N A M R O F R E P J A N K O P M
S E N O J N A I R B D O O W E I N N O R
H S R Y S A S T E E L W H E E L S G C A
A I J N S M K I C Y D U D B I C N W S L
T N K O U Y C S C R I S E P L H A R R U
T G V I O W I H I O C S S S L A I I E P
E E O T M L L I S T K T D M O R C T T O
R R O C A L Y N U S T R B I R L I I N P
E S D A F I T V M I A E R C D I S N I Y
D L O F T B R A K H Y C O K N E U G E V
H R O S E L O S C Y L N W J A W M U U R
L I L I R V F I O F O O N A K A A I S O
Y G O T M N R O R Y R C S G C T G T E D
R E U A A H A N G I E J U G O T A A I Y
I M N S T I C K Y F I N G E R S Z R T L
C O G I H I A N S T E W A R T D I S X O
S S E N O J L Y R R A D R T S I N A I P
K K M I S S Y O U C I S S A L C E A S C
J P Z A C C E D S R U O T P F N U V B F
```

AFTERMATH

ANGIE

BAND

BILL WYMAN

BLUES

BRIAN JONES

BRITISH INVASION

BROWN SUGAR

CHARLIE WATTS

CLASSIC

CONCERTS

DARRYL JONES

DECCA

DICK TAYLOR

FAMOUS

FORTY LICKS

GUITARS

HISTORY

IAN STEWART

INTERSCOPE

KEITH RICHARDS

LIPS

LYRICS

MAGAZINE

MICK JAGGER

MISS YOU

MUSICIANS

PERFORMANCE

PIANIST

POLYDOR

POPULAR

ROCK AND ROLL

ROCK MUSIC

RONNIE WOOD

RUBY TUESDAY

SATISFACTION

SHATTERED

SINGERS

SIXTIES

SOME GIRLS

SONGWRITING

STEEL WHEELS

STICKY FINGERS

TOURS

VOODOO LOUNGE

Solution on page 346

Bossy

ASSIGN

AUTHORITY

CHAIRMAN

CHAIRPERSON

CHIEF

COMMANDER

CONTROL

CRITICIZE

DECISIONS

EMPLOYER

EVALUATE

EXECUTIVE

FIRES

GOVERN

GRUMPY

HEAD HONCHO

HIRE

IN CHARGE

INSPIRE

INTERVIEW

JOB

LEADER

LENIENT

MANAGER

MOTIVATE

OFFICE

ORGANIZER

OVERSEE

OWNER

POWER

PRESIDENT

PRESTIGE

PRINCIPAL

PROMOTION

REASONABLE

REPORT

RESPONSIBILITY

REVIEW

STRESS

SUGGESTIONS

SUPERVISOR

TOP

TYCOON

UNDERSTANDING

```
V N H E D I V X D G L Z K D W Y Y U T Z
L U P X U Z F H A Z O R G A N I Z E R X
W E T A V I T O M E V I T U C E X E B E
N T G G H G I W E I V R E T N I E Y L B
O A Z R N V H E E G U I A H C W T P E P
L U C H A I R P E R S O N O I I N S R R
H L R K R H D M T R O P E R L S Q E I I
G A I E R A C N D E C I S I O N S N R N
Z V T R E G A N A M W O B T E I S E G C
G E I G V S Y Y I T M I O Y D P A I H I
V G C C I N N D N V S P B E I S S I J P
R I I H E O B O C N X R N R O S E K O A
W T Z A W I I E O P R T E N A F L W B L
G S E I T T Z P M C H E A D H O N C H O
G E P R O S S F M P Y B M B N E S G T R
R R E M U E B I A S L T F X R U S O S T
U P O A R G E R N E X O F F I C E V V N
M R A N I G R E D A E L Y E E S R E V O
P O W E R U O S E L E N I E N T T R I C
Y U Z R O S I V R E P U S S R D S N S P
```

Solution on page 346

Chicago Cubs

BABY BEARS

BALLPARK

BARNES

BASEMAN

BATTING

BILLY GOAT

BLEACHER BUMS

CHAMPIONS

CLARK

CONTRACTS

CUBBIES

CURSE

DEMPSTER

DROUGHT

FIELDING

GAMES

HARRY CARAY

HEARTBREAK

HISTORY

HITS

HOME RUN

MADDON

MLB

NICKNAME

NORTH SIDERS

OUTS

PENNANT

PLAYOFF

POSTSEASON

PROFESSIONAL

RICKETTS

RIZZO

ROOFTOPS

ROSTER

SAMMY SOSA

SANDBERG

SHAWON DUNSTON

SHORTSTOP

SPALDING

STARLIN CASTRO

TITLES

TRIBUNE

WILLIAM HULBERT

WORLD SERIES

WRIGLEY FIELD

```
S H W I L L I A M H U L B E R T P D N P
E O K I P L A Y O F F U I N U R E M O H
S D R Q A H A R R Y C A R A Y M C Q D G
E Q A T G S A N D B E R G Q P V N A D P
L R P R S H A W O N D U N S T O N B A U
T E L I M A X H D I R E T S O R B L M K
I G L B U D C B L G S E B B A R N E S C
T F A U B R H N E S R S A M M Y S O S A
V J B N R O E H I T S B E B Y E X D N P
W B S E E U A R F L Y S I F I S C X O O
N M E C H G R S Y B R L T R O K U S I T
F Z I L C H T Z E B L A E C C R T B P S
S Y B A A T B A L Y B S T G A S P E M T
Z T B R E F R P G P D O N S E R R M A R
S E U K L S E O I L Q I H A E Y T A H O
C E C O B N A S R E D I S H T R O N C H
U I M X N T K O W L S O Z Z I R F K O S
R M K A Q X W G E G N I D L A P S C B C
S H N C G G N I T T A B Y R O T S I H E
E T S P O T F O O R S B A S E M A N F J
```

Solution on page 347

Interior Decorating

ACCENTS
ACCESSORIES
ADORN
ANTIQUES
ART
BASKETS
BOWLS
CLOCKS
COLORS
COORDINATING
CURTAINS
DESIGN
DISHES
DRAPES
EMBELLISH
FABRIC
FIGURINES
FLOORING
FLOWERS
FOCAL POINT
FURNITURE
GLASS
LAMPS
MIRRORS
MOSAIC
MURALS
NURSERY

ORNAMENTS
PAINT
PHOTOS
PILLOWS
POSTERS
ROOM
RUGS
SCHEME
SCONCES
SEASONAL
SWATCHES

THEME
TIPS
TRIM
VASES
WALL
WINDOW
WREATHS

```
O C Z S C R D S T X B C Z R T F V H D Z
L O J P A I N T L H H H J P G Q V R K H
H L B P S L A D M W E F E C O S A K Z V
I O Z H E C Q Y J S O M X S C S R I F A
U R E O S S E Q S C B B E O P X T L S A
E S H T A E R W A E S A N I D I O E E K
I C Q O V I G L L D R C T Z R O P N R A
I H A S L R P L E D E K C U R T A I N S
A E E K F O I F J S W O C I Y M D T L T
G M R Z I S W A L L O Q N R O L I A E N
J E U N H S T B B R L G E S O Q N M N E
O N T Y B E P R D C F S A R U O I G W C
M R I S G C F I G U R I N E S R I B I C
N U N B W C N C L U C A S A T S L N N A
O G R M U A O G N L M X E S E P A R D F
C S U A T G T V G E O S T D K F M O O I
I F F I L R N C N M C W U M S I P D W A
B W N A Q S I T H K L I S O A E S A P N
Y G S M M F S K C E Y X X O B C O E N J
S S F I W C L O C K S R O R R I M U E C
```

Solution on page 347

Spa Resort

BATH

BENEFICIAL

CLEANSE

CLUB

CURATIVE

ENERGETIC

ENJOY

EXFOLIATE

EXHILARATE

FACIAL

GUEST

GYM

HEAT

HERBAL

HOT SPRING

LODGE

LOTION

LUXURIOUS

MANICURE

MASSAGE

MEALS

MEDITATION

MINERALS

MUD

NUTRITION

OIL

ORGANIC

PAMPER

PEACE

PEDICURE

REJUVENATE

RELAX

REST

SALTS

SAUNA

SHIATSU

SKIN

STEAM

TABLE

THERAPY

TRANQUIL

TREATMENT

WEIGHT

WHIRLPOOL

YOGA

```
T O F Y N Q D Z O Z K X C S P C H W S V
T H B D R N J E E T A I L O F X E L J L
I H E U E W S C I T E G R E N E R N Q X
B T H G L N E V L L A I C A F O B Y U I
S N R D A C J I B O K N V O B T A B L E
T T U E X S U O G E D F E L R S L J O E
F R L B A Q S T Y H N G Q V G G M F Z M
D C V A N T W A S N T E E X U E A O I N
C A U A S H M L M E J C F Y D J M N U L
C U R A T I V E T A R A L I H X E T I M
B T N E Y S R L N R H I T O C R R R N C
A P L O G U U L O T O A T E A I P M R P
D E G O C S Z O H O T S L L T J A I R S
R A P I T W C E I I P U S I G N M L L T
H C D A H I R N O R A L O Y I U P A H E
L E I L F A O N I G U N R C I O E Q E A
P H G G P D V N B K G X U I K M R S A M
S I P Y U O G M R M S R U A H C B A T H
J Y H M D N E I G Y E Y E L S W Y Z J O
D R B S Z E N P S S P I I R X O C G X Z
```

Solution on page 347

Electronic Books

AMAZON
APPLE
AUTHOR
BATTERY
BOOK
CHAPTER
CHEAP
COLOR
CONVENIENT
COPYRIGHT
DATA
DEVICE
DIGITAL
DISPLAY
DOWNLOAD
ELECTRONIC
EPUB
FICTION
FORMAT
FREE
HARDWARE
IMAGES
INTERACTIVE
INTERNET
IPAD
KINDLE
LIBRARY

MARKETING
MEMORY
MOBILE
NOOK
NOVEL
ONLINE
PAGES
PDF
PUBLISH
PURCHASE
SCHOOL

SCREEN
SELL
SOFTWARE
SONY
TABLET
TECHNOLOGY
WIRELESS

```
P W V S Y G D U C N G D G V S D A T A S
T W E A E K G K O O N K E C I V E D E K
B L J V T G S T K G N O H C J N Q T D W
L U B P Y T A M R O F O V C R V A A D Z
O Y P X N U H P Z N O B I E O B O I D W
L W B E O R E A Q L B N T L L L G R I O
E U W U S N M S O C O N V E N I E N T I
B C U E W A E F Z R I S T W T T T U R S
P U B L I S H A T I W F O A P E B U K R
M E M O R Y P C G T T D L A R F L T X G
Y F R E E P E M R N F E H A C I H H O V
D K L P L L B R O U I C C B P C K G I Y
F U R E E K S W A B P T A H N T I I F L
V I P A S Z I C Y W I T E Q N I N R B I
I O I P S X M R R V T L C K M O D Y H G
P H A R D W A R E E E F E H R N L P D F
A U T H O R G T R K E D O Z E A E O K N
D D I X B F E Y G T B N H S Q A M C G H
O N L I N E S F I U V Z S D I S P L A Y
C O L O R C D S K P D T E P U D X H P V
```

Solution on page 347

Family Time

ANNIVERSARY

ANNOUNCEMENTS

BONDING

BRUNCH

CELEBRATION

CHRISTMAS

CONVERSATION

DAD

DEBATE

DINNER

DRINK

EASTER

ENGAGEMENT

FOOD

FUN

GAMES

GENERATIONS

GIFTS

GRANDMA

GREETING

HAPPY

HERITAGE

LARGE

LAUGHTER

LOUD

LOVE

MOM

NOSTALGIA

PARENTS

PICNIC

REMINISCE

REUNION

RIVALRY

SIBLINGS

SON

STORYTELLING

SUPPER

SURPRISES

TALKING

THANKSGIVING

TOGETHERNESS

TRADITION

TRAVEL

VACATION

WEDDING

```
I P C O D K D N O I T A C A V R A X Q O
S G N I L B I S G E H H W E Y P P A H N
S L V O E H A O S U R P R I S E S C R V
M E E L I T R A D I T I O N G U N E S W
G C G V K T S Y S N C S O N E U P T O K
G I A S A Y A T K D T I I J R C N P N N
A N T E T R M S F O N D Y B E E G U E I
M C I U A A T O R U D T H B M L Z C N R
E I R T S S P Y E E N H Z E I E T O B D
S P E K E R T R W G V A C C N B L L Q E
I W H T N E M E G A G N E W I R Y P S L
E R E R L V R I R M U K O W S A P Y T T
L E R L O I R G L O V S Y C C T L I N W
A N I K V N C S N M L G E B E I O G E T
U N V J E N Q N S T F I G T O O U F R A
G I A F A A A J L W Q V G R A N D M A L
H D L U G E N E R A T I O N S B D A P K
T O R T O G E T H E R N E S S O E I D I
E C Y N F N O S T A L G I A O F D D N N
R U T O E O R R Q H S V E F X Q X Z T G
```

Solution on page 347

Coaching

ACTING
ANALYZE
ASSISTANT
ATHLETICS
BASKETBALL
BENCH
CAREER
COMMUNICATE
COUNSELING
DEDICATION
DEFENSE
DETERMINATION
DEVELOP
DISCIPLINE
ENCOURAGE
FINANCIAL
FOOTBALL
GOALS
HELP
HOCKEY
INFORM
INSPIRE
INSTRUCT
LEADER
LIFE
MANAGER
MEETING

MENTORING
MOTIVATE
OFFENSE
PERSONAL
PITCHING
PLAN
POSITION
PREPARE
PROFESSIONAL
RESULTS
ROLE MODEL

SOCCER
SPEECH
SPORT
SUPPORT
TEAM
TENNIS
TRACK

```
M T L L A B T O O F M I G O A L S N P C
A R X A N A L Y Z E I J E N A L P D K G
E R E C C O S X N Y H N K S I M U I P U
T R O P S R I T V E E T A V I T O M M P
H L K M E T O T L Q D K E N R N E K L K
P A A D Y R R L A U D E C R C S N E Z Z
I B A T I D S O E N S H D O I I H E M D
B E I N H Y P O P M I E M I H P A J T P
L N G L Y L E V N P O M R B C B S L X P
P C N X D A E P G A U D R V P A N N R O
Z H I S E S C T N N L S E E R S T O I F
Y P H A F S H K I I M E N L T K F I A F
E R C C E I V C L C G G I Y O E Y T O E
E E T T N S A A E Z S A L U S T D I R N
O P I I S T L R S F S R P S U B I S E S
E A P N E A Y T N W H U I T W A N O E E
J R E G A N A M U C H O C Y M L F P R K
B E F I L T T F O Y N C S R G L O O A S
H C S E J O O P C A W N I N S T R U C T
P C L R D E V E L O P E D S D N M E A H
```

Solution on page 347

Roller Skating

```
A A H S P I V O T D S F D D M O F Q F T
G D H V Z O U X Y K A E M Z N J Y L L K
I C R E N T A L B M S N M J H U X C O L
X E O M D O S D R A W K C A B M F R E H
Z Q N O I T I T E P M O C E G P A R T Y
T P O V N U J T D O W N H I L L S N B E
B R K E L R S C R A P E D K N E E S R Q
Q Y L M I N W T E E K F I S Y M E O F F
R V A E N R R X L L X D R E N S L C Z T
B G W N E R E L L E S E K I I L N L A V
E M E T G R E T O A G C A U E S W A D P
N K D O C D S C R T O T R R G N O C W Y
I N I I X A T E R H R B S S N G D E E V
T E S L F I G U R E S K A T I N G S Y U
S E C H E L M E T R A H F O D I N E L F
D P X N W Z L N R T L T C O I T I D P O
M A I O A L E L E E H W I B L S L A P F
X D L N O L P S P E E D S O G A L L A T
E S D R C H A S S I S J U Z N O A B B N
O Y H B Z V O B L Z C R M E K C F F P P
```

BACKWARDS

BALANCE

BLADES

BOOTS

BRUISES

CHASSIS

COASTING

COMPETITION

DANCE

DOWNHILL

ENTERTAINMENT

EXERCISE

EXERTION

FALLING DOWN

FAST

FIGURE SKATING

FRIENDS   MOVEMENT   SCRAPED KNEES

FUN   MUSIC   SIDEWALK

GAMES   OUTDOOR   SLOW

GLIDING   PACE   SPEED

HELMET   PARTY   SPIN

INLINE   PIVOT   TURN

JUMP   RECREATION   WHEEL

KIDS   RENTAL

KNEEPADS   ROLLER DERBY

LACES   ROLLER HOCKEY

LEATHER   ROLLER SKATES

Solution on page 348

Found in the Forest

ACORNS

ANIMALS

ASPEN

BARK

BEAR

BUGS

BUSHES

CABIN

CAMPER

DARK

DEER

ELK

EVERGREEN

FERNS

FIRE

FUNGUS

HIKER

INSECTS

LEAVES

LICHEN

LOGS

MAPLE

MUSHROOMS

NEST

OPOSSUM

PATH

PINE

PLANTS

RABBIT

RANGER

ROCKS

SAPLINGS

SHADE

SHRUBS

SKUNK

SNAKE

SOIL

SPIDERS

TENT

TREES

TWIGS

UNDERBRUSH

WILDLIFE

WOLVES

WOODPECKER

```
Z W G F G J N Z D Q N K N U K S K C O R
J Q P U F S S T F U C W Y F P K D M H H
O V P E E M L A T P S G N I L P A S H U
O A X E G N V A C S H O D H H E R M O V
K H R R N N B K M O E E S U B F K O W L
M T M V A I E U E I R N E H C I L O Q I
H C A B I N P D S S N N G U A L O R E O
W Q P F E F G L E H E A S N C D E H U S
E Y L F S S C E I E E H E D P L E S G A
Z T E N T N B A R K R S H E E I K U J U
F L J D L B R V M U G P C R R W B M L D
U T O H S O V E B P R K S B I L N O N E
Y Z F H P G E S F Q E E S R F U G P H P
A A X R Z A N O I R V R T U F S N O F H
V Y R V S H T U W L E I N S T C E S N I
G C I J P D W H O K B G A H W G P S C K
F A U F S V I W A B U K L R I S S U A E
S O S E C N G N A S L G P M S J A M M R
J A Q F T K S R A E B P N L F L V R O B
P F T V P O F F K P U W S D B L S P W Q
```

Solution on page 348

Thanks for the Gift

```
U C C H L A I C E P S P R F P P B V L V
P F L O W E R S R D U J X Q I G E K Q G
O A T I S S U E U R Q W V V T K I E O N
Y M R Y K R S N S O C C A S I O N F X S
R I F W P E L E C T R O N I C S S B T E
L L V R N V S A C E L E B R A T I O N R
E Y I T I C D X Y V R Z N N O L B W A L
W S M D Y E O C E J M T N E G A I I G P
E T E J Z B N N H P S I I N G C R N A R
J O I H Q Z A D C O V H I F L I T S V R
S Y Y U T W S G E E C M O V I T H I A W
H X G O C O E A R X R O O W H C D G R E
A I R Y A L L S M A C T L C E A A H T D
E Q A K N F A C W T D H T A K R Y T X D
P T T N D R B E I X S U A I T P M F E I
X B I A Y R S A P P L I A N C E O U R N
V P T H O U G H T F U L R T G K N L T G
W D U T O X B Y A D I L O H I E E N K X
K K D H S C P B T A W C J D C O Y T A G
H P E R F U M E K D O N A T I O N Z B E
```

ANNIVERSARY

APPLIANCE

BAG

BIRTHDAY

BOW

CANDY

CELEBRATION

CERTIFICATE

CHOCOLATE

CHRISTMAS

CLOTHES

CONCERT TICKET

DONATION

ELECTRONICS

EXCHANGE

EXTRAVAGANT

FAMILY

FLOWERS

FRIEND

GENEROUS

GIFT

GRADUATION

GRATITUDE

HOLIDAY

HOUSEWARMING

INSIGHTFUL

JEWELRY

MONEY

OCCASION

PERFUME

PRACTICAL

PRESENT

PURSES

SHOWER

SOAP

SPECIAL

SURPRISE

TAG

THANK YOU

THOUGHTFUL

TISSUE

TOY

VIDEOS

WEDDING

WRAP

Solution on page 348

Urban Graffiti

```
P U B L I C L A L Q O C B H H X E Q D G
J F F X I Q I O M C F U R S T Y L E S N
S B P T Q W N Y U E I E U E L Z F T J I
O Z I C C A Y I N L R M B M A A N F N G
K E Y Q B V A N D A L I S M C T D U N G
S L A R U M Y I E Y P R C I T S I T R A
R Y U A S C N L R D O C N A M E S V S T
O D A W B G Y I G G L G V M N G M H E R
L U A W S B W R R U I L L E G A L D G A
O N P D B S G Y O D C V D V R S X R D I
C D O A A U U A U T E V L K L S G C I N
O C P I T M S P N S I E E O P E N I R S
O P C K S V A I D G T R B J A M I M B X
L W U L Y S A G G T S M R F I Y T A V J
I F L Z P P E H E N Y D E E N O I G Z U
T A T P Y R Y R G S A P I C T U R E S E
W Y U A K J S I P X D T K K I T W S Y K
W O R D S U S P N X K U U V N H G W O H
X P E E G E S T R E E T H R G U T M Q B
S F G G D E N P H P A T A L E N T T U A
```

AMERICAN

ARTISTIC

BRIDGES

BUILDINGS

CITIES

COLORS

COOL

CREATIVE

CRIME

DAMAGE

DEFACING

DESIGNS

EXPRESSION

GANGS

ILLEGAL

IMAGES

KIDS

LETTERS

MARKERS

MESSAGES

MURALS

NAMES

PAINTING

PICTURES

POLICE

POP CULTURE

PUBLIC

SIGNATURE

SPRAY PAINT

STREET

STYLES

SUBWAYS

SYMBOLS

TAGGING

TALENT

TERRITORY

TRAINS

UGLY

UNDERGROUND

URBAN

VANDALISM

WALLS

WORDS

WRITING

YOUTH

Solution on page 348

Welding

ARC WELDING

AUTO

BEAM

BRIGHT

BUILDING

BURN

CONSTRUCTION

CRAFT

DANGEROUS

ELECTRIC ARC

ENERGY

EQUIPMENT

EXPERIENCE

FIRE

FLAMES

FLUX

FRICTION

FUSION

GLOVES

GOGGLES

HEAT

HELMET

HOT

INDUSTRY

IRON

JOINING

LASER

LIGHT

MATERIAL

MELTING

METALS

MOLTEN

OXYFUEL WELDING

PROTECTION

SHIELD

SKILL

SOLDERING

STEEL

TORCH

TRAINING

WELD POOL

WORK

```
M W Z G R N I T L D F P X F H C V M Y G
H E F S V H M H J B J Q N L N T O Q B C
K T C S O H G U T M A Y O A I N P Z Q L
M D A N G E R O U S V O I M G A R J E B
L A I R E T A M X Z P M S E Q D V R Y K
S H T S H I E L D D O S U S E I G W T B
L E O L M U R J L L X K F J F N G N R U
A L V W U K J E T J Y I S L I N E E A C
T M R O Z G W E P V F L E R I M S O I D
E E M R L O N R W X U L E D P A X P N F
M T L K B G G I O I E D L I L B R E I D
E J S G R G C F N C L E U Z E O X A N F
S N G Y I L B D T O W Q R A T U U C G B
T Z O P G E U R S C E T M E L T I N G T
E F G I H S I T R X L N C F O Z Y O I O
E C A I T C L A G T D T R T H G I L R R
L B T R A C D P N O I T C U R T S N O C
Z U Y R C S I O A O N G Q E B A Y I N H
B L C E W U N R N C G Z N G C E T T Y F
J O I N I N G K F T A E A T O H K O A L
```

Solution on page 348

My Mom

ADORING
ANCESTOR
APRON
BABY
CARE
CHILDREN
CLEAN
CONSIDERATE
CREATOR
DEVOTED
ENCOURAGE
FAMILY
FORGIVING
FUN
GENTLE
GUIDE
HELPER
HOME
HUG
INTUITIVE
JOY
KIND
LOVE
MAMA
MATERNAL
MATRIARCH
MEND

MOM
NOBLE
PARENT
PATIENT
PROTECTOR
SELFLESS
SENSITIVE
SNUGGLE
SPECIAL
STORIES
STRONG

SUPPORT
SWEET
TEACH
TENDER
TRUSTWORTHY
UNCONDITIONAL
UNDERSTANDING

```
O X F Z L Y B Y W Q H T H W L L I I I N
M F F R D R T C A R E C S M O M M V F O
E A K J A U D H T E L O W B V C A P E F
N M M A F R P C W E P M A T E R N A L S
D I T A K I Q S A T E E N C O U R A G E
C L P E A R U N V R R R G Y C D N I K N
K Y A D G E Q U M X O U Y N N O B L E S
V G P I U D P N A C G T S E I R O T S I
A R R U C N S D T R T N S T S R T V A T
M F O G R E R E R E B C I E W Y O J Y I
I S N P O T P R I A P D H V C O I D B V
S S T U T D L S A T N A Y I I N R A A E
Q E F R C E H T R O G U T T L G A T B E
B L B K E V W A C R B E F I R D R O H F
E F V H T O C N H O M E N U E O R O H Y
P L L C O T U D N N P Z H T Z N P E F E
M E T A R E D I S N O C T N L X T P N D
D S U E P D T N E R A P Y I D E X H U G
K U J T E L G G U N S T R O N G U N W S
Y A L U V F N T O O O E I P W S D F G D
```

Solution on page 348

Do You Remember?

AGE
ALBUMS
ANTIQUE
BITTERSWEET
CARDS
CHILDHOOD
DESIRE
DIARY
DREAMY
DWELL
EMOTION
FAMILY
FEELING
FOND
FRIENDS
GENERATION
HANDKERCHIEF
HAPPINESS
HEIRLOOM
HISTORY
IDEALISTIC
JEWELRY
LACE
MEMORIES
MOVIES
MUSIC
OLD

PAST
PEOPLE
PHOTOS
PLEASANT
RECALL
REFLECTIVE
REMINDER
REMINISCENT
RETRO
ROMANTIC

SOUVENIR
TOKEN
TRADITION
TREASURES
WEDDING DRESS
WISTFUL
YEARNING
YESTERYEAR

```
Z V X T H I S T O R Y R A I D R Y R R M
A F D W O L D D F S O U V E N I R I S S
Y E L D A P L A N E R E R E F A L H D O
J E L C B W M D P E V I T C E L F E R U
I L E C L I D H T P I A D Y I W P S A R
K I W T L S O R K L P R R T H Z S F C W
V N D Y W T O Q E E H E F H C E T X I A
T G T E O F H Q O A T Y E A R N I N G N
E T Z S A U D I P S Z K A D E N N E N R
S R E F A L L P E A K M G C K O O O N B
B E I E O P I Y X N Y N S H D I I A E J
T A I S W N H S O T I I Y E N T T L W T
W S Z V E S C Q T D N S M I A I O P L D
N U E S O D R E D I E W A R H D M E L O
V R S I N M U E M T C H E L M A E O A M
N E C O R Q W E T X O N R O U R G P C G
O S F H I O R L G T E K D O S T B L E I
T C I T N A M O R G I R E M I N D E R K
B M N H J E W E L R Y B N N C D P G B A
I A S P T E H S M U B L A X M G G S X B
```

Solution on page 349

Just Great

```
E E M E R P U S J U A O C J T Z L G A R B
E E L B A R I M D A Z S T S E T A E R G
D R O I R E P U S C X B H T S E N I F N
O I N C O M P A R A B L E N V N U L O I
O T S U P E R L A T I V E S A Q U B C S
G O P T I M A L Z J D O H B T P B Q E S
Y R Y U I B E V I T C N I T S I D U L A
T I E H T N E D N E C S N A R T G A B P
O O F F C N G E X C E L L E N T N L A R
P U O E E A E U G H N I U P C O I I T U
N S R X L X E C I J Y L O O I J D T O S
O T E Q E T E P I S B M B T F C N Y N K
T B M U S R R M R F H R P P I G A V Q I
C H O I C E S T P I I E B I R N T I H L
H D S S M P W A O L C N D T R I S Q S L
C J T I S X S G L X A E G P E L T Z H F
H M U T T E S I E U Q R L A T R U F Q U
C M E E L B A R I S E D Y E M E O Q W L
S H I N I N G F A B U L O U S T B O F H
O S O U T R I V P E E R L E S S S Q P S
```

ADMIRABLE

BANNER

BEST

BLUE RIBBON

BOSS

BRAG

BRILLIANT

CHOICEST

DESIRABLE

DISTINCTIVE

DISTINGUISHED

EXCELLENT

EXCEPTIONAL

EXEMPLARY

EXPERT

EXQUISITE

FABULOUS

FINEST

FOREMOST

GOOD

GREATEST

INCOMPARABLE

MAGNIFICENT

MERITORIOUS

NOTABLE

OPTIMAL

OUTSTANDING

PEACHY

PEERLESS

PREMIUM

PRICELESS

QUALITY

SELECT

SHINING

SKILLFUL

STERLING

SUPERIOR

SUPERLATIVE

SUPREME

SURPASSING

TERRIFIC

TIPTOP

TOPNOTCH

TRANSCENDENT

VIRTUOSO

Solution on page 349

Swimming

ACTIVITY

ARMS

BEACH

BIKINI

BOAT

BUTTERFLY

CHLORINE

COACH

COMPETITION

COOLING

DIVE

ENDURANCE

FREESTYLE

GOGGLES

KICK

LANES

LAPS

LEGS

LESSONS

LIFEGUARD

LIMBS

MOTION

MOVEMENT

OCEAN

PADDLE

POOL

RACE

RECREATION

RELAY

RIVER

SAFETY

SEA

SINK

SPLASH

SPORT

STROKE

SWIMMER

SWIMSUIT

TEAM

TIME

TOWEL

TRAINING

WATER

WAVE

YMCA

```
V J G K L H P X P D Z Q E Z H Z I Q X A
F K Z U J V T J K I W E S V U K T B Y Q
I T O V Q T A E S V I C M S J W K R E B
R G I U O Q I V L M K B Q X S S O S B Z
E P O U L D N A E C O S P A L L D G P W
V N C U S K I W S Y Y B M Z K C I K R P
I A I H N M K Z S O G J E R O Q V G Q O
R W W R W S I B O T R O P S A F E T Y O
H B Q E O P B W N Z D P S B M I L C S L
A J K I E L Y T S E E R F S K R D O T I
X X Y M C A H T N E M E V O M X D O Z F
I T A T P S L C C W P C U F W B A L H E
J Q T G C H B U T T E R F L Y C P I C G
K R T I C R P C O M P E T I T I O N A U
R R L A M X R R M V F A S I N K A G O A
C W E H O E K O R T S T V U W R L U C R
T B G C L B T R A I N I N G U A M U T D
H V S A A I L E W O T O E D N C T E H E
B T Y N O R J U X Y X N N E C P A E H J
U J P N Q R G O G G L E S W I M M E R P
```

Solution on page 349

Jennifer Lawrence

ACCOLADES

ACTING

ACTRESS

AMERICAN

AUDITION

AWARDS

BEAUTY

BEVERLY HILLS

CAREER

CELEBRITY

CHARITABLE

CHEERLEADER

FAME

FEMINIST

FILMS

FOUNDATION

GARDEN PARTY

HEROINE

HUNGER GAMES

ICLOUD

INFLUENTIAL

JOY

KATNISS

KENTUCKY

LIKE CRAZY

LOUISVILLE

MEDIA

```
B N P A Z O J F I L M S U C C E S S B H
Y O U N G F F Z Z F K S B R O L E S Y Z
K M A I P A H U N G E R G A M E S I T X
C T U F T M D A L A I T N E U L F N I U
U G D A E E L L I V S I U O L N K T R E
T N I M E I M E D I A H E I C V S A B Q
N I T E N I O R E H G S H E U T K K E C
E T I R A C T Z E W S Y B E A U T Y L G
K C O I G M H R O L L U F R E W O P E S
G A N C E W E R S R E G N E S S A P C C
S Y F A G A R D E N P A R T Y O J R V X
H Z P N M A I V M N L F C A R E E R D S
R A A N P R E D A E L R E E H C I E F S
A R I S Q B O S C A R S P M I R T V R E
D C D R B P D F O U N D A T I O N I P R
E E P H D C H A R I T A B L E N C E B E
R K A C C O L A D E S D U O L C I W S N
D I Z Z A R A P A P P A C T R E S S A
C I N U S H E C G F Y A O T A L E N T H
O M T L Z A Z M N Q I P L Y Y E R P I I
```

MOTHER

OSCAR

PAID

PAPARAZZI

PASSENGERS

PERFORMANCE

POWERFUL

RED SPARROW

REVIEWS

ROLES

SERENA

SHRADER

STAR

SUCCESS

TALENT

TEENAGE

TOP

YOUNG

Solution on page 349

Monster Truck Show

ARENA

AUDIENCE

BEAR FOOT

BIG

CARS

COMPETITION

CRASH

CREW

CROWD

CRUSH

CUSTOM

DONUTS

DRIVER

ENGINE

EVENTS

FANS

FREESTYLE

GRAVE DIGGER

HEAVY

HUGE

JUMP

LARGE

LIFTED

LOUD

MODIFIED

```
U L P O H M U D R I V E R V Z O F A N S
W Q S J B X V A E P F H S G X B W O H S
U Q I J L S D H M I T H W P F S I T S Y
O K R O O O T X U A F K K P M T A J U V
M S A G N P Z T V G J I G K I A N E R A
L K C U R T C E O S E R D T R C R D C E
H E T R D A H C T O J N E O D L K U J H
O S E M E I V N L S F P G T M E D U O L
Z I G H C W E E T X M R R I S S T H P R
Y O S L W V G N D O G S A V N N R F U A
K N E B E V U C C I P H H E Y E O Q I L
Q E R H L T C L R E G E C K B P P M L L
B Y I O S D B R B A E G R A L L S J G Y
O Q T X D A V N O I S N E P S U S Z O H
S J Z T P P M U J W G H P R E W O P Z S
B V N F O V R S L U D C U S T O M F O H
S T F N K N L U E L Y T S E E R F D V W
T F V R C B Z Z R E C A R J A H L R J P
R N Z A E O I G E Z O S A J S I O F V W
G J U B R S L Y Y N U R C D A G Q U E Z
```

MONSTER JAM	SIZE	
MUD	SMASH	
NOISE	SPORT	
OBSTACLES	STUNTS	
PICKUP	SUPERCHARGED	
POWER	SUSPENSION	
RACE	TIRES	
RALLY	TRUCK	
RAMPS	VEHICLE	
SHOW	WHEEL	

Solution on page 349

Dishwashing

```
W F X D F F C K F B S C R X X Y P W N P
A F O K S D F F M I U D N E C J A I Y A
D U I I R I O M M T L K U A M A H F U I
E T K O E R A W R E V L I S Y I O B J S
O S W J K T B M V S C I T A M O T U A E
G X R A D Y N L A B D H K P D G G N K L
Y K O Q E G P Z B E H I A D S J I M E B
C S X T T Z C D E Q T E U N E T U Y N B
Z E I W J S L W W C X S V Q I V O Y M U
B G Y O Y O E R H W N O V Z I C I P O B
I M Z C A Z A E S X R E E Y I L A C R R
L M H D E H N D R L A C I R T C E L E O
X G L A S S L W O B I E F N C E A S Z S
T P K T I I C O O F V S R L E T S Y E C
T U A Z O D N P D V N A N Y G V R N N O
A C N N N R S M M O C E L E A S N S I U
K V O O S Y W O O K Y R H H T R F O H R
W Z M C A D A P Q W O G S E Y U P U C F
Z E H I N H S W H R B L P L A T E S A C
R P Q X C Z H F R K G F A H M T H Y M L
```

AUTOMATIC

BOWLS

BUBBLES

CLEAN

CONVENIENCE

CUP

DEVICE

DIRTY

DISH

DOOR

DRY

ELECTRICAL

FILL

FOOD

FORK

GLASS

GREASE

HEAT

HOT

KENMORE

KITCHEN

LIQUID

LOAD

MACHINE

MAYTAG

MECHANICAL

NOISE

PANS

PLATE

POTS

POWDER

RACK

RINSE

SANITIZE

SCOUR

SILVERWARE

SOAK

SPOONS

SPRAY

STACK

STEAM

SUDS

TIMER

UTENSILS

WASH

Solution on page 349

Making Your Own Movies

```
D N U O S F G N O P Y N M U S I C C T L
V D U B I R X V G K O S W W E O R B A F
W Y S L B D I X L I G H T I N G C P O J
M A C B E W U F T R S J R S O P T C F W
V L T T U C L A N I F E L N H O U O E I
A P O C V B R N Z N D A D B P S O P P R
W L O P H B M N O J T R S R D T T R N B
Y O K A E G A I J I O N E H A E I V O M
D O E L L N L V C C T S C G E N T U E M
F H E C A I C E E G E A E L H O U D D J
L C I N U D R R V N M M U F I H I Y I M
E S C S C D G S T I T E T D Z P L Z V N
S Q D H A E O A Y M R I M E A O Y G D K
U E I O M W T R E A A W D O T R I P O D
A S I T C I D I P E V E H E R C G S C V
P A K T O U E E A R E C E P T I O N S X
S E X N R T M S T T L S H C A M E R A B
H L V N D A U E K S O F T W A R E S G S
S E B Y E W P G N I M A R F I L M O O Z
K R C P R O I R A T N E V E S P T N L M
```

ANNIVERSARIES

AUDIO

CAMCORDER

CAMERA

CELEBRATION

CLIP

DESIGN

DOCUMENT

EDIT

EVENT

FILM

FINAL CUT

FOCUS

FOOTAGE

FRAMING

GRADUATION

HEADPHONES

LAPTOP

LIGHTING

MEMORIES

MICROPHONE

MOVIE

MUSIC

PARTIES

PAUSE

PRESENTATION

PRODUCE

RECEPTIONS

RECITALS

RECORD

RELEASE

SCHOOL PLAY

SHOT

SOCCER

SOFTWARE

SOUND

STREAMING

TAPE

TRAVEL

TRIPOD

VIDEO

WATCH

WEBCAM

WEDDING

ZOOM

Solution on page 350

Down on the Farm

```
H L L O S X Q B L L Z J F O L P Z A P A
F J I H M J W B O F L J S X P D F W R P
Q N G S R W X O K A P E T S Q B L H T C
F Z O E I V D Y R H P N Y R A N G E B O
B J N J Q P O M O K S I G O A T S A I M
O R E B P L A R U R C V T F E C F T A Y
A T Z U H H S E R H T O C I M T T N L F
C G I S E E D S W H E B T L U Z U O M M
Y N R K V S D B F X K K A S D R H V R H
T I B I L S G I P F R V J N E D F E A U
T L H O C N P B B D A I M V I V D R F S
H L P O O U P O U E M L K L I M I A E B
G I P D M T L O R S E P L O O W A L D A
T T D O M E S T I C A T I O N K B L V N
K H E R T F S D U S M S S D W A E S S D
P W N G X A W T I R R I G A T I O N E R
O O I A F P T O E W E P T E F J W O C Y
S D M N S I L O L A X J G O K D R N N R
P P W I A S H E E P D E X T M S N A E J
A X R C F Q G D S S V N K J N I K G F M
```

AGRICULTURE
ANIMALS
BEETS
BIBS
BOOTS
BOVINE
COW
CROPS
DENIM
DOMESTICATION
FALLOW
FARM
FENCES
FIELD
FRUIT
GOATS
HOMESTEAD
HORSE
HUSBANDRY
IRRIGATION
JEANS
LIVESTOCK
MANURE
MARKET
MILK
MUD
ORGANIC

OVERALLS
PIG
PLOW
POTATOES
RANGE
RURAL
SEEDS
SHEEP
SILO
SLOP
THRESH

TILLING
TRACTOR
VEGETABLES
WHEAT
WOOL
WORK
YIELD

Solution on page 350

Hot Vacations

ANTIGUA

ARUBA

BAHAMAS

BALI

BARBADOS

BEACHES

BERMUDA

BIKINI

BORA BORA

CARIBBEAN

COCONUTS

COSTA RICA

CUBA

EASYGOING

EXOTIC

GETAWAY

HAMMOCK

HIBISCUS

HIKING

HULA

ISLAND

JAMAICA

LEI

LOUNGE

MALDIVES

MAURITIUS

MEXICO

PALM TREES

PARADISE

RELAXATION

RESORTS

SEASIDE DINING

SERENITY

SIGHTSEEING

SNORKELING

ST THOMAS

SUNSCREEN

SWIMSUIT

TAHITI

THAILAND

TOURISM

TRAVEL

TROPICAL

VACATION

VANUATU

```
M G P B E U E H P A L M T R E E S S R Y
T P Y E X O T I C Y X L P I P E E T C S
E J A A G N I K I H B E R M U D A O G Q
Y F W C V A D E M A U R I T I U S N Z Q
T B A H A M A S Z B I K I N I T I B N P
N M T E C G N I O G Y S A E A E D A S D
K F E S A B Q R J I T H K R E C E R E M
A P G S T E A V E T P J I S I B D B R H
A Z K S I B P N H L T C T P B C I A E K
G V T T O H E O T R A H G I U M N D N L
E K H R N V M G O I G X R B K E I O I S
D G A O A A T P N I G A A H I X N S T E
V X I S S R I X S U C U I T Q I G U Y V
B K L E J C U Y C C O B A L I C N I P I
M C A R A A S B G N I L E K R O N S E D
S O N L H K M Q A S N E E R C S N U S L
F M D U M C I A C M K V T O U R I S M A
Y M L V H K W U I W M A C D N A L S I M
P A R A D I S E L C C R I T I H A T J K
E H C Q F Y V A N U A T U Z J V B V J Q
```

Solution on page 350

Smiling

AMUSED

APPROACHABLE

ARTIFICIAL

ATTRACTIVE

BEAM

BRACES

CAMERA

CHEEKS

COMMUNICATE

CONTENT

DENTIST

EMBARRASSMENT

EXPRESSION

EYES

FACE

FAKE

FEELINGS

FLASH

FLIRT

FRIENDLY

FUN

GLAD

GOOD

GREETING

GRIN

HAPPY

HUMOR

JOY

KIND

LAUGH

LIPS

LOVE

MOUTH

PEOPLE

PHOTO

PICTURE

PLAY

PLEASED

POSITIVE

PRETTY

ROMANTIC

SMIRK

SOCIAL

SPONTANEOUS

TEETH

```
X J F Y P V N P A K T V X S E C A R B K
A H D E S U M A S E Y E L A I C O S X J
N K V Y E F G I E P X D E R E M X J F D
K S H G J L U K R L O V E X A T G H F G
L Q O Y A B I E B O H N P N P H L M M Z
S C E D A F T N G H A R T I F I C I A L
T E H O H T U T G H E I C A M E R A N D
T S P X Y F R U N S C V O P N O R U P F
S C Z J I I A Y S E E L L P K E U H B R
I F H U L L O I Y R T A R R T E O T U O
T M L F X O O P U Z Y N V O Q T Z U H Y
N N Y O B N H T E E T L O A O F L A S H
E C N L K H C O M M U N I C A T E V G E
D V H R D I O A E P X C H H G R I N W P
Q F I E P N E C L A T T R A C T I V E U
N M D T E B E E E Y H I I B P T Y O J A
S M D N I K A I Y C I U D L E P P Y X J
O T N E M S S A R R A B M E Q L Y L C X
C F A K E U O Z N F F F R O E M Z H O K
S E F D V I S P I L E G H K R H I Q C G
```

Solution on page 350

Volunteer Work

```
Z F V L Y Z X R N M U E S U M P F K S H
J K T I H Y E N O E D R I V I N G Z L E
H I S B E A T O N T W H I N S G F A V L
E N E R G L E I P E N L T E S T O C O X
S D N A R R E T R A Z E A H I L U O V C
L N I R A N I C A A R I M C O O H O D B
A E O Y T F I U T N H K T T N C D M C S
L S R S I Q X R A I O C S I S A O R G S
H S S E F S E T N Q O D N K C L E T N T
O R X R Y L I S C L U N K P N H B I I C
S E B V I O G N A E L C S U T I G F R I
P T E E N F O O D B A N K O G N D E O L
I S F A G M H C A O C I R S I E E N T H
C A L L I N G M R Y S B I D R T T E U T
E S A T I S F Y I N G S R A N L O B T U
N I E V L L A N O I T A C U D E V T V O
S D P L E H A H B E W Y L T E N E R G Y
E M I T X M L A R E A O G B O B D Z X G
X K Z U O Y F Q R D V G D H X B O Q R D
S E X H O P U J D I M L E E W D A S D E
```

BENEFIT
BIG BROTHER
BIG SISTER
CALLING
CHARITY
CITIZEN
CLEAN
COACH
CONSTRUCTION
DAYCARE
DEVOTED
DISASTERS
DONATE
DRIVING
EDUCATIONAL
ELECTIONS
ENERGY
ERRANDS
FOOD BANK
GOODS
GRATIFYING
HELP
HOSPICE
INTERNATIONAL
KINDNESS
LIBRARY
LOCAL
MENTOR
MISSIONS
MUSEUM
PARKS
RELIEF
REWARDING
SATISFYING
SCHOOL
SCOUTS
SENIORS
SERVE
SKILLS
SOUP KITCHEN
TIME
TUTORING
VOLUNTEER
YOUTH

Solution on page 350

Purses

ACCESSORY

BACKPACK

BLUSH

BUCKET

BULKY

BURBERRY

CANVAS

CARRY

CHECKS

CLASP

CLOTH

CLUTCH

COMPACT

DESIGNER

FABRIC

GUCCI

HANDLE

HERMES

KEYS

LARGE

LEATHER

LIPSTICK

LOUIS VUITTON

MAKEUP

MONEY

PENS

PERSONAL

PHONE

PLAIN

POCKET

POUCH

SATCHEL

SHOULDER BAG

SMALL

SNAP

STORAGE

STRAP

STYLISH

SUEDE

THIN

TOTE

WALLET

WOMEN

WRISTLET

ZIPPER

```
Q D F O N M U Y O H F X J L S O T J T I
H R L H C U O P N S F P Q N E M C W O O
J R H P R I Q N S I V L Y O C A A S T X
J G L B H U P N E L Q P W R I S T L E T
Y U K J E O C G O Y T E H O R O G H L E
F L N N E A N T F T L N H B R E T S E K
G S I A Y M U E E S T S O A I O B T Y R
R H A W K N C K A B S I G T L C G R H X
T Y L U L X H C C S L E U C Z W O A U M
U N P K U K E U B A T R M V X S S P Z B
H S U L B L C B N T P E F R S I H D H Q
N S E K D H K O L C Z K K E E I O R C S
P S K N M S S U L H F S C C O H U N T N
Q D A R U R K A J E C C I A O V L O U F
B H M E E K S J R L A I T W B P D V L C
F N D P L P G O Z C C A S N E P E S C I
G E C P S A V N A C O M P A C T R N E I
B M Z I Y G R R U B U V I C I R B A F T
I O T Z E Q R G R Q T E L L A W A P F K
I W J X K Y S D E H L C D E S I G N E R
```

Solution on page 350

Human Being

```
S K X N B G S P V R X C O G N Z T A S G
E Y S O G G N I N O S A E R Y F K N L F
R P M I E L P O E P J Y E B O P O I A B
E V I T A E R C I H W O M A N I V M T Z
D W N A H Y E N A T S J H O T A I A R V
N L D L D E T K T R U X O O T L J L O H
E P H U P A A I G A G L M Q Y A I Z M O
G Z A P A Y P D L E N E O S E S N E S O
B R O O G M K T V A L I S V E P T A J P
C B I P E D A L A A N E A U E E E A I Z
N G P E R S O N N T N O P R F E L C C N
S M N S B L G G K S I C I O B C L U T N
Z P R I E S U L U I X O E T O H I L I R
C T E V K A O O L K N O N D A J G T R C
I L L C G N I C S Q E D S M Z R E U I D
B M I E I C I V I L I Z A T I O N R P V
N E G V S E I H A E V P R I M A T E S R
B B I N I D S M T R T H O U G H T F M C
C R O N S N E R I I M Y R L J I N I K S
G C N O G F G O L E G S U U G V B L Z D
```

ADAPTATION
ADVANCED
ANATOMY
ANIMAL
ARMS
BEING
BIPEDAL
BRAIN
CIVILIZATION
CONSCIOUSNESS
CREATIVE
CULTURE
EARTH
EMOTIONS
EVOLUTION
FAMILY
FEMALE
GENDER
HEAD
HOMO SAPIENS
INTELLIGENT
LANGUAGE
LEGS
LIFE
LIVING
MANKIND
MIND

MORTAL
PEOPLE
PERSON
POPULATION
PRIMATES
RATIONALITY
REASONING
RELIGION
SENSES
SKIN
SOCIETY

SOUL
SPECIES
SPEECH
SPIRIT
THINKING
THOUGHT
WOMAN

Solution on page 351

Buy a House

AMENITIES

APPRAISAL

APPROVAL

BANK

BROKER

BUDGET

BUYER

CLOSING

COMMISSION

CONTRACT

COST

CREDIT RATING

CREDIT UNIONS

DOCUMENTATION

EQUITY

FORECLOSURE

HOUSE HUNTING

INSURANCE

INTEREST

LENDER

LISTINGS

LOAN

LOCATION

MARKET

MORTGAGE

MOVING

NEGOTIATION

OBTAIN

OFFER

PAPERS

PAYMENT

POINTS

PROCURE

PROPERTY

PURCHASE

REALTOR

RENOVATION

SEARCH

SECURE

SELLER

SIGN

SQUARE FEET

STRESSFUL

TAXES

TITLE

```
I R U P Q T M D O C O Q P R C E P R M B
O V F I O T D Q R J A P P R O V A L U R
F M O V I N G O N Y S P H V S G P Y N Q
P B R T M N S B C O S S P C T I E C O K
R Q L P I W Q Y A U I I H R X R R T I S
S E F S Z C U B X N M S G G A E S E T T
O M O R T G A G E O K E S N D I S K A N
X L F X V C R E D I T U N I O N S R C I
C R O T L A E R P T N E T T M Y E A O O
S T R E S S F U L A I R R N A M M M L P
S E I T I N E M A I A U J U E T O M Q R
G E E R U C E S N T T S S H L M I C P O
N Z S K T R T S I O B O E E S W Y O P P
I Z A A E A U N V G O L A S E E T A N E
T B M F H R G X U E V C R U D M X H P R
S R F K A C L O A N O E C O N T R A C T
I O I N T E R E S T H R H H E Q U I T Y
L K C T E G D U B A N O I T A V O N E R
E E R U C O R P P C Z F S E L L E R D T
H R E D N E L K T K O Y Y E S N V E J N
```

Solution on page 351

Higher Math

```
S L R D D K V F U S S Y S T E M A S Z K
T G L A E F U A N U M E R A L S T C Y G
U S A C D N X R Y M Q Y L T F F G I R F
D D N I C I O B N D L O Z R S X E E L P
E B O T S L C M N P A D D I T I O N M R
N S I R C U L A I M O N Y L O P M C A O
T O T A Y T T T L N U M B E R S E E T D
N L A U X S L E L B A I R A V A T X H U
E V R Q R U F F O S T T R A H C R P T C
I E D E M P I Y R T E M O N O G I R T T
T I D N S Z G A R E X V C R C G C O N H
O N I N E N U M C Q P E I V O P A B E Z
U T V D I H R N M U R Q T T M X L L N L
Q E I U T R E A D A E U E A A O S E O H
P G D T R R O R E L S I M R L V H M P Z
X E E H E P U K P L S N H B O U I S X C
K R Q F P G T W L M I T T E V B C R E J
U S F F O R M U L A O I I G Z J K L E B
F I Y L R A E N I L N C R L T B J N A D
D L I H P A R G V S S X A A K C I B U C
```

ADDITION

ALGEBRA

ARITHMETIC

AXIS

CALCULATE

CHART

CHEMISTRY

COMPREHEND

CUBIC

DENOMINATOR

DERIVATIVES

DIFFERENCE

DIVIDE

EQUAL

EXPONENT

EXPRESSIONS

FIGURE OUT

FORMULA

FUNCTION

GEOMETRICAL

GRAPH

INTEGERS

LEARN

LINEAR

MATH

MULTIPLY

NUMBERS

NUMERALS

POLYNOMIAL

PROBLEMS

PRODUCT

PROPERTIES

QUARTIC

QUINTIC

QUOTIENT

RADICAL

RATIONAL

SCIENCE

SOLVE

STUDENT

SUM

SYSTEM

TRIGONOMETRY

UNDERSTAND

VARIABLE

Solution on page 351

Popular Songs

```
W P T F W S G N I H T D A B A D N A P K
F E I H T H I N K I N G O U T L O U D N
S A R E E A E C I P U R P L E R A I N U
E U K I C H E N H L C O L D W A T E R F
L F M E F E I B D E B T Y R R O S Z Z N
T O N M L E B L T O A E C R R B E H L W
A C O N E O K Y L A V P N E O U R E O O
E U I W S R V I P S H E T I F F I L V T
B S T O Y A S E L I H T S H L R D L E P
K T A D M G C I L T E A N C R T E O Y U
C R M E O U N C X B S C K O R I O P O U
A E R M T S E I U T E U E E U Y L H U G
L S O G S S U O L A E J J D I J R L R K
B S F A D M Y H O U S E S O R T U V S R
R E G R N T E C N A D E N O J N O J E O
E D H D A N G E R O U S W O M A N F L W
S O E E H E V O L D L O E M A S W Y F T
O U R G E V O L Y M D N E S T A R B O Y
L T E E D I S O T E D I S N E H T A E H
C K K L A T W O L L I P S T I T C H E S
```

BAD THINGS

BLACK BEATLES

CHEAP THRILLS

CLOSER

COLD WATER

DANGEROUS WOMAN

DRAG ME DOWN

FAKE LOVE

FOCUS

FORMATION

GOOD FOR YOU

HANDS TO MYSELF

HEATHENS

HELLO

HERE

HOTLINE BLING

JEALOUS

JUJU ON THAT BEAT

JUST LIKE FIRE

LOVE YOURSELF

MY HOUSE

ONE DANCE

PANDA

PERFECT

PIECE BY PIECE

PILLOWTALK

PURPLE RAIN

RIDE

ROSES

SAME OLD LOVE

SEND MY LOVE

SHAKE IT OFF

SIDE TO SIDE

SORRY

STARBOY

STITCHES

STRESSED OUT

SUGAR

SUMMER SIXTEEN

THE HILLS

THINKING OUT LOUD

TREAT YOU BETTER

UPTOWN FUNK

WHEN DOVES CRY

WORK

Solution on page 351

Presidential Election

ADVERTISING

AFFILIATION

BALLOT

BELIEFS

BLUE STATE

BUTTONS

CAMPAIGN

CANDIDATE

CANVASSING

CHOOSE

CONVENTION

COSTLY

DEMOCRAT

DONATIONS

EDUCATION

ELECTION

ENDORSEMENT

EXPERIENCE

FOLLOWERS

GOVERNMENT

GREEN

INTEGRITY

LANDSLIDE

LIBERTARIAN

MEETINGS

MONEY

NOMINATION

PARTY

PLATFORM

POINT

POPULARITY

POWER

PRIMARY

QUALIFIED

RALLY

RED STATE

RELATIONS

RUN

SPEECH

STANCE

SUPPORT

TOURING

TURNOUT

VICE PRESIDENT

VOTE

```
U Z Z B N X Y L T S O C H O O S E O N G
G T H C E E P S N O I T A L E R E W O P
H R N B C L L O L Y R A M I R P N X A C
W O S E U A I O Q B S F D E M O C R A T
W P W S M T N E M R O F T A L P C M T Q
K P J E A N T D F Y T I R A L U P O P P
I U Q C N E R O I S K L D S M A L Q Y C
N S U N E D N E N D W I T D I L B S O H
T D A T N I O P V S A A P G A E E N F S
E P L L G S E R C O N T N B C T V E N R
G Q I I X E C Z S C G I E Y A E T O D E
R U F B N R N T E E S O E T N O I R N D
I Y I E F P E O P I M N S T V T E J O I
T T E R N E I U T B O E I T A D R N I L
Y R D T R C R R F M U O N N S F A S T S
G A U A E I E I N L N O I T S T D J C D
I P L R Z V P N B N U M A V I M I E E N
J L I I D P X G J E O T U O N R U T L A
Y Q A A G M E R U N E Y N Q G U F R E L
X S G N I T E E M W I S R E W O L L O F
```

Solution on page 351

TV Viewing

AWARDS

CARTOON

CHAIR

CLIFFHANGER

COMEDY

COMMERCIAL

COUCH

DOCUMENTARY

DRAMA

DVR

ENTERTAINMENT

GUIDE

HOUR

INFOMERCIAL

LATE NIGHT

LISTINGS

MOVIE

MUSIC

MYSTERY

NETWORK

NEWS

OTTOMAN

PREMIUM

PROCEDURAL

PROGRAM

REALITY

RECORDED

RELAX

REMOTE

SATELLITE

SCHEDULE

SERIES

SHOW

SITCOM

SNACK

SOAP OPERA

SOFA

SPECIAL

SPORTS

SUSPENSE

SYNDICATION

TAPE

TELETHON

WATCH

WEATHER

```
R D U F V A P Y I F F C N W P S H R F Z
E X A A T R R Y W H M A W A R D S C T P
L M A J E T O M E R B R J T O H C U O C
A A W M P N Z Y Y D E M O C G L X T U S
X Q I Q A T T K S A N I J H R J T C I P
S U X C U R J E L W S J V E A O O T S O
M W J E R S D I R A E C G O M M C C Y R
T H G I N E T A L T P N H A M O I P N T
N C A E L Y M I Y R A T N E M U C O D S
E H I C A N D O G H T I R C D S X E I A
C S E S R N R I F U S C N P K U S Z C C
A Y A V U V I F C N I A M M R N L F A T
B R R T D M I P A A I D O D E B M E T H
E E E O E L M C L R A K E P C N O R I V
R T H P C L K V S A R S S B O R T U O D
N S T I O D L E Q O I U C A R T O O N I
Q Y A W R P I I W A S C P B D H C H U O
J M E O P R A T T M M T E L E T H O N M
P R W H E P E O S E P D M P D C R I W P
F U J S G N I T S I L A F O S R U J N W
```

Solution on page 351

U.S. History

ABRAHAM LINCOLN

AMERICAN REVOLUTION

BATTLES

BENJAMIN FRANKLIN

BILL OF RIGHTS

BOSTON TEA PARTY

BRITISH

CONFEDERATES

CONGRESS

CONSTITUTION

DEMOCRACY

ELLIS ISLAND

ENGLAND

FLAG

FREEDOM

FRONTIER

GEORGE WASHINGTON

GOLD RUSH

GREAT DEPRESSION

GULF WAR

IMMIGRATION

INDEPENDENCE

LAWS

LOUISIANA PURCHASE

MANIFEST DESTINY

MAYFLOWER

OREGON TRAIL

PEARL HARBOR

PILGRIMS

POLITICS

PRESIDENTS

PROHIBITION

SETTLERS

STATES

THOMAS JEFFERSON

UNION

VOTING

WESTWARD EXPANSION

WHITE HOUSE

WORLD WAR II

```
L A W S E T A R E D E F N O C F L A G I
Q S U S V H N L O C N I L M A H A R B A
X Y N T O O M O A E L L I S I S L A N D
T N I O T M A U P D E M O C R A C Y I P
S I O L I A N I S E L T T A B B E T L R
T T N I N S E S U O H E T I H W C R K O
H S N A G J N I F R E E D O M X N A N H
G E O R G E W A S H I N G T O N E P A I
I D I T F F S N P O L I T I C S D A R B
R T T N R F S A E X J D N A L G N E F I
F S A O O E E P S R E L T T E S E T N T
O E R G N R R U G O L D R U S H P N I I
L F G E T S G R P I L G R I M S E O M O
L I I R I O N C G U L F W A R U D T A N
I N M O E N O H S I T I R B W H N S J S
B A M E R I C A N R E V O L U T I O N E
K M I B C O N S T I T U T I O N S B E T
J G R E A T D E P R E S S I O N B E B A
M A Y F L O W E R I I R A W D L R O W T
R O B R A H L R A E P R E S I D E N T S
```

Solution on page 352

Delicious Cookouts

BACKPACKER
BARBECUE
BEAR
BOIL
BURGERS
BURNER
CAMP
CAST IRON
CORN
DUTCH OVEN
FAMILY
FIRE
FISH
FLAME
FLIP
FOIL
FOOD
FRYING
FUN
GAS
GREASE
GRILL
HIBACHI
HOT DOG
LIGHTER FLUID
MARSHMALLOWS
MATCH

MEAT
PAPER PLATES
PARTY
PATIO
PIT
POTATOES
PROPANE
ROAST
SAUSAGES
SKEWERS
SMOKE

STEAK
STOVE
SUMMER
TONGS
VEGETABLES
WILDERNESS
WOOD

```
X V Q L M O T Y Z I S Y R G B R G Z W Q
E F F M U Y L M G W I L D E R N E S S W
R W N K W R I N G N L I U U B R C R E W
I T O J H C A W S R N R H C T A M E L Q
A T O O A E Q P R O P A N E H I J G B W
M T P M D U T C H O V E N B N E P R A T
I L P A T I O H F L I P A R T Y H U T O
C U B E N M U S P Y L I M A F D I B E N
T W E T F D R L I O F M V B V N B S G G
J K A E T S F X F P A P E R P L A T E S
D E R S Z M E I G R I V E S D E C C V E
M D C X U E D O S F E K D T R C H Q U G
L K A B V M D H T H C T Q G F E I C C A
Y M S O L T M E M A L F H M R P W R W S
G E T D O A J E P B T B J G Y T P E Z U
S S I H L W X K R D O O F J I L N N K A
O M R L K Y C U P I Z I P M N L F R T S
F T O X A A N G H Z K L N E G I P U O M
X W N K B D L Z T J U T S A O R N B N C
S F I R E Y C R B K C R U B A G A S K I
```

Solution on page 352

Sahara Desert

ALGERIA
ARID
ASIA
BERBERS
BIG
CAMELS
CHAD
CHEETAH
DESERT
DROUGHT
DUST
ECOREGIONS
EGYPTIANS
GAZELLE
GOATS
HALOPHYTIC
HEAT
HOT
LANDFORM
LARGE
LIBYA
LIZARDS
MASSIVE
MAURITANIA
MOROCCO
MOUNTAINS
NIGER

NILE RIVER
NOMADS
NORTH AFRICA
PLAINS
PLATEAUS
RED SEA
SAHARA
SAND DUNES
SAND STORMS
SCORPION
SUDAN

TEMPERATURE
TIMBUKTU
TRADE
VIPER
WATER
WIND
WOODLANDS

```
W Z E Q P C Q A Q M J C Q G A Z E L L E
Y E G R A L I L E O B G W C A S G H N S
G D A E M S A P Q U U Y I L A F M H A F
R H Z H A N T T B N W R N N Q M A H D U
L N S V D O E W E T F B D A E L A B U U
O S R F S I M Y S A N D S T O R M S S X
C N O A D G P V H I U N V P A A D N K W
A R C R A E E T W N C S H I U I G A O G
M G C E M R R B E S D Y L R P R K I H I
E E O T O O A S R E T N I E K E Z T U C
L K R A N C T D S I E T O V B G R P L B
S R O W T E U E C U A D T I C L T Y I U
J H M T D S R U T N P J V R P A D G Z P
H T A A M T E V I S W L P E B R R E A B
E E R T Y A E A M S D N A L D O O W R O
H T S R E B R E B M A S S I V E U C D Z
L W S S E E I W U B W Y R N N O G W S H
N G D U P G H L K V U A Y V A S H W D T
P E W S D I I C T P G H Q C E O T U M V
R N N W R B Z N U O X E O L T H V K G C
```

Solution on page 352

Made of Silk

BLOUSE

CATERPILLARS

CHINESE

CLOTHING

COCOONS

COMFORTABLE

DRESS

DYED

EXPENSIVE

FABRIC

FASHION

FIBERS

INSECTS

JAPAN

KIMONO

LIGHT

LINGERIE

LUXURY

MATERIAL

MULBERRY

NIGHTGOWN

PATTERN

POPULAR

PROTEIN

QUALITY

ROBE

SATIN

```
I D C Y A U E S U U U I T V X L C O Y Z
C T R C V T V T U H B L S Q S I S Q K W
G B E E R D I S F I B E R S S G Y Z T G
I N L X D A H Z K O T S G N I H T O L C
C A I Y T I L A U Q S U O I G T G C A S
W P N N M U P U F H U O S G T N H C I C
K A G M N V R S P T C L R H F H O D R A
N J E E C I Y E R O X B A T E M R R E R
M R R M Q V P A C O P J E G F E S E T F
C S I B Z P D S Z M I B W O D A T S A S
C M E S V E E M Y S Q N R W H E B S M D
D T X V D L T U R H T T E N E K H R K W
W E A V I N G Y D O A Y D V B I S P I C
Y U Y T C S P R X B W K N P O F T A M C
S R X D D H N R L Y B K U N R W C T O W
A E U C C A T E R P I L L A R S E T N J
T H J X H Y F B P F H C H I N E S E O I
I V A L U A B L E X L T A Z S O N R A N
N F M T D L B U M I E P R O T E I N B Y
A M W V L T Z M U P Z Y B C I K V T M F
```

SCARF

SHEETS

SHIMMER

SILKWORM

SMOOTH

SOFT

SPIDER

SPINNING

STRONG

SUIT

TEXTILES

TEXTURE

THREAD

TRADE

UNDERWEAR

VALUABLE

WEAVING

WOVEN

Solution on page 352

Really Smart

ABILITY

ABLE

BOOKS

BRAIN

BRIGHT

BRILLIANT

CREATIVE

DISCOVER

EDISON

EDUCATION

EINSTEIN

EXCEPTIONAL

EXPERT

GIFTED

GRADES

HIGH IQ

HUMAN

INSIGHT

INSPIRATION

INTELLECT

INVENTOR

KNOWLEDGE

MASTER

MATH

MEMORY

MENSA

MIND

ORIGINAL

PERSON

PHILOSOPHY

PROCESSING

PRODIGY

PSYCHOLOGY

REACTION TIME

READING

REASONING

SCIENCE

SKILL

TALENT

TEST

THEORY

THOUGHT

UNDERSTANDING

UNIQUE

WISE

```
L E C Y L U V N E R D I S C O V E R D S
Y H N R W T A D E T F I G J L X G E N R
Y H H O U M U T U L G Y X C C E X O I J
G W V E U C S Y T R E P X E L A S E M C
B O F H A A O W K G E Q P B K I M V M J
R B G T M U N D E R S T A N D I N G E E
A O I N S P I R A T I O N E T N H S N N
I O B R I G H T X O W Y F N A Y S T S Q
N K U I O S X X N F I D O R I G I N A L
O S B E Y F S A R P H I L O S O P H Y M
E R C S G N L E V V T B R I L L I A N T
L O R X I Q A G C C B L I M A O D B M C
B T E E D S T D A O O D P Z B H L Q E E
D N A C O W O E L U R Y E J I C T I M L
I E T N R N R L S Q D P R R L Y N H O L
W V I E P W I W R T J J S Y I S E G R E
C N V I C K P O T H G U O H T P L I Y T
G I E C S S U N I Q U E N E Y F A H G N
N Z B S G L Q K A I N S I G H T T E I I
R R R K J F R E A D I N G R A D E S Q U
```

Solution on page 352

Amazing Amelia Earhart

AIR RACING
AIRPLANE
AMERICAN
ATCHISON
ATLANTIC OCEAN
AUTHOR
AVIATION
AVIATRIX
BIPLANE
BRAVE
CELEBRITY
CRASH
DES MOINES
DISAPPEARED
EXPERIENCE
FASHION
FEMALE
FEMINIST
FIRST
FLYING CROSS
HERO
HISTORICAL
HOWLAND ISLAND
ICON
KNOWLEDGE

LADY LINDY
LEGEND
LOST
MARY
MISSING
MYSTERY
NURSING
PACIFIC OCEAN
PILOT
PIONEER
RECORDS

SCIENCE
SEARCH
SOLO FLIGHT
SPANISH FLU
TRANSATLANTIC
USA
WAR
WIFE
WOMAN

```
A N P I O N E E R U E D E S M O I N E S
S E A R C H I S B R E C O R D S H D N K
U B C E N Q J T N L T L N L X V B X K Y
M M I M C X S A A U O O R E H K I P D R
N D F W I O N V J F R N E O I R A N X A
Q G I T L S C A L L F S W N T C I A E M
V F C R Y F S I C Y K L I A A L S M Y V
E F O A R Y G I T I A J I N Y L N O C I
E R C N E H Z Y N N R V W D G A P W U M
V Z E S T U Z D D G A E A F N C I I Q P
O Q A A S C L I E C E L M G I I A A B D
Z W N T Y E S F N R H X T A C R F T R T
Y R C L M L G C H O A H P A A O E C A Q
B U K A A E E D H S I E N E R T M H V Z
R A W N C B H G E S I T P O R S A I E X
S U D T P R F O E L A N A P I I L S K N
Q T S I N I M E F N W R A I A H E O J J
Y H L C R T S O G E D O C P V S S N D X
H O T S E Y A I R P L A N E S A I A C Y
T R T J J D K U J F O W O K H S S D F E
```

Solution on page 352

Bathroom Cabinet

```
T N U B L X K I N W V Q O G U N R G J V
X M X N S B D V T N E M T N I O O X I K
H A M A S C O M B G I B U P R O F E N H
C K I I C E A E T S A P H T O O T V E S
O E R L I N W L L E O S Y R U P K V H R
T U R F S I T S A W Y N J T L R A E E O
T P O I S D T E D M A E A M E H L T E E
O E R L O O I E L I I O D C S F E H L H
N A N E R I R S L B E N U R R M A U T D
A Z N I S P U C I S A D E P O E S S T M
I E D T C C L T A N E T I M E P A T O S
L I Z B I I R A Y R F G R X A R S M B R
P L K P P S D I R A Q E A C O U F E B E
O E R P I L E E P K H F C D R R Z U D Z
L G E X R L V P M T J Q L T N U E S M E
I R L O N E L Y T D I D T O A A M P S E
S I Z W F O N S X I L O G G S N B R P W
H A X N W Z X Q D E C O N G E S T A N T
R H V I T A M I N S D I C A T N A Y P G
L G F B R J R A X J R C C D A I X E D F
```

AFTERSHAVE

ANTACIDS

ANTISEPTIC

BANDAGES

BOTTLE

CALAMINE

CAPSULE

COLD MEDICINE

COMB

COTTON

CREAM

CUP

DECONGESTANT

DISINFECTANT

EYE DROPS

FEVER REDUCER

FLOSS

GAUZE

HAIR GEL

IBUPROFEN

IODINE

MAKEUP

MIRROR

NAIL CLIPPERS

NAIL FILE

NAIL POLISH

OINTMENT

PERFUME

PEROXIDE

PILLS

POWDER

PRESCRIPTION

RAZOR

RUST

SAFETY PIN

SCISSORS

SHELF

SPRAY

SYRUP

TABLET

THERMOMETER

TOOTHPASTE

TWEEZERS

TYLENOL

VITAMINS

Solution on page 353

Suburbs

```
D E P C F Y E D P O P U L A T I O N I A
H T M K D R L P I C T U R E S Q U E Z Z
E O S S X L E A S E C N E F Z O N I N G
A M U O T M L D N A Z E P N B Q W G H W
F E Y S D R Y A R D S Q I L D V O H E I
M R T T E N O P M O S C O N Y S R B C B
R U I R O S O L D P B C W H S E S O N S
F Q M I G O B C L P K A A I G U O R E Q
A F R K L Q W A C E L E P P B K U H D M
M U O S P P Y Y O T R Q D U I Q D O I L
I S F T M G T L N C U S R E I N D O S O
L L I U R R L O V I Y B C G X H G D E Z
I X N O E F R W E R A U K S N A R B R N
E C U P B F L T N N T S H A P I L M S T
S N O G A W N O I T A T S F V N V E N T
D R M M A E K T E P B I K E S M D I R K
P J C R M A E R N A Y G W Y B A A E R I
S C P O L U A R C R H A T Q N U E E L D
G S H R K E T Q E K Y I E S Q S R I R S
Q B Z S K U H E M S C H O O L S V U S D
```

BIKES

BLOCK

BORDER

CARPOOLS

CITY

COMMUTE

CONDOS

CONVENIENCE

COOKIE CUTTER

DREAM

DRIVEWAYS

DRIVING

FAMILIES

FENCES

FRONT LAWN

GOSSIP

HOME

HOUSES

KIDS

LANDSCAPING

MALL

NEIGHBORHOOD

OUTSKIRTS

PARKS

PICTURESQUE

PLAYGROUND

POPULATION

PROPERTY

QUAINT

QUIET

RELAXED

REMOTE

RESIDENCE

SAFE

SCHOOLS

SEDANS

SPRAWL

STATION WAGONS

STROLLERS

SUBURBANITE

SUVS

TREES

UNIFORMITY

YARDS

ZONING

Solution on page 353

Happily Married

AFFECTION

ALLIED

ANNIVERSARY

CEREMONY

CHERISH

COMMITMENT

COMMUNICATION

COMPASSION

CONNECTED

CONTENTMENT

COUPLE

CUDDLE

DEDICATED

ENTHUSIASTIC

FAMILY

FUSED

HAPPINESS

HEARTS

HONOR

HUGS

HUSBAND

JOY

KISS

LAUGHTER

LOVE

MARRIAGE

MATCH

OATH

PARTNERS

PATIENCE

PROMISE

ROMANCE

SATISFY

SHARE

SINCERELY

SPIRIT

SPOUSE

SWEET

TEAM

TREASURE

TRUST

UNITED

VOW

WEDDED

WIFE

```
C D L A N L V W D Y P E Y A L L I E D L
C C N I G W O V C L O N H T X H K C Z H
R H U A U O G V K I O J G N M A H N X I
U O E D B W T N E M T N E T N O C A N M
B T N R D S V R E A W X R N A U C M C T
D T H O I L U R N F Z U I T F P O O Z Y
L J L M H S E H T V S V H H R I M R X K
O Y J X A C H V H T E N T O U M P S B K
D P F E P S F I U R Y O M T U G A H D C
U E R S P H D E S U F I V N M H S A X D
U T T I I D A A I M S T I E Q D S R E H
N L R C N T R P A E P C D M E H I E X B
I I L X E Y A R S A A E E T S S O T W O
T K I D S N R S T T D F D I U R N H G X
E X A I S I N I I I I F D M O E N G D H
D H C T A M E O C V B A E M P N I U X V
Y U H G M N N A C N D S W O S T R A E H
G U E A C J T Z E V S I N C E R E L Y X
S W E E T E S D W I F E Q V S A T S Y R
D T P O D G V P K B G Q C O U P L E L H
```

Solution on page 353

152

Brush with Toothpaste

```
L R K V Z A N B T N J A W H T P U Y V H
T W D G E D I X O R E P C A K B I H V H
B M E I P R E I H P T H R Y T E G D D S
A A K N E I T A C D L T S U L E B G E U
T F K G T N S H T L A E H E Z E R U N R
M S I I E S A A S R N Q V V R M G M T B
V T I V N E P G D S T A E O O F P H A K
V K E I O G G X O B R K A O M N E C L C
H R C T I J S D Z T M E R O H E T H Q C
P A F I T Z Y O V B T H E N J E R I O X
P D L S C N T F D S T U A G R K C L J O
R A G I E J L H A A Q S S I M K G D R L
N I D D T U B T B A O U A A H A U R P O
S A E N O O A F L L O B E T T T M E I U
M M P R R Y S P C Z R R H E T N A N C K
Q G I O P E M I O A C L T E Z A O E A K
R D R L X S R I S R D L U B C E F I R J
E V T D E T C I N N A M O N F L V G G B
R U S I N K V H C T U L M E V C D Y W H
U V R C L E M A N E Y S S O O T T H O X
```

ABRASIVE
ADA
BACTERIA
BAKING SODA
BATHROOM
BREATH
BRUSH
CAP
CHILDREN
CINNAMON
CLEAN
COLGATE
CREAM
DENTAL
ENAMEL
FLUORIDE
FOAM
FRESH
GEL
GINGIVITIS
GUM
HALITOSIS
HEALTH
HYGIENE
MINT

MOUTH
ORAL
PASTE
PEROXIDE
PLAQUE
PREVENTION
PROTECTION
REMOVE
RINSE
SENSODYNE
SINK

SMILE
SQUEEZE
STRIPED
TARTAR
TASTE
TRAVEL
TRICLOSAN
TUBE
WATER

Solution on page 353

Karate

```
N U U X P U N C H R V P I I O C R Y B D
K H G K U C C A H G J T E K C V B D M U
S T R I K I N G R A P P L I N G K W O J
C P X H E D N A K O T O H S D S K C V Z
P D S O S M L I F U B I R E W K A D I X
L J P N J C I E C I X E M O N X R Z E K
K S T A N C E S X O G O R E O H A G S T
J K P B L F E D P W N H E T I R T O C R
W A T A K R L N P S T D T C T F E A H O
N V M L A P E K T A T T I I A R K W O P
J T C A L K O R P R R G Q T N H I W O S
C A G N A K A W A G U K A S I G D A L P
C B H C E T C L F N S J E Y D O O G S E
J M L E I F A E U Y K U Y R R M N N C E
N O S O J I H S O K A N U F O E U I O D
G C N S T N I A R T S E R J O T K T N C
G N I R R A P S O L Y M P I C S O S T G
P R A C T I C E T I M U K Z E Y J E A G
J M R F Q K I J N V G B E L T S O T C E
Z S F I B S Z H E N D I W O Q J D V T O
```

BALANCE

BELTS

COMBAT

CONDITIONING

CONTACT

COORDINATION

DEMONSTRATION

DOJO KUN

ED PARKER

FIGHTING

FILMS

FUNAKOSHI

GRAPPLING

HANDS

JAPAN

KARATE KID

KATA

KENPO

KICK

KIHON

KNEE

KUMITE

MARTIAL ART

MOVIES

OLYMPICS

PALM

POWER

PRACTICE

PUNCH

RANK

RESTRAINTS

ROBERT TRIAS

RYUKYU

SAKUGAWA KANGA

SCHOOLS

SHOTOKAN

SPARRING

SPEED

SPORT

STANCES

STRIKING

SYSTEM

TESTING

THROWS

WKF

Solution on page 353

Shopping Trip

ACCESSORIES
ADVERTISE
AMUSEMENT
ARCADE
BAGS
BANKS
BOOKS
BOUTIQUES
BROWSING
CHILDREN
CLOTHING
COAT
CONTESTS
CONVENIENCE
CREDIT CARD
CROWDED
DEAL
DEPARTMENT
DRESSES
ELECTRONICS
ESCALATOR
FOOD
GADGETS
GROCERIES
INDOORS
JEANS
KIOSK

LEVEL
LUGGAGE
MAP
MOVIE
OUTFITS
PANTS
PEOPLE
SALE
SANTA
SHOES
SNEAKERS

SOCKS
SPEND
STORE
TEENS
TRENDY
VARIETY
WASHROOMS

```
V B Z Q S S R P G A X S M O O R H S A W
K M B A K M G O V A R I E T Y X E C C F
B U G R O P I H T V D A Z S T I F T U O
H B F V O L S H R A U G I W R K D E S O
G V I C B W T N W S L D E E L P O E P D
W E S F N M S A Q D R A C T I D E R C Z
Y N O E C E E I N N E O C I S S C B I G
C P X G D I T S N T R S M S Z R N A T Y
Y R B A A K N E C G Q T I L E E E G B V
K A C G T S O S W I O H B T T K I S D D
C R M G N O C X Y D N E R T R A N P L D
A O M U A I K I N D O O R S B E E E L F
C J A L S K N A B G E S R O F N V N A X
K L H T L E V E L W E A U T D S N D F T
S H O E S L M S G S T T L J C P O M A E
I R X T N A J E S E I R O S S E C C A E
E P N D H S J E N Q D E E W K A L L K N
K A X U M I R V U T N E M T R A P E D S
P M P G J D N E R D L I H C R O W D E D
B J J E A N S G L M Y X F Y T S N R N L
```

Solution on page 353

Madonna Fan

ACTRESS
ADOPTION
ALBUM
ARTIST
AUTHOR
BILLBOARD
BLOND
BORDERLINE
CDS
CELEBRITY
CONCERT
CONTROVERSIAL
COSTUMES
CRUCIFIX
DANCE
DESIGNER
DICK TRACY
EIGHTIES
ENTERTAINER
ENTREPRENEUR
EVITA
FAMOUS
FASHION
GRAMMY
INDEPENDENT
ITALIAN
LACE

LOURDES
MATERIAL
MICHIGAN
MOTHER
MOVIES
MTV
MUSIC
PERFORMER
POP
REINVENTION

RICH
ROCK
SINGER
STAR
TOUR
VIDEO
VOGUE
WOMAN

```
N J G Y C U Z P C P A M V J B R S S R O
P C R S B E L J P A U N O L O H L D N Q
T V A O M T V J J S S W G B A M I A E L
C Y M U H O D X I F I C U R C C I E N O
N A M O W T T C W T M P E E K L C A I U
M N Y O P E U H A E C A L T A N G I L R
V I D E O I I A E N T E R T A I N E R D
V D N R Y G Q D N R B A I D H D N C E E
M A O F A H V O O R C N B C E T O S D S
S U L I E T M P I Y J X I P R P I S R S
B E B V D I S T H C O M E E R G T P O P
G F I L R E Y I S V H N P E N T N Q B P
Y T S V A S S O A D D R M E S E E K B D
A X A A O E I N F E E R R I Z A V C I Q
N R K G B M N T N N O H T R E C N O C F
P Y C O L U G T E F B R S T N T I R R A
H J H P L T E U R T A M L A I R E T A M
A Z L A I S R E V O R T N O C E R W D O
O R U R B O P S M U A P U R T S R U G U
C W T A H C I R T R V Q A O N S N A E S
```

Solution on page 354

Archaeology

ANALYSIS
ANCIENT
ARCHITECTURE
ARTIFACTS
BURIED
CITY
CIVILIZATIONS
DATA
DESERT
DIGGING
DISCOVERY
DUST
EGYPT
ENVIRONMENTAL
EXCAVATION
EXPLORE
FIND
GRAVES
GROUND
HISTORICAL
HUMAN CULTURES
INDIANA JONES
INTERPRETATION
IRON AGE
LANDSCAPES
MUMMY
MUSEUM

OLD
PAINSTAKING
PRESERVATION
RECOVERY
REMAINS
RESEARCH
ROME
SAND
SCIENTISTS
SHOVEL
STONE AGE

STUDY
UNCOVER

```
U R X J J M H V Y S F F B K P F V Z L W
H I S T O R I C A L E V O H S G B U D O
Q Y M M U M A N A L Y S I S E V A R G F
E C R D S E R U T L U C N A M U H G X X
J T R E S E D P R E S E R V A T I O N S
D V V I V J A T A D R D N A S S C E Z E
A M U N C O V E R A L P A R N U C K G N
C L U C E R C A C S S O R M O D L Y T O
E A Q J A M X S H C T J O E I A P L U J
G N I K A T S N I A P C W N T T L B B A
A D R D W U D E T D P B A N A A N U T N
E S F M G I N B E V V N E F Z O T R E A
N C X U N T U T C W S M A O I B H I R I
O A O E I U O A T T N N L T L T C E O D
T P D S G G R M U O C M A N I S R D L N
S E T U G Z G D R I Z V D R V T A A P I
B S C M I F Y I E G A N O R I F E Y X J
B H Y I D V V N P C I M P K C T S O E I
F U V M T N T W X F E S N I A M E R A H
C Z M V E Y R E V O C E R F A C R A I Y
```

Solution on page 354

Filled with Joy

ADORATION

ANNIVERSARY

APPLAUSE

APPRECIATE

AWARDS

BABY

BAKING

BIRDS

BREEZE

CELEBRATION

CHILDREN

CHIRPING

CHRISTMAS

COCOA

COMFORT

COOKIES

COZINESS

DEVOTION

EXUBERANT

FREEDOM

FRIENDS

GAMES

GRADUATION

GROWTH

HAPPY

HARMONY

HUGS

HUMOR

KNOWLEDGE

LIFE

PARTY

PUPPIES

SAFETY

SHARING

SINGING

SUCCESS

SUMMER

THRILL

TOGETHERNESS

TOYS

UNDERSTANDING

VICTORY

WARMTH

WEDDING

WONDERMENT

```
M H Y K U L D E V O T I O N X M O I W X
D O V Q D Y P G N I P R I H C Z L M S O
O V D X G R A D U A T I O N G E V D M R
D M K E E A W E D D I N G O N M F D V O
H R Z M E S C L C S S E N I Z O C I P M
G A M E S R N W O G R O W T H R I L L U
N U R Y J E F O M A P P L A U S E A E H
S A O M V V P N F N A W A R D S M A T A
I T H U O I U K O K W E T O N W P O A P
G Y W T U N D E R S T A N D I N G S I P
N N E O N N Y K T M W Y B A B E E A C Y
I L I K N A S C E L E B R A T I O N E T
K H U G S D R E W A R M T H K C J P R E
A S S I N X E E K C O V E O O A S X P F
B H E E D I S R B C C R O C S U I Z P A
X A I B S N S A M U N C H R I S T M A S
N R P G B R E E Z E X R M E O Z S F Y D
F I P S U C C E S S N E R D L I H C E R
B N U A E O Q S V I C T O R Y F Q I R I
G G P A R T Y Q Y P L Q P O M N Y F R B
```

Solution on page 354

Eat a Sandwich

```
R V X T U N A Y C H I P S A L A M I H Y
T C L W Y W H V C N A Z J L C P N K Y D
O E J B T S T T E N D E R L O I N R X C
M J K C M A H G G S O D R B N D D R S A
A I H C N U L M G L O P M A H H S I F P
T M B F G S G Y R O N R P N L C G Z W Z
O S G P W A Z X W P B O P A O N N S T D
J T E I A G N G J P I S W N X E I V S U
Z K S L K E A E D Y F C D A R R P B U D
Q A C I K D U N N J T I B B C F P F R Z
N M A E R C E C I O M U A I E U O A C G
D K F C H C I U E E R T S R U W T A R B
R T Y F A C E P N B N T P H C S N I E S
S S E R C R E T A W R O O U U P L V P C
I A K E U V S B N E S A C M H L X Y B I
R T R D O Y N M U O G U B I E C D L C D
A Q U I L B D B D I M F L D O S T E A K
N E T L U V E F E B O L E C U T T E L D
D W E S Z N C K E A Y G T E Y G R Y K I
E J I H A W Z R R F O Z N U B B U N T F
```

BANANA
BARBECUE
BEEF
BLT
BRATWURST
BREAD
BUN
CHIPS
CONDIMENTS
CRUST
CUCUMBER
DAGWOOD
DELI
EGG
FISH
FRENCH DIP
GRILLED
GYRO
HAM
HOAGIE
ICE CREAM
JELLY
KETCHUP
LETTUCE
LUNCH
MELT
MONTE CRISTO

MUSTARD
PANINI
PHILLY
PICKLES
PROSCIUTTO
REUBEN
SALAMI
SAUSAGE
SLIDER
SLOPPY JOE
STEAK

SUB
TENDERLOIN
TOMATO
TOPPINGS
TUNA
TURKEY
WATERCRESS

Solution on page 354

Your Job

ACTOR

ARTIST

ASSISTANT

ATTORNEY

BABYSITTER

BAKER

BARBER

BUILDER

CARPENTER

CHEF

CLEANER

CONSTRUCTION

DENTIST

DOCTOR

ENGINEER

FARMER

FIREMAN

GARDENER

GROCER

HISTORIAN

INSTRUCTOR

JANITOR

LANDSCAPER

LAWYER

MAIL CARRIER

MANAGER

MARKETER

MUSICIAN

NURSE

PEDIATRICIAN

PHYSICIAN

PLUMBER

POLICE

REALTOR

RECEPTIONIST

SAILOR

SALESMAN

SCIENTIST

SEAMSTRESS

TECHNICIAN

VET

WAITER

WASHER

WRITER

ZOOKEEPER

```
B F W X R W Y G R O C E R O T C O D H O
Y U A Y P E L S A L E S M A N L J R L B
L K I J L B H P N K Q S U T O E M E F J
A R N L A N D S C A P E R V I A U P R M
W A E R D E S J A K I U P N T N S E B E
Y B B G N E A U H W M C A I C E I E A I
E E I T A N R I A A Q I I R U R C K B G
R R I W I N S T R U C T O R R S I O Y U
J S V T G T A K H I L T E A T E A O S E
T C O P O N E M S G L K C S S A N Z I C
E R Q R J T A Y X A A L I A N M I X T I
G N I V E T H I E B I N I P O S E D T L
S A G R B P S R C A O L R S C T L U E O
N P R I Q C N I M I O N A M E R I F R P
J A X D N W N U T R N R E T N E P R A C
A C B U E E A P R R E H G G L S C P S D
N T S I T N E I C S A P C W C S R S D K
C O F E H C E R T D E B Y E N R O T T A
Q R U V E F A R M E R T N A T S I S S A
M V W R E B M U L P R E T I R W Y E S A
```

Solution on page 354

Pretty As a Picture

AESTHETIC
ARCHITECTURE
ATTRACTIVE
BEACHES
BEAUTY
BLUE SKY
CATHEDRALS
CHARM
COLORFUL
COUNTRY
DESIGN
ENGLAND
EVOCATIVE
FOREST
GERMANY
GRAND
HILLS
HORSES
IMAGE
INSPIRATION
JOURNEY
LAKES
LANDSCAPE
MARKET
MISTY MORNING
MOUNTAINS
MURAL

PAINTING
PICTORIAL
PLEASANT
PORCH
QUAINT
RAINBOW
RIVERS
SCENIC
SKETCH
SMALL TOWN
STRIKING

SUBLIME
TRAVEL
VIVID
WATERFALL
WEDDING
WINDING ROAD
WISHING WELL

```
K O Q C Z H C M R A H C E S W W H W C X
D H D R X I C A E V O C A T I V E X A H
I I P W N E I R T A P A I N T I N G T O
V L I E P N T K O T E B D N A R G H H R
I L C X L G E E W P R I B B E A C H E S
V S O S E L H T A P N A M N G I S E D E
J B L Y A A T C S G I F C M Z M K H R S
W D O D S N S E R U T C E T I H C R A R
S J R Q A D E O I F B K T S I T X O L E
N B F R N M A W N F M L T O E V T U S V
M Q U A T D S I S L E Y I K R K E M T I
G E L I S X T S P B M E S M M I A V R R
L Z S N E H Q H I O T R A V E L A L I M
P E Y B R Y U I R Y K S E U L B R L K F
G Y Q O O R A N A S N I A T N U O M I E
Z T R W F T I G T L D P O W E D D I N G
R U N C R N N W I L H W Y N A M R E G A
F A X D G U T E O P N C R I P L A R U M
Y E N R U O J L N M D Q T T H A B L K I
U B C J S C V L L A F R E T A W A B V B
```

Solution on page 354

Philosophical

```
L E E R M S I L A I R E T A M T Y M W Z
O M V A C T I V I S M K G Q D N S I E Y
G N S T D E T E R M I N I S M I C N J D
I L L I W E E R F D O G M A N H A R M E
C M A O C L T X G S R E L A T I V I S M
M S I N A I R A T R E B I L T L E J I S
S I F A C O T I O B E C A S M I W V X I
I L E L J I C P M I U E I M S S U F R L
L A I I N I E Y E F S R K O I M A V A A
A G L S S Z N N N K H M L R L N I W M U
I E E M S G J O T C S H T I A L M M M T
T L B M S I C I R I P M E T R O S S O C
N R P O S I T I V I S M I A U P I I D A
E L E A E S T H E T I C S D T T H N E T
T G M S I L A U D T I D N S A I C O R H
S W I C C A N C L S H I E M N M R D N E
I D E A L I S M M O H I G I C I A E I I
X B B M S I C I O T S A C P S S N H S S
E G A W E N K H X N R B Q S L M A H M M
G N M S I F I C A P I R A F A T S A R V
```

ABSOLUTISM

ACTIVISM

ACTUALISM

AESTHETICS

AGNOSTICISM

ANARCHISM

ANCIENT

ATHEISM

BELIEF

CHRISTIAN

CONFUCIANISM

DEISM

DETERMINISM

DOGMA

DUALISM

EMPIRICISM

ETHICS

EXISTENTIALISM

FANATICISM

FREE WILL

GREEK

HEDONISM

HINDU

IDEALISM

LEGALISM

LIBERTARIANISM

LOGIC

MARXISM

MATERIALISM

MODERNISM

NATURALISM

NEW AGE

NIHILISM

OPTIMISM

PACIFISM

POSITIVISM

PRAGMATISM

RASTAFARI

RATIONALISM

RELATIVISM

SKEPTICISM

STOICISM

TAOISM

WICCAN

ZEN

Solution on page 355

Visit San Diego

BAY
BIOTECHNOLOGY
BORDER
CALIFORNIA
CANYONS
CHARGERS
CITY
CLIMATE
COAST
CORONADO
COUNTY
CRUISE
GASLAMP
HARBOR
HILLS
HISTORY
LARGE
LEGOLAND
MESAS
MEXICO
MILITARY
MISSION
MUSEUMS
NAVY
OCEAN
PADRES
PEOPLE

POINT LOMA
PORT
PRESIDIO
SAFARI PARK
SEAWORLD
SKYSCRAPERS
SUN
TIJUANA
TOURISM
TROLLEY
UCSD

UNITED STATES
UNIVERSITY
VACATION
VISIT
WATER
WEATHER
WEST

```
T R Y R Z J M I U V I S I T R O L L E Y
P T K L H C X N B C B N A E C O U N T Y
D O N E C O C B C H S Q T I J U A N A O
Z P E O P L E K P C P D H O C I X E M J
F U W Y I G J R R Q T I L Y O E Y Z I T
R G S Y L S E A E P S S A R R G Y K L W
F I C A E S S P O T A F S N O Y N A C N
H A R A I H C I O H A R J L N W N K B W
M G U D D U N R M M E W O P A A A X M C
E A I T S T Y A Y H D N M V D H C E L N
S O S R L K T F T R H U A T O L A N S L
A P E O V O Y A W C A C L E G O L A N D
S M M P U Y E S E T A T S D E T I N U E
Z A R R H W R T C T Y U I Z H S F G K R
T L I Q H E O H I R N P M L R A O Z Q F
Y S P C G I J O E P A S L L I H R G N H
M A E R B U N D Q D R P S I N M N B D V
J G A W A A R A R S M U E S U M I H O Y
B H W U V O N E B X D L S R T S A O C R
C I T Y B X S I U N I V E R S I T Y U R
```

Solution on page 355

Mentoring

ADVICE
APPRENTICE
ASSIST
COACH
COMMUNICATION
CONFIDANT
CONSULTANT
COUNSELOR
DIRECT
DISCIPLE
DISCUSS
ELDER
EMPATHETIC
ENCOURAGE
EXPERT
FATHER
FOLLOW
FORMAL
FRIEND
GUIDE
HEROES
INSPIRATIONAL
INSTRUCT
KNOWLEDGE
LEAD
MODEL
MOLD

NURTURING
PATRON
PEER
PRACTICE
PREPARATION
PROFESSOR
PROGRAMS
PUPIL
QUALIFIED
RELATIONSHIP

SPONSOR
STUDENT
STYLE
SUCCESSFUL
SUPERVISOR
TRADITION
TRAINER
TUTOR

```
V N B N O R T A P D F R I E N D J R C Q
N B R U F W C R R U Q F E F O L L O W G
P E C I V D A O S E O R E H K J M L R U
R K E Z C C O N S U L T A N T M L E E I
O N K G T I G P K H C A O C U A T S U D
G P B I A Q T N R O T U T N T N F N T E
R N C P S R O E U H S H I I A C I U R C
A E I C E W U B H D G C F D O O P O A I
M C T R L A N O I T A R I P S N I C D T
S V E E U K I S C T A F P U E O S P I N
D E D L F T C W I N N P P U P I L H T E
P G Z Y S U R O U O E E M R J T U Y I R
E M Q T S X N U C S R D A E L A P X O P
H W S S E D C O N V R E N I A R T D N P
E L P I C S I D I D E I F I L A U Q K A
D L O M C R O S S E F O R P B P B Y D Q
D F N Q U B O F A S S I S T N E D U T S
L O S A S R E D L E P I N S T R U C T G
O F O R M A L E D O M E T R E P X E Q G
D I R E C T Z C S Q A W W I F Z B X Q R
```

Solution on page 355

Mike Pence

```
R A D I O N S U C E C C N G I A P M A C
O D E T C E L E N O V V A L U E S S N G
N S U L P R U S V I N A T T V S A I A X
R O B M H S I R I I T S N O H U E C I T
E E I I I C O Z R P T E E G R O P I D S
V C T T G C H I E T I A D R E H L T N U
O N C A A E H U P A E H I S V L Q I I O
G A I T M C F A R O B L S T T A I R C I
E T R T M G U C E C G O E R I A T C U G
S S T O A L N D S L H D R V E N T I A I
U I S R D E D I E S R E P T I D I E V L
D S I N E G I J N K L I E O I S A G S E
S E D E L A N U T N U L C R L O I E O R
S R Q Y T L G A A Y U N I H G I N O L J
E Y T R A P A E T G R R V B A E C P N G
R D J Y X N A C I L B U P E R R D Y I B
G X S E I S R E V O R T N O C J D W M U
N S U P P O R T E R S C H R I S T I A N
O N X T G W O H S K L A T U C X A T T L
C O L U M B U S B U D G E T R U M P F K
```

ABORTION

ATTORNEY

BILLS

BUDGET

CAMPAIGN

CATHOLIC

CHRISTIAN

CHURCH

COLUMBUS

CONGRESS

CONSERVATIVE

CONTROVERSIES

CRITICISM

DISTRICT

EDUCATION

ELECTED

EVANGELICAL

FUNDING

GOVERNOR

HOUSE

INDIANA

INITIATIVES

IRISH

LAW DEGREE

LEADERSHIP

LEGAL

MICHAEL RICHARD

PHI GAMMA DELTA

POLICY

RADIO

RELIGIOUS

REPRESENTATIVES

REPUBLICAN

RESISTANCE

RUNNING MATE

SUPPORTERS

SURPLUS

TALK SHOW

TAX CUT

TEA PARTY

TELEVISION

TRUMP

UNITED STATES

VALUES

VICE PRESIDENT

Solution on page 355

Police

```
F C O E O A B Y N J X M N G O A J R L Q
V S R E T R A U Q D A E H B P A R O L E
S K E L Q U E C K W X T N A E G R E S G
B O V C A N I N E J A X T T M G U N D D
H R I S Q T G Y O H N R A O N W T O I U
R M T C K G N A G I O T R N F J G I S J
E I C B L S D E L L S M C A S W A T P H
T T E N G A R D M K R S I E N D W A A H
S C T Z L A M A C E A Q I C P T T G T A
L I E U T E N A N T C Y T M I S J I C N
O V D G T N B W F L A R E P M D U T H D
H N F B S E E G D A B N O R L O E S E C
O Q A U S G X M O T O R O F F I C E R U
Y T I R U C E S T I S I R E N B B V P F
D L O G C T R U T R E V L O V E R N U F
Q H Z L Z O E A U R A F O R E N S I C S
R S A A S E T K T B S P S X E Y Y J W W
Y P A R D I T I C R A C E C I L O P Q T
D U T Y C W A B C I A C A D E M Y Z D R
O J Z I H A R R E S T A K E O U T I U Y
```

ACADEMY

ARREST

ARSON

BADGE

BATON

BURGLARY

CANINE

CITATION

COMMISSIONER

DEPARTMENT

DETECTIVE

DISPATCHER

DRAGNET

DUTY

ENFORCEMENT

FLARE

FORENSICS

GANG

GUN

HANDCUFFS

HEADQUARTERS

HOLSTER

HOMICIDE

HORSEBACK

INVESTIGATION

JUDGE

LAPD

LIEUTENANT

MACE

MOTOR OFFICER

NARCOTICS

NYPD

PAROLE

PATROLMAN

POLICE CAR

REVOLVER

SECURITY

SERGEANT

SIREN

STAKEOUT

SUSPECT

SWAT

TICKET

VICTIM

WARRANT

Solution on page 355

Beautiful People

ADORABLE

ALLURE

APPEARANCE

ARTISTIC

ATTRACTION

BEAMING

BEAUTY MARK

BEEFCAKE

BRIDE

CHIC

CLASS

CLEAN

DOLL

DRESS

ELEGANT

EYES

FACE

FAIR

FASHION

FORM

FOUNDATION

GORGEOUS

HANDSOME

HEARTTHROB

INTRIGUING

LOVELY

MAKEUP

MIRROR

MODEL

NEAT

PAGEANT

PALETTE

POSE

PRETTY

PRINCESS

PURE

RUNWAY

SCULPTED

SLEEK

SMART

SMILE

SOFT

SPOTLESS

STRIKING

UNBLEMISHED

```
N Y L E V O L M W L K L B B I T N X D C
F V A E T G E L F A C E E T Z E L I M S
R J F W D T L F M G A L E M O S D N A H
Q M Y F N O E C L M E Z F Q Z Y N O K O
T D M T D U M L I G E P C I H C A N E U
Z H M N T L R N A O K P A G E A N T U O
N L A R V J G N G P S V K X J V A Y P R
W X Q B O M T N G O R G E O U S R A U A
Q E N F J T I A F A B C J A L Z T H Y E
G M O B Q K U T Y I N T R I G U I N G J
S R L O I O N T W A E S O P R R S E K F
M I R R O R B R R F D O S F H S T E R Y
A E T H U Y L A J X E O A E E D I A Y Z
R S K T T E E C T L X S R C L E C I V E
T Z E T V P M T M U H U N A D T V N R R
L F E R P N I I X I L I N I B P O U H D
L R L A A Y S O O L R E R D H L P P R C
P S S E E X H N A P A B I W K U E E S S
Q D L H M B E A U T Y M A R K C S K W I
R C F O U N D A T I O N F R S S A L C C
```

Solution on page 355

Know Your Car

```
R I X O J N M P Y Q W E B B V Z H C D U
W C Q D O I R E T R A T S T E E R I N G
J D K O M R F D I F F E R E N T I A L R
L M X M U F F L E R R D E G U A G S A G
H L X E N G I N E O T E N S P L E E H W
E C S T T L E B T A E S W A U P Q F C H
A L I E P D I A R W D D R H T E U R R D
D U S R E B R O S B A K C O H S A E W A
R T S G J E T D A H I X Q O E N T E I S
E C A R L A N T R N T I F D K E B R N H
S H H E I Q T V G E G R M C M C F E D B
T E C D S E H L K N T T A O O I O D S O
F C A T R T I V I S A S D Y L L O N H A
A R N Y H G E T J I E E O T N F R I I R
H N O E H R I K L J E F E R N X N L E D
S A T T K O O L C P C R H S F R U Y L J
M K S E N O I T S U B M O C P E S C D E
A K I E N G H X T L B L R F E N D E R I
C R P D H N Z C X L T A N K D J H I W A
E A B T U V A I K X E X H A U S T N G A
```

ACCELERATOR

AIR FILTER

ANTENNA

ASHTRAY

BATTERY

BUCKET SEAT

CAMSHAFT

CHASSIS

CHOKE

CLUTCH

COMBUSTION

CRANKCASE

CYLINDER

DASHBOARD

DEFROSTER

DIFFERENTIAL

ENGINE

EXHAUST

FENDER

FUSE

GAS GAUGE

HEADREST

HOOD

HORN

IGNITION

LICENSE PLATE

MUFFLER

ODOMETER

OIL

PARKING LIGHT

PISTON

RADIATOR

SEAT BELT

SHOCK ABSORBER

SPEEDOMETER

STARTER

STEERING

SUNROOF

TAILLIGHT

TANK

THROTTLE

TIRE

WHEEL

WINDSHIELD

Solution on page 356

168

Computer Hacking

ACCESS
ACCOUNTS
ALGORITHM
BREACH
BYPASS
CLONE
COMPROMISED
COMPUTER
COOKIE
CORRUPT
CRASH
CULTURE
DATA
DISHONEST
DOOR
ELECTRONIC
ELUSIVE
EMBED
EXPERT
GATEWAY
GEEKS
HIJACK
ILLEGAL
INFORMATION
INTERNET
KEYBOARD
MACROS
MAYHEM
ONLINE
REDIRECT
REMOTE
SKILLED
SLY
SPY
STEAL
TALENTED
TECHS
THEFT
TRACK
TRICKY
TROJAN
UNAUTHORIZED
VIRUS
WEAKNESSES
WORM

```
Y K W S R M W Z T M G E L A D R C Q W H
K K H D G E V U H W P Y C R T H Z C Y M
C C S O M L A G E L L I E R B I H G P M
I H A H H D W V F M N T A Y E Y Y H G A
R O R J T J S O T O U C Y X N M P F Y C
T U C W I O S Q R P K K P A F N O A O R
E L A E R H E T M M O E J O O N W T S O
C H E A O K C O M P R O M I S E D K E S
H Y E K G E C S W T R G T R T E I L N T
S R C N L Y A O T T R A G A Z L S E O E
F P I E A B C Y R N M H G I L A H V L A
P E M S N O J O U R U I R E S D O I C L
Y X U S Z A D O O A U O D T B E N S L Y
R R H E E R I F R K H P C C R T E U P Y
K W C S V D N H T T I E T C E N S L A Y
S O O N L I N E U V R E Q R A E T E S O
V Q H M E H Y A M I N I N M C L M D K R
C O H C E S N M D R J E E I H A A B E O
O E M T G U V E R U T L U C U T X Y E O
J R K H K M R O O S X N A B A E M R G D
```

Solution on page 356

Watching ESPN

```
R F F J G L J H Y S T U O N A V F B H O
Q Z L S W A I A V F V O E E R A C I N G
N K P O U Z Y N U A W V G S E A G L E U
U K T C G C X D Z B E A T W V H K E T D
I C T C K D I A A N R H V E L P R N F L
A S P E W C J S T E L E V I S I O N A M
Q Z I R L B K S V X L T G V M R W A E K
F S S N O E R O R B N H S R A A T H B R
B S T E T F C O A E T G O E R S E C T N
H E S B Z E E C A S C I I T G M N F O V
Z O A M S U R S C D Y N D N O U N Q I K
C L C V N L K N S B C Y U I R S E E D Z
L O E K I O X H A I C A T O P S W X A W
Y J L V E Y I S N T O D S S N E S S R W
L Z E L N Y E T C U I N H T R N R F L K
T O T V E B X Y A Z F O A S Y E A H U L
E N I Z A G A M A T W M N L Y E N S I D
A E S L Y I E C S I S Y L A N A M M W D
M O L Y M P I C S Z G V L I L A B O L G
S V T E N N I S T R O P S J A H U B S B
```

ANALYSIS

ANNOUNCERS

BASEBALL

BASKETBALL

BROADCAST

CABLE

CHANNEL

COLLEGE

COVERAGE

DISNEY

EVENTS

GLOBAL

GOLF

HIGHLIGHTS

HOCKEY

INTERNATIONAL

INTERVIEWS

LIVE

MAGAZINE

MLB

MONDAY NIGHT

NBA

NCAA

NETWORK

NEWS

NFL

NHL

OLYMPICS

PLAYERS

PROFESSIONAL

PROGRAMS

RACING

RADIO

RASMUSSEN

SHOW

SOCCER

SPORTS

STATION

STUDIOS

TEAMS

TELECASTS

TELEVISION

TENNIS

VIEWERS

ZONE

Solution on page 356

Education

```
A N Q Y U N N Z C T D G O F N T T D E W
T I S S H Z L O E V I S N E P X E D J R
T E N S T E Z A I B F E T I I O S D F I
E H O E L N C V C T D B X C D A T Y K T
N O I C A H X H P O I C L F I N V Z N I
D M N E E H T I N K L U H O K R U K J N
A U U R H P R S X Y O X T G O S T F P G
N W G L M A R T R A O N M U F H Y S R N
C O M P U L S O R Y E H N C Y R C O I I
E D X T J C T R F M N I G S L I E S V D
N N O R D A I Y N E V A R S M A X E A A
W G R A D E S R R E S E W E A I S S T E
Q W F N D P E D R K T S D M V D N S E R
P U A F U V L S O U C A O C E A M H E G
X M I B O I I O P I C L P R O G R A M S
R N L G H T B M E A P T I L S L A C T P
P I I C Y B O N D I Q U B E N G L I S H
C Z N T A C C K D E Q X D E G R E E G Q
O Y G F I E F E D E R A L M D L N U G C
G D U E B F L T R Q U N V H M S T A T E
```

ACADEMICS
ART
ATTENDANCE
BOOKS
CHILDREN
CLASSES
COLLEGE
COMPULSORY
COMPUTERS
CURRICULUM
DEBT
DEGREE
DIPLOMA
DISTRICTS
ENGLISH
EXAMS
EXPENSIVE
FAILING
FEDERAL
FREE
FUNDING
GOVERNMENT
GRADES
HEALTH
HISTORY
LOANS
LOCAL

MANDATORY
MATH
PRIVATE
PROFESSOR
PROGRAMS
PUBLIC
READING
RECESS
REQUIRED
SCHOOL
SCIENCE

STATE
TEACHER
TEST
TUITION
UNIONS
UNIVERSITY
WRITING

Solution on page 356

The Earth

AIR
ANIMALS
BIRDS
CANYON
CAVES
CITIES
CLOUDS
CONTINENT
CORE
DESERT
EQUATOR
FAUNA
FISH
FLORA
FORMATIONS
HUMANS
INSECTS
LAKE
LAND
LIFE
MANTLE
MEADOW
MOON
NORTH POLE
OCEAN
ORBIT
OXYGEN

RESOURCES
RIVER
ROCKS
ROTATES
SAVANNAH
SNAKES
SOLAR SYSTEM
SOUTH POLE
TERRESTRIAL
TREES
TROPICS

TUNDRA
VALLEY
VOLCANO
WATER
WEATHER
WOODS
WORLD

```
E O E S N A Q F E X J N S K E M Y Q Q W
U M X O O Q J M R Y O Q D J D F V D C A
E Z F U F R I V E R L S U S Q I U A A V
P R L T S N O I T A M R O F Y B F Q F D
S P W H P Q S H I V D S L T K F X M A E
O Z S P C L P R W I H O C R R O C K S Z
L M Q O V O T Q N U C L W K B C E I B F
A M S L L S N S M O R A F W R E L X H J
R O N E E D E A K O H K R O S A T G C Y
S O A R U C N H T B W E T D A N N K C E
Y N R J T S I A C Y S A V A N N A H A R
S E O S X B T A L O U T W R I U M K V Q
T G L G S E N T U Q N W N E M W T C E Z
E Y F D S Y O R E L D A N U A F A I S S
M X O U O A C O T R D T C M L T U T P W
D O F N R E T P W R O R U L S Z H I E O
W R W H S D R I B J E C G T O X M E H R
L B K Z M K L C H I Y E L L A V M S R L
Q I N L T R E S E D G S S W E F I L I D
T T C G Q K Z I V V W B Y K I F O Q A X
```

Solution on page 356

Going Through Security

AUTHORIZATION

BAGS

BELONGINGS

BORDER

CREDENTIALS

CUSTOMS

DETAIN

DETECTOR

DOCUMENTS

DOGS

DOMESTIC

ELECTRONICS

EXAMINE

FLIGHTS

GATE

GUARD

HIDDEN

IDENTIFICATION

INSPECTION

JAIL

LAW

LICENSE

LINES

LIQUIDS

METAL

OFFICER

PASS

PATROL

PERMIT

PHOTO

POLICE

PROTECT

QUESTION

RANDOM

RESTRICTIONS

SAFE

SCAN

SCREENING

SEARCH

STAMP

TICKETS

TRAVEL

VERIFICATION

WAND

WEAPONS

```
C Z D H N L I A J S M O V U K W T H M N
G E W N O I T A C I F I T N E D I C C M
G U A R D X Q R U F D S K A F D S M B L
Q L T P F P E F I T C E P C D M N E J T
O A G O S E N C T I H O T E U H O I M T
P W E L N L E A N Y N O N A G S I Q T W
Y L S I S R A O Q S Q P R P I L T R N B
O K N C V E R I F I C A T I O N C O W A
K G E E N T B G T Q Y M C K Z R I E M G
G J C F C L M O K N U Y O I G A R K A S
L L I E A E N I R G E E L D T O T O H P
I J L Z E S A W N D V D S E N S S I J W
B E L O N G I N G S E S E T V A E G O A
S T H G I L F H T T P R T R I A R M O N
E W C O M D P I E L C E C E C O R M O D
A Y L V A S C C F A D O C U M E N T S D
R W I L X K T C E T O R P T I M R E P O
C Z N Z E O G A T E L I Q U I D S R H B
H N E T R J D W M M F Z J X M O C T P Z
T U S F S X J Z Y P A S S A U Q N A C S
```

Solution on page 356

Yard Work

```
S T B E N G S F T Y Q B U T F N S Q U L
A L D W W W N E D R A G Z S R O S E S G
N K C L I P P I N G R N Q O H E C N E F
V U A N B H G P N U N K D P V R L K V Y
S Z G O O I N W B U K I L M E M U L C M
S E T X G T I S X W R P H O T T M B I Z
D E K G N W M Q O Y A P A C O F A T S S
A G U A I P M U T D J M J T N P U R W Z
M N F C R K I T G R I L E Y I E S E E D
M I P R E C R E D A E R P S P O R D E A
S H O B T I T S T N A L P N O G G T D Z
R C E D A R C H I P S E L O N H R G E T
E L F B W B A T W K S N O I L E D N A D
L U A K S T S B C T E X D T K P S I T Z
K M C K C U C O I G S E T A G D R G E A
N S B H G Y R C O J E D D V G S E D R M
I E Z U E M I R U W V F E A Q F W E R D
R I A J P D T M H I N S E C T S O A W Q
P T G G E I T P D S F S T X K M L I A R
S G H Q N V H B R O A D L E A F F I L L
```

AERATE

BRICK

BROADLEAF

CEDAR CHIPS

CLIPPING

COMPOST

DANDELIONS

DECK

DROP SPREADER

EDGING

EXCAVATION

FENCE

FILL

FLOWERS

GARDEN

GATE

GRUBS

HOSE

INSECTS

MULCHING

NITROGEN

PATIO

PESTICIDE

PLANTS

POOL

PRUNING

RAIL

RAKE

ROCKS

ROSES

SEED

SHRUBS

SOD

SPRINKLERS

ST AUGUSTINE

SWING

THATCH

TIES

TRELLIS

TRENCHING

TRIMMING

WATERING

WEED EATER

WEED KILLER

WEEDING

Solution on page 357

Huge Bash

ANNIVERSARY

BALL

BANNER

BANQUET

BIRTHDAY

BLOWOUT

CAKE

CANDY

CATERED

CELEBRATION

CROWD

DANCE

DECORATION

DIP

DRINKS

ENTERTAIN

EVENT

FAVORS

FESTIVE

FOOD

FRATERNITY

FUN

GAMES

GATHERING

GIFTS

GRADUATION

GUESTS

HOUSE

INVITATION

LIGHTS

LUNCHEON

MUSIC

PIZZA

POOL

PRESENTS

PRETZELS

PROM

RAVE

RECEPTION

RETIREMENT

REUNION

SHOWER

SOCIAL

STREAMERS

SURPRISE

```
K L D G L L A B Y D N A C O H Y G G M M
I D A A I J O A A J V G C N D G V U K F
T W N T G I D O Y V I P Y W T Z S Q R L
M R C H H H A X P R R V A B Y I K H E J
M O E E T S S O C I A L I D C L N U C N
B J S R S T S T S E U G N X S B I Y E O
V J I I N F A O P B L O W O U T R T P L
O B R N O I T A R O C E D C I A D N T H
P B P G I G N F E B J T B N S N F E I U
O E R E T A E T T K S M E R J R U V O J
D P U E A S M X Z J C T E U A J E E N G
S B S E T W E S E T D V N T Q T N O R Y
E W A I I G R R L T I V E E I N I B L J
C C V N V A I O S N P R J A S T A O U N
P E A N N M T V N I N P S S A E T B N O
K K O T I E E A W I I V H U M O R P C O
V A Z Y E S R F T Z C O D R A V E P H E
H C D W O R C Y Z M W A B F E H T D E C
F P E S T R E A M E R S X P F U N U O Y
X J L B F O O D R G G U H O U S E N N Y
```

Solution on page 357

Massachusetts

```
J P S U G H T L A E W N O M M O C Z E B
A V E E L L E W O L H E N R Y K N O X L
I S B N R A Y Z K S P R I N G F I E L D
Q B S N O I L L E B E R M E G Z K M R S
N H X N T N H R T E C A D R O C N O C E
P A T R I O T S X N N W R L O A K L D A
Y R K C L L U S K U O H J L W M N M A S
D V Q Q N O E R F R I T Y K I B A Y M H
E A Q F D C G A I S E E S I U R N A N O
N R N E I N C A T S R B T O K I T W A R
N D K V K T O O N G M A E E B D U N H E
E P R K U O R P T N T Z Y H F G C E T V
K E C R H Y Y N N B Y I O Z T E K F U N
S G I I I M U L M E U L M C A P E C O D
I N Y R T O D R O F D E B W E N T H M P
G I C E M N U I R H J L S I Q D T J Y N
Y H N D L L A B T E K S A B G A J V L R
K S I S C I T L E C R R L W R D Q M P T
R I U O P U R I T A N S E A S N I U R B
U F Q X L I B E R A L S M A D A I G J Q
```

ADAMS

ATLANTIC

BASKETBALL

BIG DIG

BOSTON

BRUINS

CAMBRIDGE

CAPE COD

CELTICS

COLONIAL

COMMONWEALTH

CONCORD

ED MARKEY

ELIZABETH WARREN

FENWAY

FISHING

HARVARD

HENRY KNOX

HISTORY

HOLYOKE

KENNEDY

LIBERAL

LOGAN

LOWELL

LYNN

MANUFACTURING

MARATHON

MBTA

MIT

MOUNT GREYLOCK

NANTUCKET

NEW BEDFORD

PATRIOTS

PLYMOUTH

PURITANS

QUINCY

REBELLION

RED SOX

SALEM

SEASHORE

SERVICES

SPRINGFIELD

THE BERKSHIRES

TOURISM

WALDEN POND

Solution on page 357

Computer Games

ACTION

ANIMATION

APP

ARCADE

AUDIO

BUTTONS

CHARACTER

CIRCUITS

COMPUTER

CONSOLE

CONTROL

DESIGN

DEVELOPER

DEVICE

DIGITAL

DVD

EDUCATIONAL

ELECTRONICS

ENTERTAINMENT

GAME

HANDHELD

IMAGES

INTERFACE

JOYSTICK

MACHINE

MULTIMEDIA

NAVIGATION

ONLINE

PLAYER

PONG

POPULAR

POWER

RACING

SCORE

SCREEN

SEGA

SHOOT

SKILL

SOUND

SPEAKERS

SYSTEM

TECHNOLOGY

VIDEO

WIN

```
W K J Y N T C Q B X K V F C O B I Y L S
Q K B C J D N U O S G R J R L L I K S J
Q P R S A X R E Y A L P W F V I D E O C
N P N B R C A S M N F N E E G R G U I O
M O H O V E T E G N T A L P E A J L I L
F W I I I E K I I O I O E T M V G D C M
F E H T M T S A O D S A C I R C U I T S
N R A H A E A H E N W A T Y D A N R L N
F L Z C D G S M O P R J R R E N I L N O
X V C O A A I C I A S G O N E I L H E T
A R D M P T C V H N V N N Y Y T A D E T
K A I P L O E C A H A I I K S N N B R U
E L J U N E N C P N N C C Q D T O E C B
H U M T W N A G H T V A S H N L I E S G
O P R E J I N G E N Z R E A E T T C Y N
W O H R Y H N R E P O L E V E D A I K G
L P S P A C F R G S D L A R C F C V Z D
K F H C L A T I G I D Y O O P T U E V B
Q F T N C M J U X K S C N G H B D D K G
C N Y E D A C R A H S T X C Y M E U S Z
```

Solution on page 357

Go Downtown

```
I F P I T G E T S I S Y Q B K N F F I G
G O M S A N T C P C O X J U Y T I C S J
J O A A X I U I E B U H K S W Z I K B W
N V V X I K M R U B G L T Y J L Y P A G
U U R B A N M T S T A R T N B S T M R B
A C V K H O O S P W E R O U C L R E S U
N K W W U H C I E E O I P R R A A T T I
V L I A T E R D T L T I A R Y E F R N L
E V I L A A I S L A Z P E C I F F O A D
T Y Y K M S L E T C E K T L Z T I P R I
S Q U A R E Y R L R O R O R N T C O U N
J K O R G N O I S E L M C E C U Z L A G
E H B O S P A R K I N G M E T E R I T S
C T B U S T H G I L R N S E R E R T S I
L N E N E R G Y V F R R L R R T I A E G
E A A D T Z E Z Y E E P E K S C S N R N
C R E Z P A H A V T O T H E A T E R D A
T B X U V V T O N E N N D S R E V M M L
I I L L P Z G I P E D E T A L U P O P W
C V M B S H T N C S P O H S G O U X P K
```

ALIVE

ARTS

BARS

BUILDINGS

BUSY

CENTER

CITY

COMMERCE

COMMUTE

CULTURE

DISTRICT

ECLECTIC

ENERGY

GOVERNMENT

HONKING

HUB

INTERSECTION

LIGHTS

MAIN

METROPOLITAN

NOISE

OFFICE

PARKING METER

PEDESTRIAN

PEOPLE

POPULATED

PUBLIC

RECREATION

RESTAURANTS

RETAIL

SHOPS

SIDEWALK

SIGNAL

SKYSCRAPER

SMOG

SQUARE

STREETS

TAXI

THEATER

TRAFFIC

TRANSPORTATION

TROLLEY

URBAN

VIBRANT

WALK AROUND

Solution on page 357

Calendars

ACADEMIC
APPOINTMENTS
APRIL
ASTRONOMICAL
AZTEC
BABYLONIAN
BOOKED
BUSINESS
BYZANTINE
CELTIC
COMPUTERIZED
DECEMBER
DESK
DIGITAL
EGYPTIAN
EVENTS
FEBRUARY
FISCAL
GREGORIAN
HELLENIC
HINDU
HOLOCENE
INCA
JANUARY
JUNE
LITURGICAL
LUNAR

MAY
MEETINGS
MONTH
MOON
OCTOBER
PERSONAL
PICTURES
PLAN
POCKET
PRINTABLE
SCHEDULE

SCHOOL
SEPTEMBER
SOLAR
TIME
WALL
WEEKLY
YEAR

```
R N M Q F W S I E X E O T E N L L P V E
K K R O S T N E M T N I O P P A I Y L X
S C H E D U L E I C I T L E C C N Q C F
L Y R E B L D B T C Y V Q I T I C D E Y
L W Y E D M K N B Q A U M U Y G A B M L
N F W A F E E Y I P M O R B O R R O A K
E X S D P P Z T R H N E O U E U N C W E
A Y S H I A E I P O S O D G A T S E J E
H R E Z N G L R R E K Z Y R H I X G T W
B A N T E N I T S E S P Y N F L U N A R
T U I Q Y N S T D O T V C I N E L L E H
Q N S J T A E S A I N U P C A N A L P U
E A U A C I G C A L C A P I I U N H R W
A J B A L N H N O O N Y L M R J B R A I
N L Q Z I O S W C L V P T E O A C L E K
E G E T M L O T Z E O P C D G C L R Y Y
C X E F W Y O H N C T H Q A E N O O M W
D E C E M B E R C E Z Z A C R S L L S N
M N A B E A H W Q S V F A A G K K O D V
H P U R I B P C I M T E K C O P N F F G
```

Solution on page 357

So Silly

BOOK

CARTOON

CHILDREN

CLOWNS

COMIC

COSTUMES

FACE

FOOL

FUNNY

GAGS

HAREBRAINED

HOAXES

IDEA

JESTER

JOKE

JUVENILE

KAZOO

KIDS

KITTENS

LAUGH

LUDICROUS

MADCAP

MASKS

MIMES

NONSENSE

NUTTY

PARTY

PEOPLE

POEM

PRANK

PUNS

PUPPIES

RHYME

RIDDLES

RIDICULOUS

SATIRE

SIMPLETON

SKITS

SOUNDS

STORY

TOYS

TRICK

WALK

WIGS

WITTICISM

```
A M Z L R P J L O B R A J H U K E Y G J
M G T Q E K S E F R C S D E I P J O K E
F T F N U S I X Q Y U P G M H O A X E S
C L I D S O U N D S V Q K I T T E N S T
X Z E W V U S U C S E S N S W F J N N E
V R O U T E O T L M Y L E L S N U R E R
U L D X Z A L T O Y S M D M O O K N S B
S H E O M J U I W R I C P D U O F O N F
Q R N M S L D Y N M Y S O N I T F P O Y
Y Y I A I V I M S E E D J M Y R S V N B
U D A D C N C Y M I V N D K I A W O L R
A G R C I O R E P Q E U I N Q C T M C H
A K B A T C O P A R T Y J A U E K C O Y
R N E P T P U Z D F P E X R L R K L F M
F W R X I P S L A E M J G P X I Y Q A E
S G A G W H I C O K D C M X D T L S C W
V D H N S H E P A U S I W S T A K L S J
R T R I C K L P U N S R C U U S T I K S
E P I I D E A Z Q L S T N G Q U Q N E Z
O M P O R W D P D W F N H J O U Q R R U
```

Solution on page 358

180

Music Made Electronically

ALGORITHMS
AMBIENT
AMPLIFIER
ART
BASS
BEAT
CLUB
DANCE
DIGITAL
DISCO
DOWNLOAD
DRUMS
DUB
EDITING
EFFECTS
ELECTRIC
EXPERIMENTAL
FREQUENCY
FUN
INSTRUMENT
JAZZ
LOUD
MACHINE
MICROPHONE
MIDI

MIXER
MODERN
MOOG
MUSIC
ORGAN
PERCUSSION
POP
RAP
RECORD
RELEASE
RHYTHM

SEQUENCERS
SONG
SOUND
SPEAKERS
STUDIO
SYNTHETIC
TAPE
THEREMIN
TONE

```
W C I D R T M D T T T A A D Q V T G Q R
O P X N E N I K O W P K M U S P D T J M
S Z C L U G Z I N W I L P B S A Y K A R
R T U R I U D T E I N A Z O I R W T N B
E B C T N U F W S V P L N I M E R E H T
K C A E T H D A N W E G O J P I N D X U
A L G S F S P R M R R O K A N F B T U R
E U G W S F L P O N C R T Z D I G G E K
P B R F N R E D O M U I M Z Y L T X O E
S S V E S S P B G P S T S J M P I R T D
X Y X B L R C A H O S H A I E M G L A F
Y A N E P E X P E R I M E N T A L T A G
U J V T C C A U W B O S O S N D F E N Z
E T L L H N R S E C N H E T O C S I D C
S I S E I E A A E N P P O R H Y T H M N
S O M P C U T D H O C I S U M I U O D S
P K U O S Q T I R F O J A M D U O L Q K
T T R N Y E T C C C Y C N E U Q E R F E
Q D D B D S I Y W T T L E N I H C A M R
G W C X J M I D I Z C I R T C E L E Y T
```

Solution on page 358

Nurses

ADMINISTER
ADMISSION
ADVICE
ASSESSMENT
ASSIST
ATTEND
BATHE
BLOOD PRESSURE
CARE
CHECK
CLINIC
COMFORT
CONCERN
DESK
DOSES
EMERGENCY
ENCOURAGE
EXAMINATION
FLUIDS
HEART
IMMUNIZATION
INFUSION
INJECTION
MEDICATION
NURTURE
OBSERVATION
OFFICE

PRACTICE
PROFESSIONAL
PROVIDE
QUESTIONS
RECORDS
RESPONSIBLE
ROUNDS
SHIFT
SHOTS
SPECIMENS
SUPPORT

THERAPY
TRANSFUSION
TREATMENT
TRUST
UPDATE
WATCH
WEIGHT

```
G K R E C O R D S U P P O R T T R A E H
Z N J P D E S K N I G O T T X Q E D N G
G S D R Y G L E E N F E F R T T A V X I
S H L O C N I B M F J I P R A C T I C E
C Q U F N O X O I U H H N D S W S C L W
I R M E E I I C C S U L P J S A N E I E
H W Y S G T E W E I N U N B E T O F N R
O V F S R A H O P O M O T G S C I L I U
Q F Q I E N F E S N I L P T S H T U C T
D E P O M I S X R T N A Z S M S S I L R
R V Y N E M L Z A A A O E U E I E D O U
W S V A S A U V T G P N I R N R U S Y N
E H J L S X R N U F C Y O T T C Q Y O S
I O E S L E E C I O S F I I A T T E N D
G T I M S M H R U Z U L R L S C M C Q N
H S N B T E T R T R A N S F U S I O N U
T L O A C R A C G N J T P R O V I D E O
M J E K Z G B A D M I N I S T E R M E R
E R A C E R U S S E R P D O O L B F D M
T R O F M O C T K H N R E C N O C O G A
```

Solution on page 358

Blogs

ARTICLES

AUTHOR

BLOGGER

BLOGOSPHERE

COMMENTS

COMMUNICATION

COMPUTER

CONTENT

DAILY

ENTERTAINMENT

EXPERIENCES

FORUM

GOSSIP

IMAGES

INTERNET

JOURNALISM

KEYBOARD

LIFE

MEDIA

NEWS

OPINIONS

PEOPLE

PERSONAL

PHOTOS

PICTURES

PODCAST

POLITICS

POSTS

PUBLISHING

RANT

READERS

SEARCH

SHORT

STORY

SUBJECT

TALK

THOUGHTS

TOPICS

TWITTER

TYPE

UPDATE

VIDEOS

WEBLOG

WEBSITE

WRITING

```
W T V B X K I C T P B E T I S B E W N X
P Z T O L K M S Q F B C V O P E V B A A
H A B A S O A T P Y E X E C E O A D Q A
A M T T M C G H P J S D E U O F O R U M
D O O K D E E G B A I D E M P J H S C E
J R P O P Y S U E V E W E B L O G I F H
Y E P I F I S O A R T I C L E S E W Z I
B A U T H O R H Z B L O G O S P H E R E
P D Y P P D X T N E M N I A T R E T N E
Z E P G E T N A R M S I L A N R U O J Q
R R C O R I E P U B L I S H I N G M M W
L S R W S E C N E I R E P X E X E S X Q
V T Y P O T I W R K R E S I V J N W T Y
Y N S I N C S R G E P Y T C S O B N S Z
D E Y C A S A I T Y T S H U I S E E P Q
K M L T L S L T A B T N N N P T O G H Z
T M I U M Q I I L O N L I N N M I G O W
W O A R X W F N D A B P T O W M O L T O
N C D E T H E G M R O S C I P O T C O L
G H Z S N H R U P D A T E I T R O H S P
```

Solution on page 358

All Aboard the Railroad

ATLANTIC

BALLAST

BOILER

BOXCAR

BRAKEMAN

BUFFER

CABIN CAR

CABOOSE

COAL

COMMUTER

CONDUCTOR

COUPLER

CROSSHEAD

DIESEL

ENGINEER

EXPRESS

FIREBOX

FIREMAN

FLATCAR

FREIGHT

GAUGE

HANDCAR

JUNCTION

LANTERN

LIGHT RAIL

LINE

LOCOMOTIVE

PASSENGER

PISTON

PLATFORM

RAILCAR

RAILWAY

SIGNAL

SLEEPER

SPIKES

STEEL

SWITCH

THIRD RAIL

TICKETS

TRACKS

TRAINS

TRANSPORT

WHEELS

WHISTLE

```
I C R O F I R E B O X W N R P L F O H T
W J A A W L E S E I D B S W I T C H M U
T X I R I W C O S N R A L S K C A R T A
I P L E N L W O T N O L F R E F F U B J
I B W L M L C B M L T L A R U R S B M Q
B B A I D C O A P M C A D V E P P Q X I
V L Y O T E A C R J U S N L I I L X A X
U R R B J G N B O W D T P K C S G G E L
H H E L R U B I I M N U E U R T R H C S
E V P H C A H X L N O S T R O O B F T F
N C E L O G K F D C C T H L S N W E I T
G A E N A S L E E H W A I T S Q E R Y X
I C L O L T T C M R S G R V H L E T W O
N U S I Z U F V I A H A D R E M L R W Z
E V S T J Q U O C T N W R B A M A S H C
E T I C K E T S R S N A A N D C N N I Y
R E G N E S S A P M C A I U D A T I S P
X Z N U D P I O G X S Y L N H F E A T V
C L A J N L R B O M H K A T K U R R L U
F C L I K T L B L M E H C A A Z N T E F
```

Solution on page 358

Positive Attitudes

```
N W Q T E M O C R E V O E Y Z L Y Z K U
J I E N T Q W H W I N M D H R L O V E S
K M T E A P R S B N O O Y E C O A S E X
D A I M T H L Y M T M T I K S A T U O K
O C N E I A N N I I I D T T Y I O C G A
F C S V D P N O H V L T N Q U K R C I H
C O P E E P N U I K T E C R C L S E O V
S M I I M Y O T T E K T C O F S O S X U
K P R H Y G I B U R A Y N A E U P S E U
B L E C Q S T E Q S O T B L R X T F H U
B I N A O S A L P T E F T L C B I Q A T
K S E P K W M I K N N R A A E L M R E P
D H R S D K R E T Y O E B T I S I E B B
R M G A P A I F L F B G D N P N S Y C H
I E Y P T E F N F L E X C I T E M E N T
V N S I R P F E D P R O U D F K C E D A
E T O P F O A S L L J O S U N N Y C N X
W N R E E H C X J W Y I S Q I N O G A T
W G D N D C M O T I V A T E X R J C Q S
V I B R A N T K I N D N E S S R Y C I J
```

ACCEPT

ACCOMPLISHMENT

ACHIEVEMENT

AFFIRMATION

ASPIRATION

ATTAINMENT

BELIEF

BLESSED

CHEER

COACH

CONFIDENT

CONTENT

DESIRE

DRIVE

EFFORTLESS

EMBRACE

EMOTION

ENERGY

EXCITEMENT

FORTUNATE

HAPPY

HOPE

INSPIRE

JOY

KINDNESS

LAUGH

LIFE

LOVE

MEDITATE

MOTIVATE

OPTIMISM

OVERCOME

POSITIVITY

PROUD

RESPECT

SMELL ROSES

SMILE

SOLUTION

SPEAK KINDLY

SUCCESS

SUNNY

VIBRANT

VICTORY

WIN

Solution on page 358

Drive a Toyota

AUTO
AVALON
BRAND
CAR
COMPACT
COROLLA
CORPORATION
DEALERS
DESIGN
DRIVE
ELECTRIC
ENGINE
FACTORY
FOREIGN
GLOBAL
HIGHLANDER
HYBRID
INNOVATIVE
JAPAN
LAND CRUISER
LEXUS
LOGO
MANUFACTURER
MATRIX
MODELS
MOTOR
PARTS

PLANT
POPULAR
PRIUS
PRODUCTION
QUALITY
RELIABLE
SAFETY
SALES
SCION
SEDAN
SIENNA

SUV
TACOMA
TERCEL
TRUCK
TUNDRA
VEHICLE
WORLDWIDE

```
A F E O G K J H W A T S L N M B T C P P
N N T G N S S E V I T A V O N N I B T T
C B N A I M Y A K R N A D I K Y E N R M
G Y O E C R L A A D H E Y T I L A U Q A
D O I S I O E P C I L G J C L Y C A U U
X G T W N S M R M S F U V U O K L T B J
T X A T H Q U A U L W D H D G L O B A L
B X R Y X I T T Y T M X I O O G T G P S
Z M O T S Q G L F A C T O R Y F E X O P
I E P E Z N E H T L Z A O P B V H V P U
O J R F L X M R L V N C F N W Y F D U E
Q A O A U E I N E A E G D U A K H Z L E
F U C S N X C A V G N H I U N P N B A F
U J U I U O C T I S K D I S Z A A E R O
K H G T M I T E R C E L E C E I M J N R
V N C P H E R E D I M W O R L D W I D E
E S A L E S L P V O C T E E N E Z Z T I
T C R P L A N T T U N D R A G J X Q W G
T N A D E S N O I C S J R X Z X P G N N
V G A D H T R M S V J B F T W F T K L P
```

Solution on page 359

Wildfire

ASHES
BRUSHFIRE
BUSH
CALIFORNIA
CAMP
CIGARETTE
COUNTRYSIDE
DAMAGE
DANGEROUS
DEATH
DESTRUCTION
DISASTER
DROUGHT
ENVIRONMENT
EXTINGUISH
FAST
FIREMAN
FLAMES
FOREST FIRE
GRASSLAND
HEAT
HELICOPTERS
HILL
IGNITION
LIGHTNING
LOSS
NATURE

ORANGE
PLANES
PREVENTION
RAGING
RAPID
SMOKEY BEAR
SPREAD
TINDER
TREES
UNCONTROLLED
VEGETATION

VOLCANO
WATER
WEATHER
WILDERNESS
WIND
WOOD

```
P C Y T J G T Y H R R K R E D N I T T S
A D E R I F H S U R B B F I Q N Z G W P
W E B T L C U A A N S T S L Z E U A M R
C K R O T B V E G E T A T I O N T A F E
X S X V J E B D N V S H I D S E C X P A
S E W H D Y R A A T G S U O R E G N A D
K F D X E A L A E M W I L D E R N E S S
E L R K K P N R G U A U V W E A T H E R
D A O P C N O D S I I G N I T I O N B A
I M U V A O I W L R C N E N H D V A L P
S E G O L I T D S N E I A D P I T M I I
Y S H L I T N E R I F T S E R O F E G D
R O T C F C E A S I U X P O I Z A R H W
T R J A O U V T K R A E N O G T S I T X
N A Z N R R E H E J V M X N C T T F N P
U N C O N T R O L L E D I T A I L L I H
O G R D I S P M O N O G R A S S L A N D
C E Q P A E W S T O A E G L H S M E G L
O B J Z B D S V W R E P S H E A T K H G
Y S A B M L M Q X S Y Z B X S W B O X G
```

Solution on page 359

Follow the Recipe

BAKE

BEAT

BEEF

BLEND

BOIL

BREADS

CAKES

CASSEROLE

CHEF

CHOP

COOK

CUT

DEGREES

DESSERT

DINNER

DIRECTIONS

EGGS

FISH

FLOUR

FOOD

HEAT

HERBS

IMAGES

INGREDIENTS

INSTRUCTIONS

LUNCH

MEAL

MIX

ONLINE

PASTA

PEPPER

PORK

SALT

SEASONINGS

SIDE DISH

SIMMER

SLICE

SOUP

SPICES

STEPS

STIR

SUGAR

VEGETARIAN

VENISON

WEIGHTS

```
I O I R M P E R T X U R I X F A V M D I
P I Q N T G H B L E N D N X H X U Z X Q
G M F N S H M O L P S K S S Z B I J B N
N U S C D T E O E N C E G U S N J F A E
Y Z B Z Z I R L U N C H E V G B H P Y
V D B T A E H U B Z S P E R V A X B Z F
N P F I S H O W C I S S E F G K R X P X
N J J S T D R V D T L D F O E E I G G G
Y G A C T U X E E R I G G L N P D S J C
S C X D J I D G P E C O S Q O D O T U C
S E G A M I R E N P E J N A S U V H B G
O H K I S A I T S Y E S O S I D R G C P
B V R A W S S A L I R P I X N N A I L Q
M M O J C D H R R A M H T R E S S E D S
H Y P M O N L I N E S M C H V E P W R X
U M U D C I P A D B N B E E F G I S E B
H F B B O U E N R R Z N R R U G C P M E
G Z K B O X S E A S O N I N G S E E E A
W P X S K A H Z S F O O D D P A S T A T
C Z O Y H A H K W X S K P D I N T S L C
```

Solution on page 359

188

Diary of a Wimpy Kid

```
D K E A N X P Y Y R K O R E C C O S F J
K J E F F K I N N E Y C S Z A T W J O I
T C S Q H M D A N C E E E B V Q A U M Z
B A I S B I H I N Y L T I Z A U R P D C
J O L R E H T O R B F N R L C N T A A T
W L R L D C B A U I F V E M A B S R G Y
D D W F E O C O B E E P S L T E T T S R
S R J E O N R U V T H R S Y I O S Y A A
R G A K A T S E S C G F F C O S A J D G
O O N Z G K R H K U E S I N N F L V S E
W R A I Z D L H T U R T Y L G U E H T L
L W L D W I P I H E G K N N M N H E U C
E B I W T A L E N T S H O W T S T I O N
Y B A F A R R B R G R T A U M I R M C U
L U S B O U I D C S E R R R S O E M S K
I F Y F I V U P J S O E L B D B M A Y J
A A M I N G O K I D S N E D B L M G O D
D I A R Y W A M E E M W A L L L U Q B I
J W S W E E T I E F R E G L E Y S C O J
P D S C U B B C L O O H C S J X V Y K S
```

ABIGAIL

ADVENTURES

BLIZZARD

BOOK

BOY SCOUTS

BROTHER

CABIN FEVER

CARTOON

DAILY

DANCE

DIARY

DOG

DRAWINGS

FILMS

FREGLEY

GAMMIE

GREG HEFFLEY

HARD LUCK

HIT

JEFF KINNEY

JOURNALS

MEEMAW

MINGO KIDS

MOM

NOTES

PARTY

PERSONAL

ROAD TRIP

RODRICK

ROWLEY

SCHOOL

SERIES

SETH SNELLA

SOCCER

SUCCESS

SUMMER

SWEETIE

TALENT SHOW

THE LAST STRAW

THE UGLY TRUTH

TROUBLES

UNCLE GARY

VACATION

WEAKLING

WEBSITE

Solution on page 359

Weddings

```
C O F P B S D E C D X A N S E A T I N G
I S W L Y T S T A V W G S Y L I M A F X
S S T N R C S E S P E E U O D B M E X D
U T X S L E F I R A L N F O P T J R N Z
M F P E E M R D R D O F U R S V P B E U
W I R X W U P E N O I T P E C E R I J P
P G N S E Z G A T C L C B O U Q U E T M
Y Z V I J F C O I A M F Y B L R G W T D
Y F V P S I L A H E C N A D T S R I F I
S R U C T T N O I T A T I V N I H W A L
Z I T A S T E B L S H C L O T H E S S D
M E L S E I L R V G P O I H Z G L K O S
A N T D I N G O Q N D T N Y T U D I C T
B D J Y R G W N D I A M S E D I R B E Q
F S C A P S E R I R T Y Z M Y R G F R V
Y P L A N N E R O T E G D U B M P A E A
K E M W O K Q C P I H A U Z K E O V M I
T E O Z A R E H P A R G O T O H P O O V
Z G R C O D E X U T G N I C N A D R N E
H L D M F K J R S R E W O L F I J S Y Y
```

BEST MAN
BOUQUET
BRIDESMAID
BUDGET
CAKE
CANDLES
CATERER
CEREMONY
CLERGY
CLOTHES
DANCING
DATE
DECORATIONS
DRESS
FAMILY
FAVORS
FIRST DANCE
FITTINGS
FLORIST
FLOWERS
FRIENDS
GIFTS
GOWN
GUESTS
HONEYMOON
INVITATION
JEWELRY

LIGHTING
MENU
MINISTER
MUSIC
OFFICIANT
PHOTOGRAPHER
PLANNER
PRIEST
RECEPTION
REGISTRY
RINGS

RSVP
SEATING
TOAST
TUXEDO
VEIL
VENUE
VOWS

Solution on page 359

Herbs and Spices

```
Q J H U K A G M W Y R A Y B Q G S L E V
C F Q Y Q E K L G J W U L J V H A N X J
R V M P M A L Z R U R T E E W S L U C B
Q J A T N E Z E E H F A R H V E T N I M
K T U X N Q G K N F B S V F H O P S R I
R N U N R N D D M A R O J R A M L Y E D
D H E Y I N C A Y E N N E M Y H T C M K
Y F H G L P B L P N O R F F A S I A R B
Q R Z F N Q E O J E A H O R A P N R U R
G Y R O V A S R R R R S U N S W O D T C
D T M U F H D R B T E I T L I I M A G W
G E C A C T P C E E N D L U W O A M O Y
L R O F I P A J J D R A N L R E N O E K
B S R J E R X R P P N R L A A T N M G B
G O E Y A M E A R A V E Y I I L I S A B
G U G W N I A W J A P S V L C R C U S T
D R A T S U M C D K G R N A E Z O O M D
Q Y N M G P E B E I V O I D L C F C U A
Y P O S S Y H I L I L H N K A N I S E Q
L M P R C E L E R Y E L S R A P P C Y N
```

AJWAIN
ALLSPICE
ANISE
BASIL
BAY LEAF
CARAWAY
CARDAMOM
CAYENNE
CELERY
CICELY
CILANTRO
CINNAMON
CLOVE
CORIANDER
CURRY
DILL
FENNEL
GINGER
HOPS
HORSERADISH
HYSSOP
JUNIPER BERRY
LAVENDER
LEMON
MACE
MARJORAM
MINT

MUSTARD
NASTURTIUM
NUTMEG
ONION
OREGANO
PAPRIKA
PARSLEY
PERILLA
RUE
SAFFRON

SAGE
SALT
SAVORY
SOUR
SWEET
TARRAGON
THYME
TURMERIC

Solution on page 359

Physics Class

```
P E V T D L E S C I M A N Y D A Y P P Z
I F T K A E B S C N V Y G F Z M H M I F
O S J Q N R E M Y I O M X O D C M L L S
I G P Z B I O P H Y S I C S M A X E U N
T T H N Q G S E S B T Y T K I N E T I C
A F N O I S N E M I D I H A B E H U E A
R E S E A R C H B U I Q V P C E P N T S
V C D L M E R U S A E M I I O I T A C A
R N C S C I S Y H P O E G R T R D I A G
L E Y V C T R T Y M Y J Y A I A T E M E
M I V L A H E E E C R O F F C A L S D O
T C U E S T O N P R E T U P M O C E A M
O S H V L P T O Q X Y G R E N E U E R E
Q W R T E U A U L L E T H G I L T M M T
Y N E O M L A C O U S T I C S U Q I O R
P S T R E N O U E C A L C U L U S T T Y
T J T Q T D O C U M E N T M A S S Y I A
P N A U C F H E I C D E N S I T Y K O C
M Q M E G R A V I T Y U H O N C I J N E
O Q C J N J B X S M Y Q N A W A V Z C D
```

ACOUSTICS

ASTROPHYSICS

BIOPHYSICS

CALCULUS

CENTRIFUGE

CLASS

COMPUTER

DATA

DECAY

DEDICATION

DENSITY

DIMENSION

DOCUMENT

DYNAMICS

EMISSION

ENERGY

EXAMS

EXPERIMENT

FORCE

GEOMETRY

GEOPHYSICS

GRAVITY

HEAT

KINETIC

LEVER

LIGHT

MASS

MATHEMATICS

MATTER

MEASURE

MOMENTUM

MOTION

QUANTUM

RATIO

RELATIVITY

RESEARCH

SCHOOL

SCIENCE

SPACE

SPEED

TEST

THEORY

TIME

TORQUE

VELOCITY

Solution on page 360

Travel Diary

```
U X E T I R W F K R H S U D P F T J S G
N S Y T G H Q A J E V M D E S C R I B E
J S D R A C T S O P S N O S S E L I N T
C B O Z E R E S O M D P S J F D F N A N
P K C K S V R T D R L M V L A O P F D S
L I U F T E O A O E X P E D I T I O N S
A D M G H L I C N R S C H W R E C R E E
N Y E R O V E T S E T T I X L O T M G N
S D N P U R O E L I F L I C S N U A A R
E N T J G O R Y O U D G I N E W R T D E
R G O O H U T N D L C N O V A Y E I E D
U E I I T D S M I U O I E S R T S O S L
T Y M L S Q D F Q R T T F A L D I N H I
N L U I D S E H H A K S R F V E I O G W
E C X T N B E C V D B E U C I O T A N F
V V A O U D Z R L A N R U O J D A O R Z
D I T O O F E E P I M E M O R I E S H Y
A E R S S S I R T M S T H G I L H G I H
S W I C B F J I S W I N E S O A O C B B
F S P O V G S A F A R I L G F U F X R A
```

ADVENTURES

AGENDA

CHRONICLE

CULTURE

DATE

DESCRIBE

DESTINATION

DIARY

DIFFICULTIES

DISCOVERY

DOCUMENT

EVENT

EXPEDITIONS

FIELD

HIGHLIGHTS

HOTELS

IMPRESSIONS

INFORMATION

INTERESTING

ITINERARY

LESSONS

LOG

MEMORIES

NARRATE

NOTES

OBSERVATIONS

PEOPLE

PICTURES

PLANS

POSTCARDS

RECORD

REFLECTIONS

REMINDERS

ROAD JOURNAL

ROUTE

SAFARI

SOUNDS

STUDY

THOUGHTS

TOUR

TRIP

VIEWS

WILDERNESS

WILDLIFE

WRITE

Solution on page 360

Hidden Treasure Chest

```
T X D P S A B P Z J Q I R O K F P X O R
Q P E S R N D F E T O M E R M C R E N B
T H T V P K F E C O I N S K G M O N E Y
P Z R S S E M V E Q Q T E V M L T L K O
K U X J O E A O W D N W R T D G E B Q X
S B O Z S W C R O W N S V W O D C C P P
S Z B E A C H T L R A A E B E X T A P S
J T A C Z D I G Y P B S L C N K R S A F
O K D N E G E L P G T E U S A T N H V I
S D T J T S G H E G T D S G I L S M E G
E B E P T I I D B R M A P F F S K N Q C
C F O D C R Q L C W E I A U E C E C I S
R U B I E S Y U V M F C C L R J S Z E V
E I K S A W S L E E T N E I J E C W D N
T G H N H H A R S S R C M S N T E E L C
R H D Z I J A L O T I I I O C S Z A O C
C Q L J D L E M O R N E T A R I P L G Y
G Z S V D W H O P A T S V U R I B T W V
T Y M S E U L C L R L E C P H W N H E Q
V Q A J N S P S T A S H S S Y Z C U M Y
```

ANTIQUES

ARTIFACTS

BEACH

BOX

CASH

CAVE

CLUES

COINS

CRIMINALS

CROWN

CURSE

DIG

EMERALDS

GEMS

GOBLET

GOLD

HIDDEN

ISLAND

JEWELS

LEGEND

LOCK

LOOT

MAP

MONEY

NECKLACES

OLD WEST

PEARL

PIRATE

PRICELESS

PRIZED

PROTECT

RELICS

REMOTE

RESERVE

RUBIES

SAND

SAPPHIRES

SECRET

SHIP

SILVER

STASH

STONES

TIME CAPSULE

TROVE

WEALTH

Solution on page 360

194

Electrical

ALTERNATOR
AMPERE
APPLIANCE
BATTERY
BLACKOUT
BREAKER
CABLE
CAPACITOR
CIRCUIT
CONDUCTOR
COPPER
COVER
CURRENT
DEVICES
ELECTRICITY
ENERGY
FREQUENCY
GROUND
LIGHT
LINESMAN
LOAD
MAINTENANCE
NEGATIVE
OCCUPATION
OPERATION
OUTAGE
OUTLET

PLIERS
POWER
PROFESSION
REPAIR
SCREWDRIVER
SERVICE
SKILLED
SPARK
SPLICE
SWITCH
TOOLS

TRAINED
TRANSFORMER
VOLTS
WATT
WEATHERPROOF
WIRELESS
WIRING

```
U O P S M A E L V Z Q Z D R T E L T U O
C Q O B M V I A R V P A P P L I A N C E
A O X P Q N B V E N T I U C R I C C G N
B A E P E T B R O T C U D N O C U R R E
L R Q S P R F S E R V I C E T P O W E R
E J M Y E L A R I A P E R L A U C S I G
O A N R Y C I T E A K A G T N G A L V Y
N P S E V A I E I Q A E I D R W P O Z O
B S M T G C A V R O U O R F E O A O T A
Z Z P T H A B X E S N E O C T U C T K Z
G S F A S G T U K D P O N V L T I U T L
L C W B R R I I X T R A C C A A T O E O
J O X I A K L L V P N T B A Y G O K K C
C P A I T L C K R E V I R D W E R C S P
O P N D E C C E T Y N H C X E W Z A S I
X E E D E I H N O I S S E F O R P L P L
D R U B Y T I C I R T C E L E C F B L U
P V S Z A A R P Q L T B E E G N I R I W
U E R E M R O F S N A R T N E R R U C I
T U W I R E L E S S T L O V W C O V E R
```

Solution on page 360

Selling Insurance

```
A A B R U W L C E F B U N U C U P I T N
H R Y R H D A L L V T S A L E S M A N U
A T R O O S T E B A C T U A R Y G X E M
Q Y L E U K N V I L E S F I L E R D M B
P E Y A P R E A T U T C L A T O T E E R
V B L T E R M R C A O H O S I J N N L E
Z T A L R H E T U T R M O N B B E T T L
Y N L Y R E L S D I P E D T U F M A T L
H E O T Y M P Y E O O E V S I S Y L E A
S Y Z I U O P O D N M T I C E N A K S A
I X Q L S H U C R N T N I C O V P U M H
N M N I T S S G I P E A U I Q E R A V E
J O R B P X I T D S R R T D F T E A R D
U R I A O O Y M S Y I A W I C Y M A T T
R T S S L D Y Y M T G U L A V Q I E M E
Y G K I I J V R Y O O G R M I E U M H Q
U A B D C L N C R S C T S M C V M O O W
X G O P Y I L B Y T N A R R A W E G T T
D E A L E R U O Z O C E E U S Y Z R U E
I D E R U S N I C A T W H Q P A S L A C
```

ACTUARY

AUTO

BENEFICIARY

BROKER

BUSINESS

CASUALTY

COLLISION

COMMISSION

CONTRACT

DEALER

DEDUCTIBLE

DENTAL

DISABILITY

FILE

FLOOD

GUARANTEE

HEALTH

HOME

INDEMNITY

INJURY

INSURED

LIFE

MORTGAGE

PAYMENT

POLICY

PREMIUM

PROPERTY

PROTECT

QUOTE

RATE

REPRESENTATIVE

RISK

SALESMAN

SECURITY

SELLER

SETTLEMENT

SUBROGATION

SUPPLEMENTAL

TERM

TRAVEL

UMBRELLA

VALUATION

WAIVER

WARRANTY

WHOLE

Solution on page 360

Learn to Drive

```
Y R R W P E P Y X Z D X Z E D C B M F Z
A S P R Q V D W Y U N N Z G O N C U T M
M S W C S U A L K X B I B N R S G D M L
H E P O T S S Y A K A K E I W P I H G U
R N S S E B Y C L A S S E S A I B G Y W
E T A R E L E C C A L A W S H N P V N R
S R G W R I K V S W R W S O Y D E E P S
P E L I I N W K K V I E W R X T T X R V
O L J S N D K O E Q N C P C I T E Q R S
N A X R G S P P E G S A V M I I V F O C
S X P A R P T M E O R Q R R U F E X A M
I I W W E O A R A K F E W S K B F S D S
B L S Q H T E E U R P T E S T G E A R H
I N A Z C F S Q K C T S Y D R I V E R C
L C R D A U T O M A T I C Q Q A M Y L T
I D C U E X H V I I R O X G R X X I L U
T S A E T P G P Q T R B R E W H E E L L
Y Q W Y M P I Y O N I R A F M H B I Z C
Q H A X D S L A U N A M O G Y Q T F H V
B G R W J B H V A M K V P R U L E S S T
```

ACCELERATE	RESPONSIBILITY	TEST
ALERTNESS	ROAD	TRAFFIC
AUTOMATIC	RULES	TURN
BELT	SAFETY	VIEW
BLIND SPOT	SEAT	WHEEL
BRAKE	SIGNS	WIPERS
BUMPER	SPEED	WRITTEN
CLASSES	STEERING	
CLUTCH	STOP	
CONES	STUDY	
CROSSING	TEACHER	
DRIVER		
EXAM		
EXIT RAMP		
GAS		
GEAR		
INSTRUCTOR		
KEYS		
LAWS		
LIGHTS		
LIMITS		
MANUAL		
MIRROR		
PARK		
PASSENGER		
PEDAL		
PERMIT		

Solution on page 360

Too Loud!

ALARMS

ARGUE

AUCTIONEERS

BABY

BARK

BIRDS

BROOK

CAR

CHATTER

CHILDREN

COMMERCIALS

CONCERT

CONSTRUCTION

CRY

DEBATE

DECIBEL

DOG

DRUM

FAN

FESTIVAL

FIREWORKS

FREEWAY

HELICOPTER

HORN

INSTRUMENTS

JACKHAMMER

MACHINES

MARCHING BAND

MOTORS

MUSIC

NEIGHBORS

NIGHTCLUB

PARTY

PEOPLE

PHONE

RADIO

ROOSTER

SCHOOL BUS

SHOUTING

SINGING

TEENAGERS

TELEVISION

THUNDER

TRAFFIC

VACUUM

```
R E T S O O R O N D S R Y Z W T R Y R C
W G Y S R C T R A F F I C I V J B Y G G
L C I I R E O T H U N D E R Q A D T O S
R Y D N A B G N I H C R A M B F C H D X
V A L G C T I A S R E T T A H C H U R V
U W E I B J D R N T X B I M U S I C U S
S E B N U Z R D D E R S E O J U L O M M
I E I G L E K O M S E U S A N G D M D F
B R C K C X K T H S G T C A S E R M W O
Y F E S T I V A L R E K T T B F E E I B
O J D H H E P S A S H W R Q I T N R N U
B S O O G Y L X E A C E H R R O E C S E
P R X U I A R E M N C H E Q L T N I T E
N L D T N S K M V N I W O F P B G A R B
A A B I L M E K O I O H O O S P B L U L
F E N N A R G C Q R S K C I L E H S M E
D E B G N A G A K H O I R A D B F O E L
J P E O P L E S G O L A O A M A U R N J
B J Y T R A P P R E X X C N B U R S T E
B I F Z S R O B H G I E N M O T O R S K
```

Solution on page 361

Enriching

ART
BENEFICIAL
BOOK
CHEER
COMFORT
CONFIDENCE
DETERMINATION
EDIFYING
ENCOURAGING
ENLIGHTENING
FAITH
FAMILY
FRIENDSHIP
GENEROSITY
HAPPY
HELPFUL
HOPE
LOVE
MANTRA
MEDITATE
MENTOR
MESSAGE
MOTIVATE
MOVIE
MUSIC
NATURE
NURTURING

POSITIVE
PRAYER
QUOTE
REGENERATIVE
ROLE MODEL
SAVIOR
SAYING
SCRIPTURE
SERMON
SPIRITUAL
STIMULATING

STORY
STRENGTH
SUCCESS
SUPPORT
THOUGHT
UPHOLD
VERSE

```
I H D L K F N W T R G X Z G K E L E R R
N S A L Y T I S O R E N E G D C I S U M
T P K R O N R T G E R Q Q S E I P V R L
X H U Q O H V I T N T P G P U O B O O K
R X O M K E P M P R I A T I P C E Y I M
F E R U T A N U O X O R V R M V C W V V
Y E Y F G I O L S X A P U I I A E E A E
S R S A R H I A I T A L P T T S N X S R
A K K I R Y T T T G O I A U R O V T E S
S L I T J P A I I B H R H A S U M M R E
P T U H P P N N V O E T Y L W T N E U A
R S R F B A I G E N E N E Z Q E X D T Z
E O Z E P H M T E F R I E N D S H I P I
T D L Y N L R G R F F Q M F I G M T I R
O B I E D G E N C O U R A G I N G A R O
U I J F M R T H T G F Y Y O N C G T C T
Q O H H Y O E H F F A M I L Y I I E S N
I C O N F I D E N C E H O M E S S A G E
R P E X G F N E S N E V O C H E E R L M
E R S A Y I N G L U E Q K C D X L K Q Y
```

Solution on page 361

Ski Fun

ADVANCED
ALPINE
BUNNY HILL
CABINS
CARVING
CHAIR LIFT
CHALET
COLORADO
EQUIPMENT
EUROPE
FIREPLACE
FRIENDS
FUN
GLOVES
GOGGLES
GROUP
HATS
HOT CHOCOLATE
JACKET
LIFT TICKET
MITTENS
MONEY
MOUNTAINS
PARKA
POLES
RESERVATIONS
RESORTS

SKI BOOTS
SKI INSTRUCTOR
SKI LIFT
SKI MASK
SKI PANTS
SKIING
SLALOM
SLOPES
SNOWBOARDING
SNOWPLOW
SNOWSUIT

SUITCASES
TRAILS
TRANSPORTATION
TRAVEL
VACATION
WEATHER
WINTER

```
R O T C U R T S N I I K S C L D H A D J
E O U H U O E R N D Y G H Z E S O R S O
P J A A F N W S A T G A R C N S G K O S
H T I L M I K I E N I K N O K L I G E B
S V S E N I G K I R S A W I U B F P R D
J Q E T L T C I L M V P M H O P O U Y Z
J K E I R A K I I D L A O O A L P I N E
S R F A J S F T A O S T T R S J Q T T Q
A T I O X T T W K C S K I T R W E I U
K L M O N E Y M M H H A Z N O A T K U I
S W B S N O W B O A R D I N G N T C S P
E E E S Y M I C U S K I P A N T S I W M
V A C A T I O N N N E E U R O P E T O E
O T A D C L S I T Z N S P D E D L T N N
L H L I A L E V A R T Y A E T E G F S T
G E P T R Q L D I A E R H C P J G I N G
U R E Y V C O U N G O Q L I T M O L I H
N C R I I I P X S L A L O M L I G W B C
N K I U N S T R O S E R A T V L U R A J
W D F L G L Z C K Z K F R I E N D S C T
```

Solution on page 361

BFFs

```
K N V N R D R G L G Y V Z H S M C V Y W
F O Z O L X L E S I M I L A R U A O D Q
I L N I W A H M D D S J K I N D R E D E
W O F T I S M P I R R T T D F A I R U O
H E O C O M P A T I B L E R U H N E B P
W N E E A X L T D E C R I N O D G V X I
V P W F R O E H L O S E I M E F J E W D
S E J F Y S D Y M T N L E D E R M R R E
E E V A G I V P A D B B Y Z L T U O T V
N D L O A G A N S F H A P O B D Y F C O
Y B Y F L N D V S A B R E R A H S O D T
U E Q T I I B C O M P A S S I O N L E E
N C M O N F U N Y I X P S J L N A F D D
Q E N G N I T S A L R E V E E N E I N E
X S T E R C E S F Y N S A C R H F N O I
I O R T Z A H U R I Z N T E X N T K B F
T L U H D N C H P E V I T R O P P U S I
X C S E Y T T P Y C O E T C E P S E R N
O Q T R F G A R E N T R A P A I R B R U
Z B A U E H M X Z D Q C G L B G U K H A
```

AFFECTION

BONDED

BUDDY

CARING

CLOSE

COMFORT

COMPANION

COMPASSION

COMPATIBLE

CONFIDE

CONNECTION

DEEP

DEVOTED

EMPATHY

ETERNAL

EVERLASTING

FAMILY

FOREVER

FRIENDS

FUN

HAPPINESS

HOME

HONOR

INSEPARABLE

KINDRED

LIFE

LISTENER

LOVE

LOYAL

MATCH

PAIR

PARTNER

RELIABLE

RESPECT

SECRETS

SHARE

SIGNIFICANT

SIMILAR

SPECIAL

SUPPORTIVE

TOGETHER

TRUST

UNDERSTANDING

UNIFIED

VOWS

Solution on page 361

For Carnivores

```
S Y X G C N K E B O K W U J T W S I W Z
E Y U J F I L E T I C X Y S K A E T S D
L B D L I E H B S Y R T S U D N I L W E
B S A C L T B F Y U R E N N I D R O O S
W C X I O O A G H F R B M S D E E F C S
F L P S S R L F E A W M I I N V C O N E
K T E V M P N E N H M U P U R F I O F C
L A M I N A B E D C C B G L O P P D V O
K E E W K T K B D D Y N U F O M E V F R
O M N R S C B D S B I R T R O H S R A P
V D Z A I A U N A L E T T S G D T E O I
F E O H A A L U I V G E E O D E G T L N
R R C S I R L O I N R N F Q K K R H T R
R A N S Y T R R B H I D I S H O I G A L
A A N K M B P G O V E E I K A M L U E P
L B R C N E X U O W W R Q S O S L A M E
P E B E H A S B W A B L T X E O N L G R
J T A Y D E L T T A C O Q F M G C S X K
X J E N K C R F S C M I C H U C K I P Z
I O N N O Y Y D E H L N B S H A N K Z A
```

ANGUS

ANIMAL

BOVINES

BRISKET

BROILING

BULL

CALF

CATTLE

CHICKEN

CHUCK

COOKING

CORNED BEEF

COWS

CUISINE

DINNER

FARM

FEED

FILET

FLANK

FOOD

GRILL

GROUND BEEF

HAMBURGER

INDUSTRY

JERKY

KOBE

LEAN

MEATLOAF

PORTERHOUSE

POT ROAST

PRIME RIB

PROCESSED

PROTEIN

RANCHER

RARE

RECIPES

RED MEAT

ROAST BEEF

SHANK

SHORT RIBS

SIRLOIN

SLAUGHTER

SMOKED

STEAKS

TENDERLOIN

Solution on page 361

North Dakota

AGRICULTURE
BADLANDS
BAKKEN
BEANS
BISMARCK
BURLEIGH
BUTTES
COAL
CROPS
DEVILS LAKE
DICKINSON
DRIFT PRAIRIE
DUNES
FARGO
FLAXSEED
FORT UNION
GRAFTON
GRAINS
GRASSLAND
GREAT PLAINS
JAMESTOWN
JOHN BURKE
KFGO
KXMC
LAKE AGASSIZ
LAKE SAKAKAWEA
MANDAN

MAYVILLE
MIDWESTERN
MINOT
MISSOURI PLATEAU
MISSOURI RIVER
NATURAL GAS
NEW SALEM
OIL
PEMBINA GORGE
PETROLEUM
RED RIVER

RUGBY
SHEYENNE
VALLEY CITY
WAHPETON
WHEAT
WILLISTON
YANKTON

```
M S O Y A N K T O N O T E P H A W S U D
F A H G I E L R U B Q G R A I N S S Y X
P G I N R E T S E W D I M H E H P P B A
M L A D P E T R O L E U M K S E D O G T
N A B A D L A N D S S K K X M C R R U H
T R Y G N W O T S E M A J B Y E I C R E
H U E V R J F Q P D B X I W L C F Q Y K
L T J V I A U A N L W N W P U N T C R A
I A O C I L F A R I A M X L A I P S E L
T N H L D R L T M G Z I T D N P R W D S
D U N E S S I E O I O U N O C F A W R L
S H B O S O L R S N R A I S U K I W I I
E N U A G A G S U E M N Y M A K R I V V
T E R F S E A C G O U S I K S O I L E E
T G K W P G T L N T S N A E B Z E L R D
U A E T A L P I R U O S S I M Z W I H M
B N V E X H U O J T E D I C K I N S O N
W U K A O G F O C K C R A M S I B T J T
T A E H W V F L A X S E E D B L A O C D
L Y T I C Y E L L A V S H E Y E N N E Z
```

Solution on page 361

Radio in the Past

```
J O C T U N E Q U Z E P R M J C S C V T
E X A M A N N I E S Z B C F E E Y D T F
Y K D Y Z L Z L V P B O A G I S T R R R
W N V S K N E W S R U R A R O G I A O E
D E E T X P T N O N M N O U R M L M R H
Z T N E M N I A T R E T N E A M A A R T
S W T R K G D R E D S D D G O N U E O A
A O U Y P C Y P L E E Y I X C Y Q S H E
L R R R A U O O N F R N L E R R L O E W
P K E S U R G O F D A S R D B A M A V L
H S T S T G H E E T E N D I I T M P I F
C R P S F P C R I V E G Z C G N A O L D
D E L L O T E O A G A X R K B E H P O S
K L O R S O N W E L L E S T A M B E M H
C L C N J W R I H U M O R R N M Y R J O
O I Z C P I D F A M I L Y A D O N A H W
M R O E A N P R O G R A M C A C T O R S
E H S X O J A C K B E N N Y T E I R A V
D T C L A S S I C I S U M U F P I C Q P
Y C B J Q D B B O S Y B F M P N U O N W
```

ACTORS
ADVENTURE
AIRWAVES
ANNIE
BIG BAND
BLONDIE
BROADCAST
CLASSIC
COMEDY
COMMENTARY
COMMERCIALS
COUNTRY
DIAL
DICK TRACY
DRAMA
ENTERTAINMENT
FAMILY
FARM REPORTS
GENRE
GOLDEN AGE
HORROR
HUMOR
IMAGINATION
JACK BENNY
LIVE
MARX
MICROPHONE

MUSIC
MYSTERY
NETWORK
NEWS
ORSON WELLES
PROGRAM
QUALITY
RED RYDER
ROMANCE
SHOWS
SOAP OPERA

SOUND EFFECTS
STORIES
TALENT
THRILLERS
TUNE
VARIETY
WEATHER

Solution on page 362

Nightclubs

```
X G R O V K Z L C H A F I Q Y N Y J F I
E L O B L B R W T A V M V L I Q U O R T
X P F Z W I B M U D N E K E E W Z E I M
N S E P U Z V S R R K R E L B M U T E U
P P E M C R W E C E L E B R A T I O N A
O A M D I A S G A E T H J S C R J T D Y
Q I R P I S T N M B V P K N O O L A S J
A S F T Y C H U A D D S T U N A E P A M
C T E D Y S G O R U B O U N C E R L A B
X R W F H L I L A R U M Y A S O C R U C
G O C A D E L O D S W T I J V O T L O S
R B K H W Z S T E A F A B L H I C O P Z
S E V J E T C G R L R W U O N Q L O U Y
R L L N A E A N I G H T L I F E R T B H
J H I Q L R R R E I N W S U R T T S S J
O X T T E P T S S Y J I N S S K N I R D
Y W T V Z I U K H A K N C J Y H N O M J
T O E A N B E D O B L E U N B R U S A O
B B I G N Y V X T N L U V G A M E S X Z
C E P F R L F U S E K D D G T D I S C O
```

ALCOHOL

ATMOSPHERE

BEER

BEVERAGES

BOTTLE

BOUNCER

CAMARADERIE

CELEBRATION

CHEERS

CLUB

COOLERS

DANCING

DARTS

DISCO

DRESSY

DRINKS

FLIRTING

FRIENDS

FUN

GAMES

GARNISH

LIGHTS

LIQUOR

LOUNGE

MARTINI

NIGHTLIFE

OLIVE

PARTY

PEANUTS

PRETZELS

PUBS

ROWDY

RUM

SALOON

SHAKER

SHOTS

SPORTS

STOOL

STROBE

TAB

TUMBLER

WAITER

WEEKEND

WHISKEY

WINE

Solution on page 362

Ghostly

```
M G G I D N I W P M D S U S L N X J B T
B Z X X X O E C L E U I C A O H Q I J K
C K N E F I L R E T F A E I D U U Q T Z
X G H O S T H U N T E R S S G M L G K T
S D K U I A E W L Y H S H L O A L I V E
F R I G H T H Q V D E T H T Y M M N E E
B D Q U J S I S N S N Y N N C I Y F F H
X J R O H E K R S U J A E P N S V H D S
S Y D A F F G O A A H E E H E I Q X E P
H N D E E I P H C P W O A D S T T N A O
P O W D S N Z O L O P B R I R R S H D O
W A L E J A B U L L I A B Y E E C D I K
H O R P W M E L E T E L O G T S P E C R
C L K A A F A C W F E W O R U T K S H A
S E I R P H P H E K B R O E R L I U A X
M G L T L K M U I D E M G N N E N O I C
T E K E I M S A L P O T C E K S I H N N
Y N N D J K Y S G N I T H G I S G K S Q
D D E U T R W F B N T I R I P S H C G K
L S K M V A N Y H V S H N H U N T I N G
```

AFTERLIFE

APPARITION

BOO

CASPER

CHAINS

COLD

DEAD

DECEASED

DEPARTED

ECTOPLASM

ENERGY

EVIL

FEAR

FRIGHT

GHOST HUNTERS

HALLOWEEN

HAUNT

HOUSE

HUNTING

INHABIT

JACOB MARLEY

LEGENDS

MAGIC

MANIFESTATION

MEDIUM

MYTH

NIGHT

ORB

PEOPLE

PHANTOM

POLTERGEIST

POSSESSION

RAP

REAL

RESTLESS

RETURN

SENSE

SHADOW

SHEET

SIGHTINGS

SOUL

SPIRIT

SPOOK

VISIBLE

WIND

Solution on page 362

Art Museums

ABSTRACT

ACTIVITIES

ADMISSION

ANCIENT

APPRECIATE

ARTIST

BROCHURE

CANVAS

CLASSIC

COLOR

CONTEMPORARY

CURATOR

DESIGN

DOCENT

EVENTS

EXHIBITION

FRAME

FURNITURE

GALLERY

GUARD

GUIDE

HISTORY

ILLUSTRATION

INSTALLATION

MASTERPIECE

MURAL

NOTES

OIL

PAINT

PASTELS

PHOTOGRAPHY

PICTURE

PORTRAIT

POTTERY

RENAISSANCE

SECURITY

SHOWINGS

SKETCH

SLATE

SOUVENIRS

STUDY

TEMPERA

TEXTILES

TOURS

VISUAL

```
N J S G Y C W D R A U G A L L E R Y A X
O L R D W B Z D R I Y R E T T O P N M E
T R U X C P R B S Q F N A M T F C D X V
E T O T T O E G M A V U O A A I J H W E
S H T C Q I N D C Y X D R I E R I G N N
O C V D I I A T L A R U M N S B F X G T
U T I I W S I R E H C O T R I S Q I I S
V E F O S V S Q T M T L T T N T I B S M
E K H T I U S A A R P Q I S O M U M E K
N S K T N H A T L X O O K O I T J R D P
I O I C C E N L S C N P R F T H M I E A
R E B A O R C T E M P E R A A L L T T P
S A H R L U E O P H O T O G R A P H Y P
A Y L T O T J M D I L S C W T Y G X F R
V N W S R C E C E I P R E T S A M U F E
N G H B P I H D C V P S E C U R I T Y C
A Z C A S P I U N O I T A L L A T S N I
C B I U Z U D K R T E X T I L E S P T A
F N U R G P A S T E L S T S I T R A Z T
T Q H H T T E G W X C K V S A G F B I E
```

Solution on page 362

Tweenagers

```
V I X P M E W E N D D S A O C S C M N D
R C R A A D Y I G C D G M C S I U R S W
N V H R K I T I C I N E E W T E B O E I
E S W K E S I N I H R J D D P A S C S M
N N E S U T R D R P O L G N I G N A H C
I G O I P U U E E A B R S E U E D Q O H
Z Y U H V O T P M R O I E C C O E I P X
A N Y K P O A E M G Y H U S O N R Z P C
G B G N I L M N U O S V E S C U A G I Y
A E K O S P L D S M C L D A G P T D N K
M W H U S J I E I E O F R I E N D S G E
Y V B O O K S N C D U M B S E U Q I L C
Y N P D G N C C A M T E L E V I S I O N
T L W Y N H V E R U S S E R P R E E P A
R J U N I O R H I G H O M E W O R K S W
E V O L Y P P U P M A C D N A B Q P E O
B K D W L C G Y C F I R A D O L O F M L
U B D A L A I C O S A F K R R R R I A L
P A Y H U A M E V M J O E X T U T D G A
L T W S B R P A A E W D S S C H O O L B
```

ACNE

ALLOWANCE

BAND CAMP

BETWEEN

BOOKS

BORED

BOY SCOUTS

BULLYING

CELL PHONE

CHANGING

CHILD

CHORES

CLIQUES

COMPUTER

CURFEW

DANCE

DEMOGRAPHIC

DRAMA

FRIENDS

GAMES

GIRL SCOUTS

GOSSIP

GROUNDED

HOMEWORK

INDEPENDENCE

JUNIOR HIGH

MAGAZINE

MAKEUP

MALL

MATURITY

MOVIES

MUSIC

OUTSIDE

PARKS

PEER PRESSURE

PLAY

PREADOLESCENCE

PUBERTY

PUPPY LOVE

SCHOOL

SHOPPING

SOCIAL

SPORTS

SUMMER

TELEVISION

Solution on page 362

Demeanors

ANGRY
ANXIOUS
APOLOGETIC
ARROGANT
ASSERTIVE
BRIGHT
CALM
CARING
CHEERFUL
CONTRITE
DIGNIFIED
ENCOURAGING
FAITHFUL
GIVING
GOOD
GREEDY
GRUMPY
HAPPY
HELPFUL
HUMBLE
INDIGNANT
JEALOUS
JOYFUL
KIND
KNOWING
LIVELY
MANNER

MODEST
NONCHALANT
OBEDIENT
OBSTINATE
PATIENT
PEACEFUL
PESSIMISTIC
QUIRKY
SELFISH
SUPPORTIVE
SYMPATHETIC

TENACIOUS
UNPLEASANT
UPSET
VAIN
WISTFUL
YOUTHFUL
ZEALOUS

```
E C V G R U M P Y L E V I L Q Q K U Z L
Y H A P P Y N A A T U P S E T W I L G E
D E L B M U H P N T N A L A H C N O N W
E E T R U A K A L X I U M N G X D O I R
E R I I V G N F H E I E A G I V I N G T
R F X F R G O M R K A O N E R H Y B A T
G U E V I T R O P P U S U T B R A Y R B
J L A D W N N D D F D Y A S G S Y S U X
R O N P P A G O A O P M K N S X M V O M
I I Y S O Y E I C D A P A E T O K O C M
C I L F L L T T D C A A R G N I W O N K
K Y U V U H O L A C I T S I M I S S E P
Y L F S F L O G B N I H E U K G Q Z C M
C W P U H H Y B E V I E Z N C M R G A T
X H L O T S K Q E T A T T N A G O R R A
Z X E L U I R B L D I I S N L C S M I M
Z U H A O F I V Z I I C N B M P I G N P
X E V E Y L U F E C A E P P O O C O G V
O M E Z O E Q K U C R P N J E A L O U S
S F R W I S T F U L O Z R T S E D O M S
```

Solution on page 362

Perfect Places

BEACH
BLISS
CALM
CLOUD NINE
COCONUTS
COMFORTING
CONTENTMENT
CORAL REEF
COVE
EDEN
EVERLASTING
FAIRYLAND
FANTASY
FLOWERS
GETAWAY
GORGEOUS
HALCYON
HARMONIC
HEAVENLY
IDEAL
IDYLLIC
ISLAND
JOYFUL
OCEAN
PEACE
PERFECT
PINEAPPLES

PLEASING
PROSPEROUS
QUIET
RELAX
REMOTE
SAND
SEA
SNORKEL
SUN
TIMELESS
TOWEL

UNDISTURBED
UTOPIA
VACATION
WARM
WAVES
WONDERLAND

```
E C Q X I D Y L L I C Y T V X B M G M N
S K S C C I N O M R A H S P E O X R H N
X N C E D M V A G F U U I A S D E Y A J
U P O A V C R O L L N N C E T N L E L W
Q O E R B A R O F Y E H G E I N C L C P
O P Z V K G W E B A R W N A E O A Y Y C
Q S H T E E E D P U L I O V W R L F O A
P H L O R R L P S N N J A T S G U M N H
E G U S L M L A C D B E N F U W F O N B
R S C A H E G A U I H E Z X O O Y B X R
F N R R S E I O S S M S Z Y R N O N F O
E O E T T P L S G T R T M T E D J R X B
C I N A O C I S N U I U I I P E N E D E
T T W T W L E E I R L N H Z S R C L Q D
T A U D B V T L S B G O G D O L L A D K
Y C N N O N O E A E J C G M R A A X E E
S A P C O I M M E D A O C F P N E N B P
S V E C S G E I L L A C E M V D D A D X
N E F C A W R T P C T S X T Q U I E T T
V R A K G E C D Y O D U X E C Z G E S E
```

Solution on page 363

SUVs

ACADIA

ACURA

ARMADA

BLAZER

BRONCO

BUICK

CAPTIVA

CAYENNE

CHEROKEE

CROSSOVER

DURANGO

ECOSPORT

ELEMENT

ENCLAVE

ENDEAVOR

ENVOY

EQUINOX

ESCAPE

EVEREST

EXCURSION

EXPEDITION

FLEX

FORD

HIGHLANDER

JEEP

LAND CRUISER

NAVIGATOR

```
C V C R H I Y P O B U E U C H Y E U G T
U E M P H R K P A I F R J I A M O S C N
S Z J E E E C G I T O N O K U Y E V J E
Y X L Z D S I P A X R B R M D Q E L N M
Z H X O N I U Q E A D I P R U F N N C E
G E N H S U B U R B A N O O A Q Z L N L
Y X I F D R K M N D R L I T R T T H G E
J C S P A C A D I A P A N S D O A H W B
T C S R E D N I F H T A P N L Z I H L C
R M A I A N K U A E S T V I M G E A O H
O O N P W A O Q E J E E P W H N Z B T E
O G V P T L L I R O U D E L C E B E X R
P K N A V I G A T O R S A L R R P C V O
E E A A E I V P K I C N A Q O A U O I K
R U S R R D L A R A D V T N S R I S S E
W G B R U U N U P E E E C S S B R P R E
R O D E O C D E R O V O P I O M A O R X
I R B T N V A W A Z U O O X V S F R W H
F L E X A U U C I N R N R V E Z A T F U
P W N W J S Z X L T Y E V E R E S T B N
```

NISSAN

PASSPORT

PATHFINDER

PATRIOT

PILOT

RODEO

ROGUE

ROVER

SAFARI

SANTA FE

SEQUOIA

SRX

SUBURBAN

TAHOE

TROOPER

WINSTORM

XTERRA

YUKON

Solution on page 363

Christmas

```
A I O H I L G B X S F A M I L Y R A M Q
V P M O J K U B A Y A D I L O H T R I B
W F F Z R L W D E B E H S T N E S E R P
E Z L P U U V F Z S Y G T Q J B V G O F
L M W K A E D O T B M J L T H K U S F T
V V A I N N H O R N A M E N T S F L R U
E U K T B P C D L J D N T S H T A E R W
S T E C E K R E I P A Y O M U K E G F J
L M P S I E U B T C H B E W T S S N O W
L I O N N M H F Y P S L E I G H Q A G W
E J G N N U C D E C O R A T I O N N I B
B S I H K Y N E L W G I S Q H U I S V R
B D N C T A X C O Y O K N H H L E V I C
E M T A C S O E P T Q Y J S O M E R N O
C G U I C O K M H I O N Z R E P A H G Q
Z I R E K A E B T V Y Y A N S T P W E F
C F K I C A D E R I W C S E S X T I G M
N T E S B O Q R O T D N N F L U S I N T
E S Y R G R E E N A I T S I R H C H A G
A Y L N H X I W I N T E R X R R Y Y D F
```

ADVENT

ANGELS

BABY JESUS

BELLS

BETHLEHEM

BIRTH

CAKE

CANDY CANE

CAROLING

CHRISTIAN

CHURCH

COOKIES

DECEMBER

DECORATION

DINNER

ELVES

FAMILY

FOOD

GIFTS

GIVING

GOD

GREEN

HOLIDAY

JOSEPH

LIGHTS

MARY

MISTLETOE

NATIVITY

NORTH POLE

ORNAMENTS

POINSETTIA

PRESENTS

RUDOLPH

SHOPPING

SLEIGH

SNOW

STAR

STOCKINGS

TOYS

TREES

TURKEY

WINTER

WISE MEN

WREATHS

Solution on page 363

Rustic Cabins

```
S X I P W I L D L I F E J I B T F K F N
R U B S L A R U R I Y T M M V R I T O E
G P M Y L I M A F R E T R E A T T I R D
C S S M L R I C K E T Y S T C F N I E B
S M E I E Q U R F J C W L H S U F B S S
O M P R N R M E E V G A E S E K B A T H
E H L O E P E N Z G E N E R A T O R U B
L G J A L N I T X R U N P P G C B L Q Q
P N E L A J E A L M R D I S O L A T E D
M H A R K C T L K E G G N I A T N U O M
I M X A U O A R D O H R G M T J Q H J G
S U F X J T M L G H E S B U Y N U I L P
E V I T I M I R P L H V A C A T I O N T
C S S A I W T N A E Z J G K W X E A S L
L S H N V E N X R R E R U T A N T E U K
U P I O Q O I V P U H G N I T N U H U Q
D G N S M N T O I C F H W H E G V F W M
E R G P G A R X T E S U O H G K E D B L
D M X U L C I C D S W H M M T V A V Z A
I X Q S H P P Q X Z S S U M E T X L O U
```

BATH
BED
CANOE
COT
FAMILY
FIRE
FISHING
FOREST
FURNITURE
GENERATOR
GETAWAY
GUEST
HOME
HOUSE
HUNTING
INTIMATE
ISOLATED
KITCHEN
LAKE
MOUNTAIN
NATURE
PEACEFUL
PORCH
PRIMITIVE
QUAINT
QUIET
RELAXING

RENTAL
RETREAT
REUNION
RICKETY
RURAL
SECLUDED
SECURE
SERENE
SHELTER
SIMPLE

SLEEPING BAG
SMALL
SUMMER
TRIP
VACATION
VIEWS
WILDERNESS
WILDLIFE

Solution on page 363

Illustration

```
N U N I G J P M E G H R D K W F H N I C
K Z L P N R G T Y P E F A C E S Y P F X
I P O M O J P N L A U S I V B L U K H P
C Z T D S R A I C O N B S B C C O E Y A
P T U C Y P H E O D X G L E L B G G H I
T C G E M Y E U M P U B L I C A T I O N
T B U O B H G F P R F Y E O S N G M E T
M P C H O P N R O E T N M S S H N N O T
K A E R L A I X S S T M E M G Y I S W O
L P J C S R G Z I E U M Z N L Z W N E O
P E V M N G A O T N S W I A A T A B G L
S R E K Z O K F I T F S T G X X R G A S
Z A I R C P C C O A I I A E W E D I D J
C I E N U Y A N N T G M S K E T C H Q H
T O P D T T P I R I L L U S T R A T O R
H B L G I S C E D O I M A G E U Q U N R
S D R O W D V I I N F O R M A T I O N V
O I N N R D S E P A H S M S R N Q Y N H
P O G R A P H I C S K O O B T D N A R B
B U Z N W C U P E N C I L C U N T L T R
```

ADVERTISING
ART
BOOKS
BRAND
CLIENT
COLOR
COMMERCIAL
COMMUNICATION
COMPANY
COMPOSITION
CONCEPT
DIGITAL
DRAWING
GRAPHICS
ICON
IDEAS
ILLUSTRATOR
IMAGE
INFORMATION
LAYOUT
LOGO
MAGAZINE
MESSAGE
PACKAGING
PAINT
PAPER
PENCIL

PICTURE
PRESENTATION
PRINT
PRODUCT
PUBLICATION
PUBLISHING
SHAPES
SIGN
SKETCH
STYLE
SYMBOLS

TEXT
TOOLS
TYPEFACE
TYPOGRAPHY
VISUAL
WEB
WORDS

Solution on page 363

iPhone 7

```
D N H H P S D Y O B H M N O W Q P P P F
I V E T S A R E M A C F J C D B X M B I
S G C W Q D T O C S M E G A P I X E L S
P T N X U F H K L N F N J F H I M A G E
L K A W A T E R Y O A G R A P H I C S Z
A H M B L A U X C P C H R B T S O K C I
Y D R S I L V E R Z G D N A R K T A A Z
Z O O M T L A F D C W L U E D C P G S Z
T Y F D Y R I D H A L D V Y A A O I I Q
M W R P U E E Z R X J O R P C L P I N D
G M E X L S G E A U R E A I D B I T G N
K G P Y A I T O P T T B T T T E D I E R
M O D E L S P G N U I I V B E T E M L R
L J L B A T R O P L V O B D L T V C I J
T E A L I A C M I E W V N E E A I O B O
R L E C D N O T Z L G U B S P M C O O X
P S A E K C I X E P A H S I H N E K M L
D L T W D E V O R P M I F G O R O S E D
S E U F S D P E W A R R A N T Y V N X D
Q W Y S H E O D K U O P T I O N S Z J W
```

ADAPTER

APPLE

CAMERAS

CAPABILITIES

CAPACITIVE

CASING

COLORS

COMPUTER

CONTROVERSIAL

DESIGN

DEVICE

DISPLAY

DUST

ENHANCED

GOLD

GRAPHICS

HARDWARE

IMAGE

IMPROVED

JACK

JET BLACK

LENS

MATTE BLACK

MEGAPIXEL

MOBILE

MODELS

NEW

OPTICAL

OPTIONS

PERFORMANCE

PLUS

QUALITY

RELEASED

RESISTANCE

ROSE

SALES

SHAPE

SILVER

STABILIZATION

TELEPHOTO

TIM COOK

UPGRADE

WARRANTY

WATER

ZOOM

Solution on page 363

Certificates

ADOPTION

AGREEMENT

ARCHIVES

AUTHENTIC

BIRTH

BOND

CERTIFIED

CHARTER

COMMUNICATION

COMPANY

CONFIRM

CONSTITUTION

CONTRACT

COURT

DEATH

DIPLOMA

DOSSIER

EVIDENCE

FILES

FORM

GOVERNMENT

IMPORTANT

LEGAL

LETTER

LICENSE

MARRIAGE

MATERIAL

```
D T V K Q Y N X M W A M O L P I D J E W
W N E T T I R W M I S F A A X B V C C B
W A R R A N T L E T T E R N M D N I C C
Y T R O P P U S M T T P C I K E S B S I
B R E C O R D S O T E P H G D L S E C A
G O V E R N M E N T H W I I Q A C G C G
U P N A D O P T I O N L V R M E D A H R
O M B D S F D T T W I E E O C S E I A E
M I E Q I Y I O M E Q T S G N S T R R E
R B D L S O G V S O C E U Q A A N R T M
G T E T N R Z P G S C H I T U L I A E E
Z S A L A R A Q E I I N N T I F R M R N
X M T P O S O L F R D E H S R T P X Q T
P O H G S W O F T F M E R S Q G S K A D
S O S P I C O M M U N I C A T I O N V O
P X O Z L A I R E T A M S Y N A P M O C
M R I F N O C B I R T H H S M X K Q R C
T R O P E R R C E V D E I F I T R E C U
B U A O X C O U R T C A R T N O C C N D
L Z F M F O R M A T I Y L I C E N S E Z
```

MEMO

OFFICE

ORIGINAL

PASSPORT

PERMISSION

PETITION

PHOTOGRAPH

PRINTED

PROOF

RECORDS

REPORT

SEALED

STAMP

SUPPORT

TRANSCRIPT

VISA

WARRANT

WRITTEN

Solution on page 364

The Pacific Northwest

```
C A S C A D E S S E T A T S D E T I N U
X C E S A K S A L A T S A E H T U O S S
B I A E L T T A E S P M N O G E R O F Z
W R N O M L A S R E I N I A R T N U O M
N E D N M L B O E I N G N I H S I F R Y
A M O A O A D I A H Y Y E W O N S J E C
E A O C N A C I R E M A E V I T A N S O
C H H L T D E K A R D S I C N A R F T L
O T T O A T H E I N T E R I O R B Q S U
C R N V N S N I A T N U O M Y K C O R M
I O U P A I S L E Y C A V E S E K A L B
F N O R T H E R N C A L I F O R N I A I
I Q M L M B R I T I S H C O L U M B I A
C A N A D I A N P R O V I N C E V Q W R
A P O R T L A N D A C I S U M E I D N I
P K N O T G N I H S A W C A M P I N G V
Z Y R E V U O C N A V C O A S T L I N E
Q Y Y M S I R U O T L I N G I T F E L R
S E E R T A C O M A T I M B E R Z K V Z
B I G R E E N G Z M F U Y S X O H T H M
```

BOEING

BRITISH COLUMBIA

CAMPING

CANADIAN PROVINCE

CASCADES

COASTLINE

COLUMBIA RIVER

COOL

ELK

FISHING

FORESTS

FRANCIS DRAKE

GREEN

HAIDA

INDIE MUSIC

LAKES

MONTANA

MOUNT HOOD

MOUNT RAINIER

NATIVE AMERICAN

NORTH AMERICA

NORTHERN CALIFORNIA

NORTHWEST TERRITORY

OREGON

PACIFIC OCEAN

PAISLEY CAVES

PORTLAND

ROCKY MOUNTAINS

SALMON

SEATTLE

SNOW

SOUTHEAST ALASKA

TACOMA

THE INTERIOR

TIMBER

TLINGIT

TOURISM

TREES

UNITED STATES

VANCOUVER

VOLCANOES

WASHINGTON

Solution on page 364

Colorful Stuff

ANIMALS
ART
AURORA
BALLOONS
BEADS
BIRDS
BRACELETS
BUTTERFLY
CANDY
CHRISTMAS TREE
CIRCUS
CLOWN
CONFETTI
COSTUMES
CRAFTS
CRAYONS
DRESSES
EASTER EGGS
FALL LEAVES
FIREWORKS
FLAGS
FLOWER
FRUIT
GEMSTONES
JEWELRY
KALEIDOSCOPE
KITES

MAKEUP
NAIL POLISH
ORNAMENTS
PAINT
PEACOCK
PENS
POPSICLES
QUILT
RAINBOW
SPECTRUM
STICKERS

STREAMERS
SUNRISE
SUNSET
TIES
TOYS
VEGETABLES
WRAPPING PAPER

```
G S N S U N S E T N K I T E S I R N U S
A Q U I L T K G E M A C R N M S E I T R
T I U R F Z O F R A S L A M I N A R I E
T Z R A I N B O W A G E M S T O N E S K
I B R Z S G G E R E T S A E C O A V T C
U C U Y S R E M A E R T S G A L F N E I
C D O J A S F E P I F J E W E L R Y L T
Z T T S Z V O E P D V E G E T A B L E S
Y U P Z M K F R I O Q D E M T B I L C Q
N L F U W S Y D N A C R T J S R N S A C
W D F I E C E F G M T S T N E M A N R O
Z P S R R K V V P S A R O R U A I E B N
I D G P E E A C A U R L J D E Y L P B F
S D R J E T W M P E S E L C I S P O P E
S D A E B C T O E H L N W R T E O I V T
A U R Q S S T U R K S L O O J N L X Z T
J W C I I S N R B K M E L Y L X I A Z I
A Z Q R B S E M U T S O C A A F S A K D
E E H O I G F S T M U L R L F R H D P M
H C J T J C L O W N B P E A C O C K R K
```

Solution on page 364

Sea Otters

ALASKA

ANIMAL

AQUARIUM

AQUATIC

BEACH

CALIFORNIA

CARNIVORA

CLAMS

CRUSTACEANS

CUTE

DIVE

ENDANGERED

FISH

FLOAT

FORAGE

FUR

GUARD HAIRS

HABITAT

INSULATION

KEYSTONE

MAMMAL

MARINE

MUSTELIDAE

NO BLUBBER

OCEAN

PACIFIC

PAWS

PELT

POLYGYNOUS

PREY

PROTECTED

PUP

ROCKS

SEA

SHARK

SHORE

SKIN

SLIPPERY

SMALL

SPECIES

SWIM

TAIL

WATER

WHISKERS

ZOO

```
S Q C B S I H E B S H Y E K H Q W W D M
K W T X H K H E M L E S A A X F V C A E
A X A N O I T A L U S N I C O O W M A G
S M U T R J L C B N H J O F L C M K H S
D V S V E L K Y A I A E X B X A E J W E
S Y S Z A R I E P L T L N K L Y M A F A
W G E H R O C K S J I A C I S U P S N Y
I H V D T A O L F K G F T T R C B I N E
M E I K T P O L Y G Y N O U S A A B M R
A G D S Y F D M S P R N F R S R M D E P
Z A U R K S L I P P E R Y F N N I K S R
M R O I N E A H E M U S T E L I D A E O
C O W A E D R N C F K P A T H V A Q E T
Z F F H U L A S I F F G I Y B O L U X E
Q B L D C Q X H E M P P L P G R P A H C
H I E R U R E A S Y A L A S K A H R X T
E N D A N G E R E D X L P A C I F I C E
R E T U C L N K J P U U Z M Y F F U U D
X I C G I H Z W U B P I R J G I M M T V
C G O Y K L K J S E M A M Q E R T L E P
```

Solution on page 364

Blues Singers

ARTISTS
BALLADS
BAND
BASS GUITAR
BESSIE SMITH
CHANTS
CONCERT
COUNTRY
DRUMS
ERIC CLAPTON
FIELD HOLLERS
HARMONICA
HYMNS
IMPROVISATION
INSTRUMENTS
JAZZ
LEAD BELLY
MAJOR SCALE
MELANCHOLY
MEMPHIS
MOOD
MUDDY WATERS
MUSIC GENRE
MUSICIANS
NEW ORLEANS
NOTES
PIANO

PITCH
PLAY
RAY CHARLES
RECORDS
RHYTHM
ROCK
SADNESS
SAXOPHONE
SHOUTS
SINGERS
SINGING

SLOW
SOUTH
SPIRITUALS
TROMBONE
TRUMPET
VOCALS
WORK SONGS

```
P S I Q S D H G N I G N I S I N G E R S
J T N N T L Y P D G Y H A R M O N I C A
Y A R A N D M T W R R L S T U O H S G D
D F Z O E T N U Y T U Y O S S O U T H N
D E Y Z M L S M D M E M P H I S J K F E
Z C K E U B R R A D M U S I C I A N S S
H O X T R U O O E J Y A L P G N O T E S
Y U H C T I P N W L O W N R E D A S A T
O N E Z S A Z P E E L R A L N K H L T R
X T R R N X H T I V N O S T R C T A E U
S R A T I U G S S A B X H C E O I C N M
V Y Y H U C T R E C N O C D A R M O O P
L N C A N S C Z V N W O L S L L S V H E
J S H H I V Y L L E B D A E L E E R P T
J T A T N O I T A S I V O R P M I N O W
K N R H Y T H M K P B A L L A D S F X H
U A L D K S P I R I T U A L S G S B A N
V H E T O D W O R K S O N G S B E X S H
V C S D R O C E R T X D N A B G B C D H
U V C U H I M W P A R C A K F I L Z C B
```

Solution on page 364

Home Improvement Store

```
C H N C S S C O W F D S S S W M I P I E
P L J W Y C T I A S N L B W R M R O Z A
K D E B C P R W R S C O O L P E U R W O
M I T V R E E E E M N O X R E I I C S F
Z O W R E F T G W K D T O M S V C L C U
Y J N W A L N H R S I V M Q P Y O X P S
I J E C I I R O S S E R P M O C B H D E
U V P F H V O E I R T N U S H E A R S S
V I O A P D F M U T A O Y U P P I R R S
O I D S B L O S H T A A R A C L Y E K M
M T C T S C A W O N O L T A L U H B X E
C D E E I E E S E T R G U C G S A M U N
T R T N M P U D T L N A G S A E I U N H
L Y U E O D R E W I S I T W N V P L A V
X W P R A A C R R I C K A C U I S M I H
G A I S G U E U E U O B U P H S M Y L F
T L P S S N S F T N A L A E S E L I T L
B L E A C A E Z U J T W W G R H T L O B
J U I H E W I T K L U A C F S D J C X R
K F O M H X Q Y U Z S Z L Q Z A K U Y Q
```

ADHESIVES

BOLT

CAULK

COMPRESSOR

DOORKNOBS

DOWELS

DRILL

DRYWALL

FASTENERS

FILTERS

FUSES

GARDEN

HAMMER

HINGES

IMPROVE

INSULATION

KEY

LAWN

LEVEL

LOCK

LUMBER

MEASURING TAPE

NAIL

NUT

PAINT

PIPE

PLASTIC BAGS

PLIERS

RATCHET

RENTAL

ROPE

SAW

SCREWS

SEALANT

SHEARS

SHOVEL

STORAGE

TAPE MEASURE

TILE

TOOLS

VICE

WASHERS

WIRE

WOOD

WRENCH

Solution on page 364

Very Mysterious

ABSTRUSE
ALIBI
ARCANE
BAFFLING
CLUE
CORONER
COVERT
CRIME
CRYPTIC
DEDUCE
DETECTIVE
DIFFICULT
EVIDENCE
FURTIVE
HIDDEN
HOMICIDE
HUNCH
INEXPLICABLE
INVESTIGATE
MAGICAL
MOTIVE
MURDER
MYSTICAL
OBSCURE
OCCULT
PERPLEXING
PLOT

POLICE
PURLOIN
PUZZLING
SEARCH
SHERLOCK
SLEUTH
STRANGE
SUSPECT
THRILLER
UNCANNY
UNCLEAR

UNNATURAL
UNUSUAL
VAGUE
VICTIM
WARRANT
WEIRD
WITNESS

```
U B G J I M W S A L U T F U R T I V E A
H E W B Q L T F X A D I F F I C U L T O
R Y S B P P U M K U G M B U F A B P W S
P A S U P E R U C S B O A E N A C R A N
M Q E G N A R T S U G W F G C N N I I U
E I N L C U B P F N C E F I I F P O A P
F V T H C O V C L U E K L S T C L N L L
A J I C U N V T L E J P I K L R A O I A
W E W T I N U E C U X I N L U E T L B C
C A N U O V C I R E E I G P C N U S I I
E E R H Y M S H N T P C N U C O T T S T
L M U R D E R I L A Z S N G O R R P H S
W I I S A H N D G G X N U E U O E O E Y
U R I R G N O D A I A F M S D C M L R M
H C C Q D E T E C T I V E A U I J I L L
B H Y N N A C N U S H S E D C X V C O S
U L C I T P Y R C E K W E I R D W E C O
X O H E U G A V B V O D D Z X C J P K D
S O Q X M L O D I N R E L L I R H T J X
D B L R P U Z Z L I N G L J K E E L A G
```

Solution on page 365

Justin Timberlake

```
N J E P Z U D U F B T E E T E Z G A N P
L E I B A C I S S E J C R W N Y M M E M
C R V Y I E E S S E N N E T S O E D I V
E Y P P D S P U O R G A Y S Y E M E I B
D U T R N O P D T J J D Z D N M P O P D
F H Y I O E B G R L U H Y R C I H F L R
G U L T R D S R A E P S Y E N T I R B O
Y L M B E B U O U K V E T M O N S O S C
P O O U M Y E C C O L I K I M I N T M E
O W V M A U B L E I Y S R L F A H C A R
L V I U C F B O E R A K I A S I R A G E
O A E S M F M L Y C K L C R E U E G N M
S K S I N G E R A B S G N O S M K D F R
V R I C H B A D T E A C H E R S Y D M O
D J X T S I T R A F D N G K T P V R E F
R A B L J O E N H A U S D R A W A V C R
U A N T O C X R R M I C K E Y M O U S E
Y G R A N D A L L O P V N Q Q L J R J P
L V G O N T I L J U F A T N Y C B R K I
C X C I S N L C I S P Z R M Q I J M X P
```

ACTOR
ALBUM
ARTIST
AWARDS
BAD TEACHER
BOY BAND
BRITNEY SPEARS
CAMERON DIAZ
CELEBRITY
CONCERT
CRY ME A RIVER
DANCE
EMMY
FAMOUS
GRAMMY
GROUP
IDOL
IN TIME
JESSICA BIEL
JUSTIFIED
MEMPHIS
MICKEY MOUSE
MOVIES
MTV
MUSIC
MY LOVE
NSYNC

PERFORMER
POP
PRODUCER
RANDALL
RECORD
RICH
ROCK YOUR BODY
SINGER
SNL
SOCIAL NETWORK
SOLO

SONGS
STAR
SUPER BOWL
TENNESSEE
VIDEOS

Solution on page 365

Have a Snack

ALMONDS

APPLE

BAGEL

BANANA

BEVERAGE

BREAK

BROWNIE

CARROTS

CHEESE

CHIPS

COFFEE

COOKIE

CUPCAKE

DRINK

EASY

EATS

FOOD

FRUIT

GOODIES

GRANOLA

HUMMUS

ICE CREAM

JERKY

KIDS

LEFTOVERS

MILK

MORSEL

MUNCH

NACHOS

NIBBLE

NOSH

NUTS

PARFAIT

POPCORN

PRETZELS

QUICK

RAISINS

REFRESHMENT

RESTING

SANDWICH

SMALL MEAL

SWEET

TEA

VEGGIES

YOGURT

```
Y L L E V C K B I R U Q P Z L F D A R B
T F R U I T X F R B F E L H Y T Q M U U
Y X X J Y K K D O K F P G G B E T E F W
D S T U N Q O O W P O E A J A T V Q Q A
A L S I F S P O R P U J Y H N E G U X N
Z Y R X S T T P C L J S Y C A E W E E H
J D L N R H N O A E U M E I N W O R B D
V O E U W O R E R M X A G W A S L U L I
I E G L N N M K M R D E B D Q E K G E Q
P O G N B L Y U Q H A R G N G D R L S P
Y E V G L B H V M U S C N A L O N A R G
L A R A I S I N S R I E B S R E X E O R
T T M G L E Y N E K K C R H E E T D M A
F S H B E M S V I P N I K F K Z V R T G
T T P L G O O D I E S A F A E S E E H C
T B P D W T S N G H S O C L P R A S B Y
M P A R F A I T D Y C P S H G H S T R O
A I J E Y H S O N S U N I R O W Y I E Q
C O L S O U O F Y C P A U H Q S W N A L
O E O K B F S X T D V Y J M C S F G K M
```

Solution on page 365

224

Tell a Tale

M T D W E I V K L V H G K R U Z U D V W
N O S L O V C V P E R F O R M A N C E S
A N V D M U S I C V N C N E R D L I H C
S G P I K F C A M A R D N P L X V D H H
B A I I A T N L G E S T U R E F L R F O
E Q S I U I T O A V S D N U O S U A N O
U Y R R A K I T I P L O T T A V B D J L
P Y E R Y R I K Z T I R N I C L C I J O
G S K R E N T E R T A I N M E N T X D N
Z A O E G L T D A D O S C U L T U R E C
Y T O R U N A C I P G N I K A E P S X K
S N B I D F I T P K Z R C V C W I A P N
D A F F V N I N L A N O I T O M E C R C
R F L P U O E C N L I S T E N R E L E T
O P G M N P I G T I G K L S V P P I S M
W U M A O Z R C E I G N S F E Y I M S M
H O Y C K R X H E L O E I G Y G C A I Q
C R T F U A A S B R S N B D I S A X O C
Y G H G N I L L E T C I L F N O C M N C
C Q I N B C U H R E A D I N G E A U I U

ART
BEGINNING
BOOK
CAMPFIRE
CHILDREN
CLIMAX
COMMUNICATION
CONFLICT
CONVEYING
CREATING
CULTURE
DRAMA
EMOTIONAL
ENDING
ENTERTAINMENT
EPIC
EXPRESSION
FABLE
FAIRY
FANTASY
FICTION
GESTURE
GROUP
HERO
IMAGES
IMPROVISATION
LEGEND

LISTEN
MUSIC
MYTH
ORAL
PERFORMANCE
PICTURES
PLOT
POINT OF VIEW
READING
SCHOOL

SOUNDS
SPEAKING
STORY
TALE
TELLING
TRADITION
VOICE
WORDS

Solution on page 365

Stay Organized

```
R Q C Y N B X T E N I B A C C T S Z Z Z
Q E B F T E Z G X T X U P F A P U E D T
U E W L G L N W B W A V P J I A B R I T
Z Q E A X A Q W T J V V O T Z L G M B E
L P N L R W L L J X T S I L K C E H C S
E A X R U D P J M X E X N T G R G P K O
M Y A N P D R K E N F V T N O S A Q C L
Y P F G N L E W T U F F M V A M R K I C
E S L O O R P H I G I Q E E L L O P L J
L E B A L E A M C D C Z N L T K T A A V
D Q A B N D R U U S I T T O D H S C K S
I M B R S R E X L R E K O F T S O K T R
C K S E D O Y R O T N E V N I E G D O E
E K Y T R D M G U E C I F F O W B U S P
J N D T S R E A S T Y Y Y W K U T O F A
U U I U R T A K J X C Z E P J I R C O P
P J T L A D F N C U H U N E N T P E E K
V S K C T O S S D A T S R E D I V I D K
N P M E N U W W N S T T E T A G E L E D
E D X V Y L O H M E T S Y S S T G Z A D
```

APPOINTMENT

ARRANGE

CABINET

CATEGORIZE

CHECKLIST

CLASSIFY

CLOSET

CLUTTER

DELEGATE

DESK

DIVIDERS

DRAWER

EFFICIENCY

ERRANDS

FILE

FOLDER

GOAL

INVENTORY

JUNK

KEEP

LABEL

MANAGE

METHODS

METICULOUS

MOTIVATE

NEAT

NOTEBOOK

OFFICE

ORDER

OUTLINE

PACK

PAPERS

PLAN

PREPARE

ROUTINE

SCHEDULE

SORT

STACKED

STORAGE

STRUCTURE

SYSTEM

TIDY

TIMER

TIPS

TOSS

Solution on page 365

Therapy Session

ANALYSIS
ANXIETY
BRAIN
CLIENT
CLINIC
COGNITIVE
COMMUNICATION
CONFIDENTIAL
CONVERSATION
COUCH
DEGREE
DEPRESSION
DIALOGUE
DISCUSS
DOCTOR
DREAMS
EMOTION
FREUD
HEALTH
HELP
HYPNOSIS
ILLNESS
INDIVIDUAL
INTERVENTION
JUNG
LISTEN
MEDICAL

MEMORY
PANIC
PERSONAL
PROBLEMS
PROFESSIONAL
PSYCHIATRY
PSYCHOLOGY
REHABILITATION
RELATIONSHIP
SESSION

SHRINK
STRESS
SUPPORT
TALK
TECHNIQUES
THERAPY
THOUGHTS
TRAUMA

```
C I N A P A J D K P S Y C H O L O G Y H
J C O M M U N I C A T I O N O I S S E S
S M I S T Y J A C C L I N I C E P B I J
J D T T H K R L J O U M F D B R N A H O
U I A R E V P O B F N U I F O O M Y D L
Q S T E R P E G M R H V D F I U P S E C
Y C I S A R R U H E F I E T A N H K V N
V U L S P O S E L U M S N R O I N L I E
B S I M Y B O P P D S E T S S H O A T T
O S B A K L N J C I V A I N E A I U I S
H H A E D E A N O R H S A A Y D T D N I
R R H R T M L N E T N S L B R J O I G L
U I E D H S A T A J Y T N J T A M V O L
L N R D M L N L O T H M A O A R E I C N
L K T D E I K D E P R E S S I O N D D E
P S F H D N K I S T H G U O H T B N E S
E M P E I J X J G L H C U O C C A I G S
Q W C A C N X U U U B N W X Y O Z L R K
P C R W A T E C H N I Q U E S D Y U E B
Y B R C L I E N T H G S U P P O R T E R
```

Solution on page 365

Mariachi Music

BANDS
CELEBRATIONS
CLOTHING
CULTURAL
DANCE
ENSEMBLES
EVENTS
EXPRESSION
FILMS
GROUP
GUITARS
HACIENDA
HARP
HERITAGE
HISTORY
INDIGENOUS
INFLUENCES
INSTRUMENTATION
LA CUCARACHA
LA NEGRA
MEXICO
MUSIC
ORCHESTRA
OUTFITS
PATTERN
PEASANT
PERFORM

PLAZAS
POLKAS
PROMINENCE
RADIO
RECORDINGS
REQUESTS
RESTAURANTS
RHYTHMIC
SERENADES
SINGING
SPANISH

STRINGS
STYLE
SYMBOL
TEXTURE
VARGAS
VARIETIES
VIOLINS

```
N P V S E D A N E R E S T R I N G S M A
G N I G N I S S U C U J Y M E G L E H B
G R O U P H I S T O R Y G N G A X C A F
H A C I E N D A N N G S S S R I A N W D
S E G A T I R E H P E E F U C R D E S S
I P S C F A G L L I M V T O A S V U C A
N E S N O I T A R B E L E C B R I L F K
A R G P D I Z N L M U T U R B A O F X L
P F E N A A P E E C E C N A D T L N O O
S O I Q S T S E J M A B N D H I I I A P
Y R E O U N T S L L U O U I N U N Z R E
M M R S R E G E V Y I R N O D G S O G A
B C U M M C S I R S T G T S T D M M E S
O W T L H T H T S N L S U S M I D U N A
L C X I I H R E S T A U R A N T S V A N
B I E F L S R I S G Y G J E E I J U L T
O S T X T P Z R R T S G N I D R O C E R
V U F L X P R A H F R C I M H T Y H R W
O M Q E R O V V D Q E A Y C D E T R V N
O V J L O A Q A N T A A P Z E S M L N N
```

Solution on page 366

Antenna

```
R D X X T X L E Q U I P M E N T A L K H
E E P N L O R B T C C I L O B A R A P S
X V A B K I W I V Q F M I H D N U O S S
T I A A K L M E L B A T R O P A U C S R
R C P W M S C R R S C L I P O L E Z P O
S E N B N P G V A E F Z L V P O W E R Q
I G G A G N L T R A T U L A N G I S U Q
A A R N I P E I R Z F R E Q U E N C Y S
K T O D I L D U T E C N A D E P M I Z Q
U L L W L P D G C U C O L C T S M T A J
U O F I I N O N T F D E N H T S I L H Q
F V T D E R A C N E N E P D X A U O S D
C E C T Z N E Q S N R R V T U M B J N C
D E X H O I T T A E A M C I I C H L D W
V E J S H R N H F D L I I N E O T L E A
F M E E L E C R A Z T E U N B C N O M J
R R Z N M A E R I A L M T M A D E H R Y
Z T R E H T I D T Q V E H I C L E R O H
Q A L A N O I S I V E L E T M K S I K S
C E B I A S F E I U Z X O Y V H S H S A
```

ADJUST

AERIAL

AIR

ALUMINUM

AMPLITUDE

ANALOG

BANDWIDTH

CAR

CHANNEL

CONDUCTOR

DEVICE

DIRECTION

ELEMENTS

EQUIPMENT

EXTEND

FOLDING

FREQUENCY

HERTZ

IMPEDANCE

INTERFERENCE

LONG

NOISE

PARABOLIC

POLE

PORTABLE

POWER

RADAR

RECEIVE

RECEPTION

RESONANCE

RETRACTABLE

SATELLITE

SIGNAL

SOUND

STATIC

TALK

TELESCOPING

TELEVISION

TERMINALS

TOWER

TRANSMIT

VEHICLE

VOLTAGE

WAVE

WIRE

Solution on page 366

Children's Parties

BALLOONS
BANNER
BIRTHDAY
BOWS
BUBBLES
CANDY
CARD
CLOWN
COLOR
CONFETTI
COSTUME
DRINK
FAMILY
FAVORS
FORK
FROSTING
FUN
GAMES
HAPPY
HORSE RIDE
ICE CREAM
KIDS
LAUGH
MAGIC
MASKS
MOVIES
OUTSIDE

PARK
PLATE
PONY
PRESENTS
PRIZE
PUNCH
SINGING
SLEEPOVER
SNACKS
SPOON
STREAMERS

SWIMMING
TAG
THEME
TOYS
TREASURE
WATER SLIDE
WRAPPING PAPER

```
Y X B E T I M E C G C L U G C Z R S A K
Y D T Z M G M L R R M J G H E C G X Y B
N N C O L E Z B I R T H D A Y D N A C Z
S L N A D X H S H E D C O N F E T T I S
P A N J L X S T R E A M E R S Y C N H L
B Q I X I V W U A O N F R O S T I N G E
J C A F C X S K D G V G H H B E W J U E
Z U Q J S A E N I P J A N E A A R B A P
M R Y N E Z L W F D W F F I T P A I L O
I S C R M T B O U T S I D E M L P W D V
S N T I A L B L N V X R R L L M P Y J E
S K K V G G U C K G E S G O R U I A R R
B S R N N A B E V N L I O P O M N W O A
J Y N O P T M B N I I N C R L E G B S X
E X B O F F R A D G S R N E O Z P C E U
B E O P W M B E T N P D D S C I A L I O
P E W S U F F A M I L Y Y Y E Y R P O V J
M A S K S N A C K S A O W N D P E E O X
M Q R D W W C P F S T I N T D N R A M D
P E A K J D O H H O E C O S T U M E M M
```

Solution on page 366

Antique Finds

```
R E L H D F G H A I S H O P P I N G E M
G T N N T N C H I N A G N L M M E Y X G
A V T T C R A F T S M A N S H I P T C P
U J A F O S X S J T E S J I O H H E I J
R S Z R N Q Q I H R K R E V V V U Y T R
G Z N D N R M D A U P Z W H O R G A N F
G Z R L U I E R T M C A E O C V A S E S
S T B E A N S D N E L A L N Q T P C H M
A U O A P N P H O N O G R A P H A F T L
M M R M R A I L I T C N Y I E P E W U E
R I Y H D G I G T S K A P P R A I S A L
E P F E N N A R I G S R C O K R Y G E B
A E J F K O E I D R Y W F L F G E R K A
Z R M B V A I G N R O I D D O O U A C T
B O W A S M F T O A T V F I X T U R E S
Z T N U R G H T C T H F S E I O H A T S
B S R U J F S Q I U I T S N T H W I M X
Z E D S Z I U N W W A A R E R P W B N K
X R D N H G G Y C I G U T Q L O D D H G
D I S H E S T Z N Q F G R E P L I C A P
```

AGE

APPRAISAL

AUCTION

AUTHENTIC

BARGAIN

BED

CARVINGS

CHINA

CLOCKS

CLOTHING

CONDITION

CRAFTSMANSHIP

DISHES

ERA

FAKE

FITTINGS

FIXTURES

FRAME

FURNITURE

HATS

HISTORY

INSTRUMENTS

JEWELRY

NEGOTIATE

OLD

ORGAN

ORIGINAL

PHONOGRAPH

PHOTOGRAPH

PIANO

RARE

REDO

REPAIR

REPLICA

RESTORE

SAND

SELL

SHOPPING

SOFA

STAIN

TABLE

TREASURE

VARNISH

VASES

WATCHES

Solution on page 366

Interesting Insects

```
G J V L Q C B V H C W I N G S D B D S Q
I J C X N X E R U T A N O S I O P S Y K
Z E U X X A R O H T S S Z Z D B X U B Y
A C P G V S A L A Z P O Q Y N V M X K W
F I S R E P P O H S S A R G S T S E P G
K L A Y A R A C H N I D S N S E I L F D
Z L E F L Y I N G S E X D E D N L U Z O
M M S A Y W I A B I T E S I T O K E R O
E G G D G S X N R U M I C H T I S T K F
I D U R O N E O G W T I N K D T M A T S
N Y B A L P O H Y M T T D G A A Z R P E
Z G Z G O C O T C C A E E N H N S B E L
T J V O M E I R E A X N G R Z I J E M T
R N P N O N O S H L O X T P F L O T O E
E B D F T T N C A T E R P I L L A R S E
S Q N L N I T X S L R K K F S O Y E Q B
S J N Y E P H W E H W A S C O P Z V U E
M E A N N E T N A T C A P O O Q M N I W
Z N E M O D B A C O V T R M X C U I T T
W D G Q V E L L A M S P E C I E S N O L
```

ABDOMEN
ANTENNAE
ARACHNID
ARTHROPODS
BEETLES
BITES
BODY
BUGS
BUTTERFLY
CATERPILLARS
CENTIPEDE
COCKROACHES
CRAWL
DRAGONFLY
EGG
ENTOMOLOGY
EXOSKELETON
EYES
FLEA
FLIES
FLYING
FOOD
FRUIT
GNATS
GRASSHOPPER
INSECTICIDE
INVERTEBRATE

LARVAE
LICE
MOSQUITO
MOTH
NATURE
PESTS
POISON
POLLINATION
PRAYING MANTIS
SILK
SMALL

SPECIES
STING
TERMITES
THORAX
WASPS
WEB
WINGS

Solution on page 366

What's That Smell?

AIR
ALCOHOL
ANISE
AROMA
BAKERY
BLOSSOMS
BODY LOTION
BOUQUET
CALMING
CINNAMON
CITRUS
CLOVES
COFFEE
COLOGNE
ENCHANTING
ENTICING
ESTERS
EXOTIC
FLOWER
FRAGRANT
FRESH
FRUIT
JASMINE
LAUNDRY
LEATHER
MUSK
NATURAL

NOSE
NUTMEG
ODOR
OILS
PATCHOULI
PEPPERMINT
PERFUME
PINE
PLEASANT
POTPOURRI
ROMANTIC

SACHET
SANDALWOOD
SCENT
SOAP
SPICE
SPRAY
SWEET

```
T V C X E C J C S M C Z D N I U V R C K
H I L R Y N L P O W S C O L O G N E P U
G D U A G T I E E S N O M A N N I C C I
Y U R R U V W P A S A P A I O Z H N E T
D P O E F N H P F T I N T P I X K Z N N
S H D W J C D E G P H N D J T Z H E T Y
Q D O O D A M R S I A E A A O X C S I X
F D W L C U M M Y H U T R J L S P R C V
N C O F F E E I C V N M C G Y W R S I Q
S T K R K D U N J A U M S H D U O W N B
O M E L F R E T R S M O S S O L B O G O
S P Y A D G E G K L O E C P B U P S D J
G U D R O M A N T I C X T Z C J L P K H
K S R U E R N E L O H O C L A P E I K U
S R C T F K U S A M P T A C L H A C F J
T E D A I Q A M O R A I L P M T S E A U
Q T V N U C A B T E H C A S I E A E N Q
C S N O S E S I J J A S M I N E N E R H
Y E B O L V A R X N U T M E G W T I S F
J S M G Y C X U Y S L Z S X G S A F V N
```

Solution on page 366

Fine Restaurants

ADULTS
ANNIVERSARY
BIRTHDAY
CANDLELIGHT
CELEBRATE
CHEF
CLASSY
COURSES
CULTURED
DELICACY
DELICIOUS
DESSERT CART
EAT
ELEGANT
ETIQUETTE
EXOTIC FOODS
EXPENSIVE
FANCY
FIVE STAR
FORMAL
GLASSES
GOURMET
HOST
LINENS
MANNERS
MUSIC
NAPKIN

NIGHT
PAMPERING
PIANO
POLITENESS
PRICEY
QUALITY
QUIET
RESTAURANT
SAVOR
SHRIMP
SILVERWARE

SOPHISTICATED
TABLECLOTH
TRADITIONAL
UPSCALE
VIOLIN
WAITER
WINE LIST

```
P W Y E U Y H F E X P E N S I V E M V Q
M B C Q S P R T P R I C E Y L J G Q W Z
V X N S F E T A R B E L E C I S U M Q Y
T Z A I E E M S S E N E T I L O P R U W
L L F P U P S S H R I M P S L G R S A U
C C C Q E T H G I L E L D N A C E O L E
M W I R L A M R O F Y V E W Z M S P I L
F T I U E B L A N O I T I D A R T H T O
E N D D S L M D Z L I N E N S P A I Y Q
G A K O D E R U T L U C K L N I U S A A
R G O T I C S D E S S E R T C A R T D C
O E I H R L T S E S R U O C P N A I H L
V L T G Y O S Y A A U V U T F O N C T Q
A E M I C T I H W L E F I V E S T A R U
S L A N A H L R Q U G O U R M E T T I I
D A N A C W E S D O O F C I T O X E B E
X C N P I V N P C S U O I C I L E D X T
P S E K L V I O L I N T S O H F F F Z W
R P R I E G W U G Q I B Q T A E I U C B
K U S N D Y O U J W Q I S A Z N F I G G
```

Solution on page 367

Paperbacks

```
H R M Y S T E R Y Q A M N V Q Q I I W U
T K E S A E L E R I X X N N I U G N E P
D P A D D O B E S T S E L L E R B G S U
T L Q A A A A P R Z N C O V E R Y P T B
E T R A N E T W T U R W I S N P T J E L
B T H H I Y R Y R O T S T R O H S P R I
O V K R V A O X M N N N R C U G R Z N S
X P P S I A P A L E H S E T T I N G S H
L W I U H L N J P V Q F D V N E U J P X
H N T U Z C L X P I G U W T D C X S A Y
P O C K E T E E P T N T H E S A U R U S
C V C Q N N L Y R A N O I T C I D S T A
E E S Z I E B W E M R J I N V F O C H T
M L C D U R A Y T R R A H T L F I H O N
L I E G Q D L T I O N G G I I S I A R A
X O N N E L C X R F H E M R S D P P W F
A G E O L I Y E W N Z S G A A T E T R N
L B J J R H C R D I Y G L U E P O E H R
U S V J A C E T F O S C I M O C H R Q K
I P A E H C R I M E S S E I R O T S Y J
```

ADVENTURE
AUTHOR
BESTSELLER
CHAPTERS
CHEAP
CHILDREN
CLASSIC
COMICS
COPY
COVER
CRIMES
DICTIONARY
EDITION
FANTASY
FLIMSY
GENRE
GLUE
HARLEQUIN
HISTORY
INEXPENSIVE
INFORMATIVE
MINOR
MYSTERY
NOVEL
PARAGRAPHS
PENGUIN
POCKET

PORTABLE
PRINT
PUBLISH
READER
RECYCLABLE
RELEASE
ROMANCE
SALE
SCENE
SETTINGS
SHORT STORY

SOFT
STORIES
THESAURUS
THRILLER
TRADE
WESTERNS
WRITER

Solution on page 367

Send a Card

ADDRESS

ANNOUNCEMENT

ART

BABY

BIRTH

BLANK

CELEBRATION

CHRISTMAS

COMMUNICATION

DECORATION

DESIGN

EASTER

ELECTRONIC

EMOTION

ENVELOPE

EVENT

EXPRESSION

FOLDED

FRIENDS

FUNNY

GET WELL

GIFT

GLITTER

GRADUATION

HOLIDAY

HUMOR

ILLUSTRATED

INDUSTRY

LOVE

MAIL

MUSICAL

NOTE

OCCASION

PERSONAL

PHOTO

PICTURE

SEASONAL

SIGNATURE

SMALL

SPECIAL

STAMP

THANKS

VALENTINE

WEDDING

```
Q T R Y D E S I G N R X B I R T H C T S
N O T O H P E A B D F E I L H F X E P S
S Y H E E E A N Q U E C M A A X K L I S
M P W C R A S N L Y T D N F U N N Y C E
A M I S Y S O O G Y N K L V N I K N T R
L A I I C T N U G L S O I O N Q O O U D
L T H L U E A N T D I E I D F I J T R D
W S O V M R L C N S V T U S T P I E E A
J V L A Q N K E A R A S T A A L G C X L
E N I D W G I M B C T W U E L C O E P F
D L D P S R T E I R S D G U R R C M R P
R N A J F S R N Y E A J S B A B Y O E U
I D Y N I G U T P R R T A T Z R M T S C
Z S K R O M I O G C R U I T N U T I S M
O G H I M S L F G A Z O T O H E X O I L
K C I O N E R C T G N R Q A N K V N O T
W I C F V W Q E L E C T R O N I C E N I
V D B N M H D D P W E D D I N G N C E G
N G E T W E L L T M V A L E N T I N E Q
P D E K P C Y L R I F T T L A C I S U M
```

Solution on page 367

Wear It Well

APRON

BLAZER

BLOUSE

BOOT

BOW TIE

BUTTONS

COLLAR

CORDUROY

COTTON

CUFFS

DRESS

FASHION

FROCK

GARMENTS

JACKET

JEANS

JERSEY

KHAKIS

NECKTIE

NIGHTGOWN

OVERCOAT

PAJAMAS

PANTSUIT

PETTICOAT

RAINCOAT

RAYON

SANDAL

SCARF

SHORTS

SILK

SKIRTS

SLACKS

SLEEVE

SOCKS

STOCKING

TAILOR

TIGHTS

TROUSERS

TURTLENECK

TWEED

UNDERPANTS

UNDERSHIRT

WINDBREAKER

WOOL

ZIPPER

```
B T F J V S X N T T N E C O L L A R W T
T X D E E W T Y J U M O U D K B U S R Q
K E N S Y W I N D B R E A K E R Y I O J
U I G O J E T V A D S T S T R O H S L B
S K I R T S S U U P Z N L P Y S S L I Z
Y X R D B T P R G N R S A E R A T A A C
S P K T E O O O E H O E L E N C A C T B
V C A K I Y O C V J X Y D D J E O K U S
E F C N I G H T G O W N A N C B C S P F
G A R M T A H N H V U L I R U U I K N E
J A E O Z S I T F E G A R M E N T S M P
C C R U C K U Z S R T K V G Y A T L F G
P U J E C K I I E C O N R B O A E E N Z
N F N O Z P H B T O Z S O C K S P E E M
E F T T P A J A M A S W N I L F C V D D
P S N E N Q L X K T T I I O H K H E S R
F C R G O N L B X I A Q O V T S I L K H
N B U T R O U S E R S W N I W T A J B Y
R H B N P B F G W O D R E S S N U F U C
G K F R A C S N V S W J E S U O L B L J
```

Solution on page 367

Horoscopes

```
O G Z I P P E G P R P L G R I X T B G B
I O V E N U S R A T S Z E K A N S R O H
O N Y L I M A F E W T O O C X G I D B D
C A P R I C O R N D G O S D V S I M S X
A I U X O R P M O R C H O R I H W X E C
N S F H E R O P I H S N O I T A L E R G
C P D C E B F V T X M T O R V D C E V O
E J A T A E W I A R A N A O R Q Y P A V
R S N H U N C H N C T E A A M A R O T J
T I T S X U H Q I A R E G S S O H C I V
W C P L V T Y T V K N O E H P H O S O R
B X H W S R S N I R N C T H H L K O N R
H B T I Q O H E D D S O E A U Z E R L S
V Z G A N F R W W I O C Y S C E I O J P
P N E G U E S A P S Y L E Z C I V H C I
S L O D S R S G L Z Z I K P R E D I C T
T R A H C U U E P L R I N F L U E N C E
P C U N V T J S X A E S O S C O R P I O
L Z F R W U M H N H M T M P K G X T T S
O C H X B F B T I M T E S A H P Z Y W M
```

ARIES

CANCER

CAPRICORN

CHART

CHINESE

DIVINATION

DRAGON

EARTH

FAMILY

FINANCES

FORECAST

FORTUNE

FUTURE

GEMINI

HOROSCOPE

HUNCH

INDICATOR

INFLUENCE

INTERPRET

LEO

LOVE

MAP

MONKEY

MOON

NEW AGE

OBSERVATION

PHASE

PISCES

PLAN

PREDICT

PROGNOSTICATOR

PROPHECY

RELATIONSHIP

SCORPIO

SIGN

SNAKE

SOOTHSAYER

STARS

STELLAR

SUN

TAURUS

TIPS

VENUS

VIRGO

ZODIAC

Solution on page 367

238

Emotional

AFFECTION
BORED
BRAIN
CALM
CONTENT
CRY
DEPRESSED
DESIRE
ECSTATIC
ELATED
ENVY
EXCITED
EXPRESSION
FACE
FEAR
FURIOUS
GESTURE
GRATITUDE
GRIEF
GUILT
HAPPY
HATE
HOPE
JEALOUSY
JOY
LAUGH
LONELY

LOVE
MAD
MENTAL STATE
MIND
MOOD
PLEASURE
POSITIVE
PRIDE
PSYCHOLOGY
REACTION
RESPONSE

SCARED
SHAME
SMILE
SORROW
SYMPATHY
UPSET
WONDER

```
Q C I W D S B M J H M Q R A E F R Z T G
W C M O O B I P Z X D F P D B A F S W A
E U O R G N O G H A T E I R R H A P P Y
D M U R D D Y R Y Z H R R O E P O H O Y
E Z Z O E A D A E M P L E A S U R E S Y
T G J S P T J T H D W Y L Y C H N U I Q
A T I L R H A I T E H L C O G S O M T I
L R Q T E T G T S A I H C L N L X C I Y
E W Y Y S J I U S N O I T C A E R A V Y
B C O O S W H D A L B B H E U Y L K E G
P J E N E A G E O L A V J X N P C Y J X
R U G L D U F G C Y H T A P M Y S G V O
J N E J I E Y F Z A N E N R G G W E M G
N G S L C M R T E E F B I E B R P C T O
A N T O E A S U T C J R V S M I E T A L
V D U V N D G N C I T A T S C E U B Y U
V Q R E S U O I R U F I K I H F R D H H
L D E T I C X E D Z L N O O C A L M K R
Y P J C I S W S R E S P O N S E M J Q Y
D W X N Q W Z D F V E O V Z Y V N E A F
```

Solution on page 367

Finding Dory

```
E P K S K N Q I H W O M F K D E D N X A
J I U S X D I C J E J F I S H X K Y V R
Y X Y A E A M T E P E F L A S H B A C K
V A S Q C W N E M O W S M K L J E Q R N
E R U T N E V D A Q E N O I T A M I N A
L L I Y R O M E M C L O W N F I S H Q A
E O L R F Y A B O R R O M S I B T S R D
N I U E K P A O N B D G N I T I N U E R
E C V C N I M Y T O C E W X K K P C S A
G D E O O D N R W C T D T P Q E S C C M
U B R H M Z E E S A Q A N A B U X E U A
E Y U C J B S G H S L V E C R A E S E S
N N D R L T I T E Q L T R K E A I S E L
R I D A N K A L L N W E D R E S P L T J
M L E E U N G K L X E Z Z I F N C E E O
H R R S K G N P S F U R A N S A A A S Y
O A T M U I R A U Q A L E G T N M I P A
P M T R E T U P M O C R U S H T E I D E
H Q T P B Z O K J A D O B L C G L Y L K
W S C H O O L Y D E M O C X Q P S S L Y
```

ACTION

ADVENTURE

ALBERT BROOKS

AMNESIA

ANIMATION

AQUARIUM

BAILEY

BECKY

CLOWNFISH

COMEDY

COMPUTER

CRUSH

CURRENT

DIANE KEATON

DRAMA

ELLEN DEGENERES

ESCAPE

EUGENE LEVY

FAMILY

FILM

FLASHBACK

JEWEL

JOY

MARLIN

MEMORY

MORRO BAY

MOVIE

NEMO

OBSTACLES

PARENTS

PIXAR

QUEST

REEF

RESCUE

REUNITING

RUDDER

SCHOOL

SEARCH

SEPARATED

SHELLS

SIX PACK RINGS

STRUGGLES

SUCCESS

TANK

WALT DISNEY

Solution on page 368

240

Remote-Controlled Airplanes

```
V R I Z N D B Z E U S N S P A R K W A L
Z P M V U O I D A R O P J R E P L I C A
T V C X M O I M R I U N E T R A V Z N G
M S V S U L I T T Z F T Q E O V P N J H
E L Y K H H U A I R Q V A F D K E P I N
M X Z U H G I H E T A R U I Y T L C L M
E V T T O V R Q L F E N G I N E L I C X
P V E F A E U E Y C D P S A A I A R Y P
G M C W M E D B R R A L M M M R M T O U
Y O N O N M Q E M S E Z Y O I E S C S J
X D T C N N A S O N P T Y B C T M E N I
D E Y L F T K V N Q H A T V B P T L O D
F L I J I Y R A T I L I M A A O L E Y T
F B W O H E H O E D N I W S B C H A R A
O B N Y S C E F L V Y L P S V I A Q N Q
E D I S T U O E A P R O P E L L E R A E
K Z K T I W I J C S Z C T M Q E T V I F
A Z O I K F R C S M T P L B V H S A R C
T V Z C Y W N K O R F C V L A N D I N G
E S Z K J R U D D E R E C E I V E R C J
```

AERODYNAMIC

AIR

ANTENNA

ASSEMBLE

AVIATION

BATTERY

CHANNELS

COMPETITION

CONTROL

CRASH

ELECTRIC

ENGINE

FAST

FIELD

FLY

FREQUENCY

FUN

HELICOPTER

HIGH

HOBBY

JOYSTICK

KIT

LANDING

MILITARY

MINIATURE

MODEL

OUTSIDE

PARK

PLANE

PROPELLER

RADIO

RECEIVER

RECREATION

REMOTE

REPLICA

RUDDER

SCALE

SERVOS

SKY

SMALL

SPEED

TAKEOFF

TOY

TRANSMITTER

WIND

Solution on page 368

Color Measurement

```
R J P B V K P A J W J X Q H M A G C H Y
Z X N L W N G T T O C O O L W Y K T E G
E G N A R O Y E O Y W O E M H O T B D A
X V Q C W I C L U Z M O N I T O R F R E
E V L E V T H E E I K X B T S K L S O R
J C P U Q A A V B I F V C N R F C E B S
M M N L A R R I V R I G F I I A D P O T
Y C L A C U A S R D A R K L T A S U X D
A W T V R T C I E E V R M T H S R T E I
C B Q O D A T O D S D A E S E C I W L G
M N S C G S E N Y I V R W P E Z N T P I
M O D O N V R P A G I I K E X N I H R T
B L O L L U I I P N L I L C L B T G U A
M D N D U U S Q G A I M D T L B U I P L
K R A D I A T E K B Y M C R P U I L N C
V X M E F P I E R E R B U A M I C S B T
C B A L A N C E L W L I N L A C E C I M
I S I I Z Q T L G A A V G R L W U E L V
Z A N L O E O M C R G N I H S I L B U P
V T Q U M W U K F M X W V N T U B V V H
```

ABSOLUTE

APPEARANCE

ARTISTIC

BALANCE

BLACK

BLUE

BRIGHT

BULB

CHARACTERISTIC

COLD

CONTRAST

COOL

DARK

DESIGN

DIGITAL

FILM

HUE

ILLUMINANT

KELVIN

LAMP

LIGHT

METER

MONITOR

MOOD

ORANGE

PAINT

PUBLISHING

PURPLE

RADIATE

RAINBOW

RED

SATURATION

SCATTERING

SHADE

SOFT

SOURCE

SPECTRAL

SUN

TELEVISION

TINT

VALUE

VIDEO

VISIBLE

WARM

YELLOW

Solution on page 368

Communications

ANNOUNCEMENT

BRIEF

BULLETIN

CALL

CARD

COMMUNICATE

DIRECT

EARFUL

EMAIL

ENCRYPTED

EPISTLE

GREETING

IDEAS

INBOX

INFORMATION

INVITATION

LETTER

MAILBOX

MEDIA

MEMO

PAPER

PERSONAL

PHONE

RADIO

RECEIVED

RECORDING

REMINDER

REPLY

REQUEST

RETURN

SALUTATIONS

SECRET

SEND

SHORT

SMOKE SIGNAL

STATIONERY

SUBLIMINAL

TELEGRAPH

TEXT

THOUGHTS

TYPED

VERBAL

WIRE

WORDS

WRITTEN

```
L Y U C A B C G O I D A R E D N I M E R
L C I R K R D F H P R Y E K T A I D E M
I L G Y E E N O H P V E C E F U S C S B
B V A P S P J T Q T J D R C M E O U V O
L Z L B E A R F U L I C P N T R B Q L U
U Y D F R P L W Z R E Z O A D L W B A W
N C E E R E Q U E S T I C I I O T D N A
S O P D T G V C T D T I N M S N H N O Q
A A Y M R P T U L A N G I S E K O M S Z
L Q T E O A Y L M U T N X M N A U G R R
S M H N H N C R M A A I E E D Z G T E N
D T P M S Q O M C L I C O F L R H I P C
R W A Z C F O I W N N L D N E T T H P L
O K R T N C F X T U E I B E S I S E L E
W B G I I Q Y J O A Z A T O V H R I A T
J N E V T O H N O B T I X E X I A B P T
C A L L S T N M W T N I D T L M E Z H E
B G E H O A E E I G W I V E E L E C W R
Y E T G Z M B N R E T U R N A X U T E O
Q X B R Z O I B E Y A X H K I S T B S R
```

Solution on page 368

Fast Cars

ACCELERATE
AERODYNAMICS
AESTHETICS
BEAUTY
CLASS
COMFORT
COMPACT
CONVERTIBLE
CUSTOM
DRIVE
ENGINE
EXHILARATING
FAST
FERRARI
FLAMES
FUEL INJECTION
GEARS
HANDLING
HORSEPOWER
HYDRAULICS
LAMBORGHINI
LIGHT
LUXURY
MANEUVERABLE
MANUAL
MILES PER HOUR
MUSCLE

PERFORMANCE
QUICK
RACE
RAGTOP
RAPID
RED
SEATS
SLEEK
SMOOTH
SPEED
SPOILER

STEER
STICK
STYLE
TINTED
TOURING
TURBO
WHEELS

```
R L D E E P S D Y C X R V B W T U S I N
S Q I V E C N A M R O F R E P O T G A R
A R P X P S F F H S L U X U R Y O L D Y
S G A R U O H R E P S E L I M K E E L S
P R R E R H S E N O E L Y T S L I G H T
W B B W G R C L X I A I R I B E A U T Y
H T O O M S I B I L T N H A N D L I N G
U I R P G A T I P E S J R I C S E C L N
B N E E I O E T V R I E G N R E W B C U
A T L S E Z H R I Z V C N I M A N U A L
K E C R F T T E O U J T I H Z D R I V E
N D S O H N S V E D S I T G W T E R X Y
X T U H M X E N K A Y O A R T R W R E Y
S P M S R P A O F M S N R O O O H K H F
U S U V Q M A C J E E V A B U F E C G M
X Z A E U Y S C M O V O L M R M E I O W
T K N L I A S A T H B M I A I O L T A J
R A V S C I L U A R D Y H L N C S S J X
O I C H K F U X U N I Q X E G U S H L S
O E N G I N E T A R E L E C C A Y A L U
```

Solution on page 368

Heroes

BATMAN
BRAVE
CAPE
CHAMPION
CHARACTER
COMICS
COSTUME
COURAGE
EPIC
FAIRY TALE
FANTASY
FICTIONAL
FOLKLORE
GREAT
HELP
HERO
ICON
KNIGHT
LEGEND
MILITARY
MOVIE
MYTH
NOBLE
POPULAR
POWERFUL
PROTECT
QUEST

RELIABLE
RESCUER
ROMANTIC
SACRIFICE
SAVE
SPECIAL
SPIDERMAN
STAR
STORY
STRENGTH

STRONG
SUPER
SWORD
TRAGIC
TRIBUTE
VILLAIN
WARRIOR
WORSHIP

```
A K Y M R V V B P I T V A H S H E O I D
Z L Y U O T O I R W R T E B A T M A N A
J T U C I V H N B A H T J C W G A G W O
H B A F R S I G W T V R V O N N D R G J
O F F M R R Q E I F Z E J S L E G E N D
T X Z O A E L B O N M P T T B R I C O N
I K W I W T W P C F K U S U O T E X R G
X Q V W V C H O A T O S A M B S H T T H
P P O E K A F Z P R J L A E S I B Q S K
I K W R L R I D E A F N K P Y D R O W S
W Y C N E A C J S G T L D L R N F T D P
N G S A B H T Y A I V E T C O U R A G E
R B C A Q C I Y C C I Q L I T R W J M C
K X P R T D O P R T L W P B S M E I G I
L J R J C N N T I I L M E V A S L E C A
Z P O P U L A R F N A M R E D I P S T L
F Y T H W V L F I H I F D A T I L L A O
T S E U Q N G N C Z N R X A C R H E E Y
K D C O M I C S E C Q R R E S C U E R H
R T T I T Z M Y K S Q Y G G Q Y I M G N
```

Solution on page 368

Junk Shop

APPLIANCES
ART
BEDDING
BICYCLE
BOOKS
CANDLES
CHAIR
CHEAP
CLOTHES
CONSIGNMENT
COSTUME
DRAPERY
DRESS
ELECTRONICS
FIGURINES
FRAYED
FURNITURE
GIFTS
INEXPENSIVE
KEEPSAKE
LAMPS
MIRROR
OUTDATED
PANTS
PHONE
PILLOWS
PLANTER

POSTER
PURSE
PUZZLES
RADIO
RETRO
SHIRT
SHOES
TATTERED
TIE
TOYS
TREASURE

TRICYCLE
TRINKETS
USED
UTENSILS
VIDEO GAMES
VINTAGE
WORN

```
G G L R G T R N E U F E H F R N K T R A
M T U O I V E L C Y C I R T M V U R F G
I S C N F S T O Y S V T G D R A P E R Y
A W W O T R S L A M P S J U V J A A A N
S E O H S Q O E M T A T T E R E D S Y G
G O A F E T P O R T E R C H A I R U E K
U E R X L W U I M D H Q Q C V B N R D E
M U A P Z C H M R Q C B I C Y C L E F E
J H D V Z S H A E L E C T R O N I C S P
T R I V U E W T U Z O S L I S N E T U S
O E O R P R P U I N E X P E N S I V E A
D S J R E U L G S N C I M R E V S C F K
T I P M R T N I X S L A O L I L N P R E
Y B H O B I G K E L G W D N E A A S E O
I A O V D N M J O O E N T R I N K E T S
X R N D M R J W E F A A E L T O Y H N Z
W L E E Q U S D D C G K P S O H X T A S
L B N S I F I I W E S P W B R W S O L Z
K T M U E V Y D E T A D T U O U W L P C
E K B J S X F K Z H M U E J V J P C B H
```

Solution on page 369

Stanford

ACADEMIC
ADMISSION
ALUMNI
ARTS
ATHLETICS
BOOKS
BUSINESS
CALIFORNIA
CAMPUS
CARDINAL
COLLEGE
COURSES
DIVERSITY
DORMS
EDUCATION
ENGINEERING
EXPENSIVE
FACULTY
FOOTBALL
GRADUATE
HOOVER
HUMANITIES
INSTITUTION
INTELLIGENCE
LAW
LEARNING
LIBRARY

MARCHING BAND
MEDICINE
NOBEL PRIZE
PALO ALTO
PHYSICS
PRIVATE
PROFESSOR
SCHOOL
SCIENCE
SILICON VALLEY
SPORTS

STUDY
TEACH
TECHNOLOGY
TUITION
UNIVERSITY
WEST COAST
YOUTH

```
K O Y D U T S M R O D N S U P M A C Q T
H T U O Y E L L A V N O C I L I S T M S
E C A L I F O R N I A B I N O I T I U T
Y T A L O O H C S N B E S T H O O V E R
V L A E I R A Z F M G L Y E P S D T G O
M U A V T B E F T U N P H L R E E N E P
N E G N I N R A E L I R P L O S I L L S
C O D M I R Q A P A H I T I F R A A L V
Q J I I Y D P E R U C Z Z G E U C W O B
O P R T C G R Q M Y R E Q E S O A E C Z
P L U E A I O A X W A D N N S C D S S Z
A X C C Z C N L C Y M I S C O A E T S R
E D T N N I U E O Y G K X E R R M C E T
R V M E T J Y D I N S T I T U T I O N B
M Z B I S C I T E L H T A L M S C A I I
Y K E C S K O O B F A C U L T Y S S S I
C S L S M S L Y T I S R E V I N U T U R
D I V E R S I T Y E F O O T B A L L B D
P A L O A L T O Q N M N T V F A G J X H
C O R Y E V I S N E P X E T A U D A R G
```

Solution on page 369

It's the Economy

APPRECIATION
ASSETS
BANK
BOOM
BUSINESS
CAPITAL
CASH
CONSUMER
CREDIT
CYCLE
DEBT
DECLINE
DEFICIT
DEMAND
DEMOGRAPHIC
DEPRESSION
DISTRIBUTION
EMPLOYMENT
EXPANSION
FINANCES
FLUCTUATION
FUEL
GDP
GOODS
GOVERNMENT
GROWTH
INDICATORS

INFLATION
JOB
MARKET
MONEY
POLICY
PRODUCTION
PROFIT
RECESSION
RECOVERY
RESOURCES
SERVICES

SPEND
STAKEHOLDERS
STOCK
SUPPLY
SURPLUS
TAXATION
TRADE

```
F S Q H S U P P L Y B T D T B S R S N I
R D T J E C D N O I T A X A T E E Z A U
P O L I C Y J O T Q P P W Y C C B P P E
R O B O I C M I J I G L E O N I N R I S
O G J O V L R T K N D N V A G R O W T H
F I O N R E J A W S O E N V T D I E O G
I Y B O E A C U F M R I R Z U D S Z T H
T C U I S D A T D Y F O S C D S N Z R E
L B S T O N P C M E X F T S A C A G I Q
Z T I U U A I U I O P I E A E Y P O N M
W R N B R M T L V H O R Y B C C X V F V
E E E I C E A F A N P B E U B I E E L Y
J M S R E D L O H E K A T S V V D R A V
M U S T S H Q T P D G S R B S S B N T D
I S I S D S R L E U F B U G E I P M I Q
O N O I T A I C E R P P A R O D O E O W
Y O Z D D C L T N E M Y O L P M E N N F
H C D E F I C I T E K R A M C L E T R D
J C B K N A B R P R J D I P J A U D F C
Y B C E L Y H Y G Z I X R K C O T S Y Q
```

Solution on page 369

Plastics

ACRYLIC

ARTIFICIAL

BAKELITE

BIODEGRADABLE

BOTTLES

CELLULOSE

CHEMICALS

CLEAR

COLOR

CONTAINERS

CUPS

DURABLE

ENVIRONMENT

FLEXIBLE

GARBAGE

GROCERY BAGS

```
W P M S R E N V I R O N M E N T B N E S
Y A O E W R H Z F M U E L O R T E P U E
R L S L R R K L G E R B Y T I C I X O T
E L B T Y M A N U F A C T U R I N G O A
T E Y T E M I P Z D V Y S E H T Z S U L
S G L O R G E O A E P K I N E S G U A P
E A A B A E C R D D L Y I E L A O C R A
Y B I K G N G H S L A L M L B L V B T P
L R C M L E V Y E O S A J Y A P I L F J
O A I O D R Z R C M T E R H R O E O U N
P G F O N Y E U U E I E M T U M L G M J
U T I R Y T P P R B C C R E D R A N E X
L B T R L S A I A O B S A Y V E N I Y I
Z A R I O Y A I R P A E Y L L H D L U F
B K A T N L H G N O G N R O S T F C V O
O E Q S C O L O R E S H H P T C I Y A X
C L E A R P E R A W R E P P U T L C E D
Y I H S A R T A B L E S O L U L L E C J
R T A C R Y L I C I T E H T N Y S R T O
G E L B I X E L F E B L A N S D F P N P
```

JUG

LANDFILLS

MANUFACTURING

MATERIAL

MELT

MOLDED

NYLON

OIL

PACKAGING

PAPER

PETROLEUM

PLASTIC BAGS

PLATES

POLYESTER

POLYETHYLENE

POLYMERS

POLYSTYRENE

PVC

RECYCLING

RUBBER

SYNTHETIC

TABLE

THERMOPLASTIC

TOXICITY

TOYS

TRASH

TUPPERWARE

WASTE

WRAP

Solution on page 369

Woodstock 1969

```
D V W X S J U G I Q W M I T J U C C H I
C R F S M T U P O A F R E E D O M L J L
G W C Q S I R E C B H N W A P P H O I W
O F C E T P L A V I T S E F C I S U M W
X P K A N L E C K S L D I C A N I T I K
D C R O W D S E F C L E E G E M X D H X
E V O Q L C D G N U O I D V O M T O E E
R E Y T U J F L F O F R A E I D I O N M
U L W D N E K E E W I H U S H L E R D R
T P E Y T R T F H I E T I G N C S S R W
L O N G H A I R R I F U U P S D Y C I R
U E R O R I D F H E A G T L P A Q S X B
C P Z G Z N A C A D E O E H O I Y C P T
K R H J A N I S J O P L I N E V E X U Q
S U M M E R R T D N P R O K A W E S A Q
H I S T O R Y X T N L A J V D M H R M M
F V Y L A S F O L K A S T R E C N O C U
S W F W A N A T N A S B U D A D V V F D
P T S E T O R P P E X G I L K I X Y J D
B O A L B U M S K X S A F S E K A G Z Y
```

ACID
ALBUMS
ARLO GUTHRIE
ARTS
BANDS
CONCERTS
CROWDS
CULTURE
DAIRY FARM
DRUGS
FIELD
FOLK
FREE LOVE
FREEDOM
GRATEFUL DEAD
GUITAR
HIPPIES
HISTORY
JANIS JOPLIN
JIMI HENDRIX
LIVE
LONG HAIR
MAX YASGUR
MEDIA
MOVIE
MUDDY
MUSIC FESTIVAL

NEW YORK
OUTDOORS
PEACE
PEOPLE
PROTEST
PSYCHEDELIC
RAIN
REVOLUTION
RICHIE HAVENS
ROCK
SANTANA

SIXTIES
SUMMER
TENTS
THE WHO
WAR
WEEKEND

Solution on page 369

Types of Dogs

```
D F H K E X L O B X D C I H A O C N B S
A A O K O H D M S R U P O O D L E K E E
B H H R U N V P R Z U R G K S N M I A T
O E O B U H A P W G A H O C I Y C O G T
Q P F O R N A M Y M J O S N V E T O L E
B A H X I P F R S N B O A U P C X X E R
M U T E E Q T E J D A C H S H U N D Z B
L V L R J S N C U N A I N A R E M O P O
E H S L E A I T J A C K R U S S E L L Y
H V O C D T S R E Z U A N H C S C P N U
O K N H S O R U S S C T E R R I E R C W
J A B E R E G I S T E R E D D Z B O O B
P G M R R E L I E W T T O R Y W L G R G
E O I D G M W R T V N B E K E L A A I L
D D X I N A I V I I E H R L I W B U B C
I P E N I S A D O R P R G E N E T I C C
G E D G T T B P M E Q L I N E A G E H W
R E X I N I F A H U S G J N P D E E O N
E H C I U F N S S P X C L E Y X E H W X
E S R E H F Z I W U A G B K T U S R I M
```

AKC

ANCESTRY

BEAGLE

BOXER

BREEDER

BULLDOG

CANINE

CHARACTERISTIC

CHOW

COLLIE

DACHSHUND

DANE

DOBERMAN

DOMESTIC

GENETIC

HERDING

HOUND

HUNTING

JACK RUSSELL

KENNEL

LAB

LINEAGE

MASTIFF

MIXED

MUT

PAPERS

PEDIGREE

PIT

POINTER

POMERANIAN

POODLE

PUG

REGISTERED

RETRIEVER

ROTTWEILER

SCHNAUZER

SETTER

SHEEPDOG

SHEPHERD

SHOW

SPANIEL

SPECIES

STUD BOOK

TERRIER

TYPE

Solution on page 369

Grandparenting

```
V Y P K T W Q X T R F B V U R R E L K C
M G A V R X F X R Z Z R H O M E N B F Q
T H L W O T G S E C E D D W M S U T G H
H E E F P I E H A P P Y B J I P R F E C
Y G A R P R N R T N T L A N R E T A P G
Z N R C U D E S S G C J B S Y C U M A R
D I N T S T A Z P N B E Y C P T R M D D
J V C A X H L R O I O L S C O E E E V T
U I J D N T O U D K R B I T A S C S E E
P G I P B H G W C A V A T S O N M I T V
G C M I Y V Y R M B V E T T E R D R A O
R T N E I T A P E A O G E I A I A Y Q L
A Y L I M A F C K H T D R W O D K B Y D
N J S S P O I L A R G E S O I N Y O R E
D E L K N I R W Z T P L R T T S A S O R
M W G N I H S I F X I W I N C N T L T C
A R E L A T I V E U N O C V A E E F S H
L D R Z D A N Y A S N N N T A L S M I U
P V E V Q P D D J S S K K C I P L I H G
O T L L N L D G R T L B H W F U M J W S
```

ANCESTOR
BABYSITTERS
BAKING
CANDY
CARE
COOKIES
CULTURE
EXPERIENCED
FAMILY
FISHING
FUN
GAMES
GENEALOGY
GIFTS
GIVING
GRANDMA
HAPPY
HISTORY
HOME
HUGS
INSPIRATIONAL
KNOWLEDGEABLE
LEARN
LOVE
MATERNAL
MEMORIES
MENTOR

NANNY
NURTURE
OLDER
PATERNAL
PATIENT
PICTURES
RELATIVE
RESPECT
SPECIAL
SPOIL
SUPPORT

TEACH
TRADITIONS
TREATS
VACATION
WARM
WISE
WRINKLED

Solution on page 370

Out at Night

BARS
BATS
BIRDS
CANDLE
CLUB
COLD
CREEPY
CRICKET
DANCING
DARK
DEAD OF NIGHT
DIM
DREAMS
DUSK
EERIE
EVENING
FIREWORKS
FROGS
GHOSTS
LATE
LIGHT
MIDNIGHT
MONSTERS
MOON
MYSTERIOUS
NIGHTFALL
NOCTURNAL

OWLS
PARTY
PEACEFUL
PITCH
PLANETS
QUIET
REST
SANDMAN
SHADOWS
SHIFT

SILENCE
SLEEP
SLUMBER
SNOOZE
SUNLESS
SUNSET
TIRED
WEREWOLVES

```
M W S T A B O N O O J G H J C B O O T B
B N H H U T O T O S F N L X E E W P T E
N D I M R L P O V W K H B H B K L E T G
C D F G X W T B V W M C Y X V F S H Q T
O B T M H B P U S E P O E B X N G U E D
L A N R U T C O N R G T N N U I I K D D
D U T H E M F C R E E P Y S N E C M W I
H U F T T B Y A T W U V U F T I Q U K B
A O A E H G K X L O S U O I R E T S Y M
J L I H C G P E E L S D C C E I R E E B
O T M H Y A I U R V A R E B M U L S Z W
S C D S I L E N C E V E N I N G N Q P B
N S D R T R R P D S K R O W E R I F I A
O H E A E L L Y A I L Z T B U L C R T R
O A R L R A S A N D M A N O O M D Z C S
Z D I W N K M W C B D X J T Y S R N H Z
E O T E G U I S I D L E O T H G I L A L
N W T S E R S X N X J D D T U O I H T C
N S G S T S O H G Q E T A P A R T Y L L
W P F Q S Y P H U T Z C E W F F V B I X
```

Solution on page 370

No Country for Old Men

```
G T U V I E T N A M X A L R A C M T P E
S N O V E L U O X R E N D E P U T Y T O
F O O I A D R A M A A N A D E B X M U E
Y I I I Q G M B C M C O D R T P E F L O
R C H K T A N E M J Y S Y O E D A G O X
A L P I R A T E O U P L R B R T N C G D
F N O I T A T S S A G E E A R A E N S A
A W M C L M H P Z K Y R B E R N I V U E
W P V O D B A A A A R R T T J T Y I S C
A Q S P R X F N H D E A S E N O E O P I
R E J O O F L T E I A H C U Q N N L E L
D T L H I V S S V F P Y H I M C O E N O
S I U R N A E A D C Q D Y R K H M N S P
N U E O M R J T W A B O V F W I G C E S
S H O O T I N G Y N P O W I E G U E T S
S E H S S O M N Y L E W E L L U R X A W
W T L T S N O P A E W L P M D R D C F W
K R E L L I R H T Z P N N B E H Z J R X
M A S K I L L C S E N N A C R B G X S B
L H W P E S A X E T U G Z U N Q A P P P
```

ADAPTATION

AGNES KRACIK

ANTON CHIGURH

AWARDS

BORDER

CANNES

CARLA

COP

DEPUTY

DESERT

DESOLATE

DRAMA

DRUG MONEY

ELLIS

ESCAPE

FATE

FILM

GAS STATION

HITMAN

HUNTING

JAVIER BARDEM

JOSH BROLIN

KILL

LLEWELYN MOSS

MIRAMAX

NOVEL

POLICE

SHERIFF

SHOOTING

SHOOTOUT

STEAL

STRANGLE

SUSPENSE

TEXAS

THOMAS THAYER

THRILLER

TOMMY LEE JONES

VETERAN

VIETNAM

VIOLENCE

WEAPONS

WELDER

WOODY HARRELSON

Solution on page 370

254

Move a Mouse

```
M F V S I X Y A K L L O R K B O P R A C
G Y D H C Z Y G H L R P B V Q V X D N Z
S E L E C T A L A P T O P H N A P A A D
I K C Q V B L B I M C O M P U T E R E U
X T N I O P P K N E I N T E R F A C E X
W V D S V M S R F D M N G R A P H I C I
K Q K K W E I B R K A E G I Q A S V N O
K A Z J X N D C A E S C M P U D A P P Q
K D K E Y B O A R D S O C H E D U T L E
H N U F R C I F E O T A D E I T I H Q C
T K N H U V O N D I S W L R S C O L I W
V F Q K R D E V O M T O E A A S I M O O
Y V D N B E G N L I L C F L I G O E E R
C Z Z Z N S B L U E T O O T H N O R O R
Q F O M R K U N G I E A S T O M I A Y A
H O H C E T I G O L C E G G E C Y W Z G
M O N I T O R N P T N G R I L L K D E H
F R V T P P S P X S T E E I V Y B R W W
W H E E L G A R O S R U C G M A Q A F E
J K C A R T P R S W F K B D D F N H C M
```

ACCESSORY
APPLE
ARROW
BALL
BLUETOOTH
BUTTON
CABLE
CLICK
COMPUTER
CURSOR
DESKTOP
DEVICE
DIRECTIONS
DISPLAY
DRAG
ERGONOMIC
GAMING
GRAPHIC
HARDWARE
HOVER
INFRARED
INPUT
INTERFACE
KEYBOARD
LAPTOP
LASER
LIGHT

LOGITECH
MICROSOFT
MONITOR
MOTION
MOVE
NAVIGATION
OPTICAL
PAD
PERIPHERAL
POINT
REMOTE

ROLL
SELECT
SENSOR
TRACK
USB
WHEEL
ZOOM

Solution on page 370

Principals

ACADEMICS
ACTIVITIES
APPOINT
APPROVE
AUTHORITY
BOARD
BOSS
BUDGET
CAPTAIN
COMMITTEE
CONFERENCE
DETENTION
DIRECTOR
DISCIPLINE
DISTRICT
EDUCATION
ELEMENTARY
EVALUATION
EXPERIENCED
GOALS
GUIDE
HEAD
HIGH SCHOOL
HIRE
IMPROVEMENT
INTEGRITY
INTERACTION

KNOWLEDGE
LEADER
LISTEN
MEETINGS
OBSERVE
OVERSEER
POLICY
PROCEDURES
PROFESSIONAL
RAPPORT
REGULATIONS

RESPONSIBILITY
SAFETY
SCHEDULE
STRUCTURE
SUPERVISE
SUSPENSION
VISIONARY

```
D N I P R E S P O N S I B I L I T Y E J
I S D E T E N T I O N O I T A U L A V E
R F T R R E D U C A T I O N N L C G O S
E N I L P I C S I D S C J E O C O Y R I
C C K V D C H Z A C A D E M I C S E P V
T A N O I S N E P S U S H E S M X M P R
O P O E P Y R A N O I S I V S P Q E A E
R T W R R P T B Q H Z I B O E D A E H P
R A L A O E L E D I U G L R F E R T A U
B I E P C N F F I G F F I P O L O I S S
O N D P E Z V N R H E E S M R C C N T A
A V G O D E V W O S N L T I P G O G R F
R M E R U N O I T C A R E T N I M S U E
D I S T R I C T E H S O N M T Y M L C T
B U D G E T I D F O R E D A E L I A T Y
E V R E S B O S S O U Y L T P N T O U K
H N U S C H E D U L E U J S W D T G R V
M O A P P O I N T E G R I T Y C E A E V
C A C T I V I T I E S O V E R S E E R S
W W F U M Y T I R O H T U A P O L I C Y
```

Solution on page 370

Growing Things

```
W N W B D E K V O L H T R L P E A T C W
E W J I S G C L O C S O A V L N O B U C
R B V K T O X P L P O T S V A O N H O T
U E I B Q X W U A D W L S P N U S N L N
T L V G O R M W T G W Q O P T S E E R T
L A S T W Q N U H T S E V R A H V N J E
U C N J O H O E E F O I I V F D A I O O
C H W P N L V A D E R E T A W U E S I C
I B H R E W E A G R N G W P T F L K D B
R N I U E Q G V E T A S N I M A T I V U
G I S N R F E Q S I H G R I R B U R H S
A Z V E G E T A B L E S E E D A L E N H
R X W V C V A B G I R Y N D T D K O C V
V Y W Y F T T N C Z B I A A O Y U E O I
V X Q B I L I S Q E M A W D P R E B I M
T G Z U R L O C O H T A T D I R T L Z P
I F R P P Y N W I P R G Q S A E R U I A
N F B A U D A D E D M R H D R J E B W J
G D S F Z K Q R O R E O G Q Y N C Q R D
I D Q J W D O C D E E W C I H I Z Q I Z
```

AGRICULTURE

AWARD

BLOOM

BUDDING

BULB

BUSH

COLORFUL

COMPOST

DIRT

FERTILIZE

FLOWER

FRUIT

GARDEN

GREEN

GROW

HARVEST

HEDGE

HERB

HOE

INSECTICIDE

LEAVES

MINERALS

MULCH

NOURISH

NUTRIENTS

OUTDOOR

PEAT

PLANT

POTS

PRUNE

RAKE

SAPLING

SEED

SHRUB

SKILL

SOW

SPADE

TOPIARY

TREES

VEGETABLES

VEGETATION

VITAMINS

WATER

WEED

YARD

Solution on page 370

Carnivals

ANIMALS

ATTRACTIONS

BALLOONS

BARKERS

BEARDED LADY

BOOTHS

BOUNCY CASTLES

CAROUSEL

CLOWN

CONTEST

CORNDOGS

COSTUMES

COUNTY FAIR

CURIOSITIES

DANCING

DRINKS

ELEPHANT

ENJOY

FAMILY

FERRIS WHEEL

FIRE EATER

FIREWORKS

FOOD

FRIENDS

FUN

GAMES

LAUGHTER

LINES

MIDWAY

MUSIC

POPCORN

PRETZELS

PRIZES

RIDE

RING TOSS

ROLLERCOASTER

SCREAMS

STALLS

STATE FAIR

TICKETS

TOKENS

TOYS

TREATS

VENDORS

WRISTBANDS

```
S T E K C I T N R E T H G U A L P V V U
I G V S O S L A M I N A C C G A M E S T
J J O M D M U S I C A E L E P H A N T C
Z V U D E N J O Y Y O F S E N I L D F Q
C L O W N M A N Y M Q U E K S C P O I V
M S E Z I R P B J D S N N T V U O R R K
E R S W S N O I T C A R T T A D O S E Q
S B O U N C Y C A S T L E S Y T I R E Q
R S L L A T S O D D I O D U Q F S O A G
F A M I L Y S N M T P R Y E M C A F T C
C D A Y H E E R G H D C W S D U I I E O
H R G F A I R L E E H W S I R R E F R N
G I U B R W V C O K W S T N E I A O F T
T N I F O D D Z O Q R O L W B O Q E V E
M K I I K O K I Z A K A O E X S U R B S
E S X C O S T U M E S R B G Z I B V R T
X A I L N H U H N F K T S S O T G N I R
O S C R E A M S S S T A E R T I E Z D U
W R P P E S D L P O P C O R N E Z R E T
Y J E J E V A S B A L L O O N S X Q P C
```

Solution on page 371

Travel Trouble

```
U S K T T N S M Z V V U O U A L E S D Z
H T N E M N R E V O G A D I O V A E C I
O L O D K A E R B T U O C Y M E L A L U
T V I O C U S T O M S R Y Z S A B L T N
O S T W E A T H E R I R Y A Y T N T T R
O L U C H T R D X M L Q E S J E O U W E
J B A A C C I D E N T S D W S E P R S S
M T C H Y Q C Y R A I N O S Z N A M M T
S H B B C D T D Q D G R T R D A S O P S
B D I S N O I T A L L E C N A C S I G N
Y Y W C E O O A M D K M T B B I P L M U
V T D O G L N I T C O O D A N R O T Q P
Y I I G R F S R O N O U K N L R R Q D O
S R O D E C A P E T E N Y V E U T C E L
S U O L M V K O L R G S F T Y H S F C I
A C Z S E C S R B A A T S L E R C N R T
B E S L I N O T C F S A P B I F Z X O I
M S S P O V C S B F S B G E D C A P F C
E R A W N B D E E I E L U T N Y T S N A
F E A T R E L A D C M E T A U C A V E L
```

ACCIDENTS
ADVISORY
AIRPORTS
ALERT
AVOID
CANCELLATIONS
CAUTION
CONFLICT
CONSULATE
CRIME
CROWDS
CUSTOMS
DELAYS
DISASTER
DISEASE
EMBASSY
EMERGENCY
ENFORCED
EVACUATE
FLOOD
GOVERNMENT
HURRICANE
ILLNESS
MESSAGE
OUTBREAK
PASSPORTS
PICKPOCKETS

POLITICAL
RAIN
RESTRICTIONS
SAFETY
SECURITY
SIGN
SNOW
STORMS
TORNADO
TRAFFIC
TSUNAMI

TURMOIL
UNREST
UNSTABLE
VIOLENCE
WAR
WEATHER
WORLD TRAVEL

Solution on page 371

Chemistry Quiz

```
A I P C Z W C X S A Z T X V B L W G F K
J O D F Z H A H T N B Y M O T A A N T T
Q M T I A T T O E R O L F L A S K E L C
X C U N K D A U E M K B S U E L C U N D
G Q G A D Q L M N X I D L M O F S T K W
Q E I L I U Y W C L P C N E H E S R X T
A H X N L L S G R A D E A U R N P O L D
E A P C O H T Y J J P O R L O S D N O B
S K A P S H Y P O T H E S I S P M E E B
C I R L Q P B D O T B X R I M E M G B I
U K O M U A G E R U S E I T R E P O R P
J V X R S M T O T O K N R M L O N R C B
A O G E U O R T O A G O D E R O E T C O
T A B T L L S O E L X E C E T N V I N E
Q A C D G E C B F Y N T N O T A D N I C
L I I I T C M Y G S R R R R M O P H Z N
U F Y M D U T E I O U P A M I X T U R E
T O A P R L N T N B W P S R E W S N A I
A S V F P E Y S S T T N E D U T S R K C
S G U P B O S C N X I P K O M G M B B S
```

ACID

ANSWERS

ATOM

BASE

BEAKER

BONDS

BURNER

CATALYST

CHANGE

CHEMICALS

COMPOUND

DENSITY

ELECTRON

ELEMENT

EXPERIMENT

FINAL

FLASK

FORMULA

GAS

GRADE

HYDROGEN

HYPOTHESIS

IONS

MASS

MIDTERM

MIXTURE

MOLECULE

NEUTRON

NITROGEN

NOBLE

NUCLEUS

OXYGEN

PARTNER

PERIODIC

POLYMER

PROPERTIES

PROTON

QUIZ

RESULT

SCIENCE

SOLID

STUDENT

TEST TUBE

VOLUME

ZINC

Solution on page 371

Jewelry

ANKLE
ART
BANGLE
BEAD
BLING
BOX
BRACELET
BUCKLES
CAMEO
CHAIN
CHOKER
CLASP
COLOR
COSTUME
CRAFT
DECORATION
DESIGN
DIAMOND
EMERALD
EXPENSIVE
FINE
GEM
GIFT
JEWEL
MEDICAL ALERT
METAL
NECKLACE

ORNAMENT
PENDANT
PLATINUM
PRESENT
RELIGIOUS
RING
RUBY
SAPPHIRE
SETTING
SHELLS
SHINY

SILVER
STERLING
STONE
VALUABLE
WATCH
WEDDING
WOMEN

```
W D C X X W R O L O C L F P Q R X B Z R
G O C E T H R L E B H O C P S Q E Q Y X
X E Y B V M F E E L O J S O E A T W P B
B M Z S O T A C Z W K X J T D Q L B U D
Z S L Y E T Z W O M E N P B U B W C N H
D W X Y N F M I O I R J A S W M K C C A
K E Q R X I O R H G B R A C E L E T Y V
R D S D V G H O P Y S P R D E W A F Z M
Q D X I G M G S E L P T I S L W R E D D
T I N F G N A L H H A C O N M J X N E L
T N R E I N I Q I E A T I N I P O L M U
W G E D C N S R G L L T I G E M B C E S
X W L M M K E N A U N L W N A A Y E R L
A O I Z A B L L O E D S S I U B Y G A A
D B G G Z N E A S F Y I D L U M N T L P
G A I N L R R E C O V L A R T I E N D X
I N O I T A R O C E D V R E T M I F A G
B G U L D P P R Z M N E I T N A D N E P
O L S B V J X G A A N R E S H L F E Q J
X E I U S T F A R C V S M C L R U R H M
```

Solution on page 371

Classified Ad

ADVERTISING
ANIMALS
ANNOUNCEMENTS
APARTMENTS
AUCTION
CAR
COLUMN
COMMUNITY
DISPLAY
EMPLOYMENT
EQUIPMENT
ESTATE
FOUND
FREE
FURNITURE
GOODS
HIRE
HOME
INEXPENSIVE
INSURANCE
JOBS
LAND
LEGAL
LIVESTOCK
LOST
MAGAZINE
MARKET

MERCHANDISE
NEWSPAPER
NOTICES
ONLINE
PERSONAL
PROPERTY
RENTAL
ROOMMATE
SALE
SERVICES
SHORT

TEXT
TRUCK
USED
VAN
VEHICLES
WANTED
WORK

```
C B X H F P T E E M S U S H W O Z F N V
G B M G Q E Y Q E Q F D R L B T W F N K
D X D K J E Y T I N U M M O C J Z J C K
T D W O E V A X N O I I E T A M M O O R
R I B G I U J E E T V L P N O I T C U A
H S X K R O W T X I C O N M M S P S G V
C P F D L X A G P C S S I O E T A T O M
N L L O V V N N E E V R S V S N N L Y L
V A A A U Y T I N S H E I E N E T W E S
E Y N N T N E S S O C L L O M M Y C R R
W R M P O N D I I I U C D Y E T U E A T
Z N A G K S E T V S I N O R R R P L L R
F G R S Q E R R E H A L C E E A G E O U
F O K L T L E E E L P H P E P P G S K C
M O E A D S R V P M A O R S M A B H S K
L D T M I R I D E N R F W E L E U O M P
I S H I O I H A D P C E R U T I N R U F
E M K N Q H O I J E N I Z A G A M T W V
E C N A R U S N I Z S A R O Q S C O S P
C A S B R E R L F N B U J B C C R W C M
```

Solution on page 371

Stuck in Traffic

```
Z B R A K I N G L W T K L T X M C K K A
R Y I F N C Z F F R E E W A Y S Q Q E J
T E W M O G E R R Y T A T Q T K J T K G
R E P A I R S N V N A T T U Q E S V J N
U V U M T X T E E Q P W I H M R D E M S
C L O S U R E D N L J N H A E M W H L Q
K C T Y A B I J L A T N L G R R O I R S
C F R O C C W Z M E L T N U I B R C L E
X E A S C O D C R J I I O O O H C L J F
H N F A E A N S K C K T Y B G D L E I Y
F D F P G I E G K C E I R U O H H S U R
N E I O D C C E E D O E G N I V I R D E
Q R C L T Y T N E S A L L H S A R C G G
V B C I T S R M E K T O B S D E L A Y S
G E O C P E C A D G O I D D P F R I T N
A N P E B Y E O F K R R O P A D L N I R
U D S B E P W R E N C E T N A O W A C O
T E U W A N R R T J X E M O F S R M G H
D R J S S A P Y B S U O R E G N A D F S
Q R B T L A Y P O T S L O W G D Y A U L
```

ACCIDENT

BOTTLENECK

BRAKING

BREAKDOWNS

BUMPER

BYPASS

CAUTION

CITY

CLOSURE

COMMUTE

CONGESTION

CRASH

CROWDS

DANGEROUS

DELAYS

DETOUR

DRIVING

EMERGENCIES

FENDER BENDER

FLAGS

FREEWAY

HIGHWAY

HORNS

INTERSECTION

JAM

LANES

LATE

MANIAC

ONLOOKER

POLICE

REPAIRS

ROAD RAGE

ROADBLOCK

RUBBERNECKING

RUSH HOUR

SLOW

STOP

STREET

TICKETS

TRAFFIC COPS

TRUCK

VEHICLES

WEATHER

WRECK

YIELD

Solution on page 371

Drugstores

ACETAMINOPHEN

ADVICE

ANTIHISTAMINE

ASPIRIN

BASICS

BATTERIES

BEAUTY

BEVERAGES

BOOKS

CANDY

CARDS

CLEANERS

CONVENIENCE

CORNER

COSMETICS

COUPONS

CREAM

DANDRUFF

DIABETES

DIAPERS

DIET

DIGESTION

DOCTOR

HAIR

HEALTH

HYGIENE

IBUPROFEN

MAGAZINES

MAKEUP

MEDICINE

MISCELLANEOUS

OINTMENT

PAINKILLERS

PHOTOS

PRESCRIPTION

PRODUCT

SHOP

SNACKS

STATIONERY

SUPPLEMENTS

SWEETS

TOILETRIES

TREATMENT

VITAMINS

WELLNESS

```
U X V I T A M I N S E D M R V B O O K S
M M D B Y C M K D F N D C Z J E F A J T
I Y T U A E B R I S E N I Z A G A M G E
W T B P D B A T T E R I E S Z Q P T A E
P N U R W C D A N D R U F F Y O R C D W
E E W O A N T I H I S T A M I N E U V S
E M W F X I H S S O T Z O N H T S D I R
N T D E O S R U T U N J T E A C C O C E
E A I N W E R O W Y P M H M R O R R E P
I E E B N W H E E Z E P I N I R I P S A
G R T A D P L N L N Y N L D A N P D Z I
Y T E X B L H A T L O R M E H E T I S D
H L O K N E M L G P I S O E M R I G K Y
C I T E A A V L H V M K H T D E O E C D
Y F S L E C N E I N E V N O C I N S A N
K S T R T R N C R E P K Z I P O C T N A
N H C B K P M S G A S C I S A B D I S C
T O I L E T R I E S G K L D U P N O N D
N Y P U E K A M S E T E B A I D M N T E
L G J N S N O P U O C O S M E T I C S J
```

Solution on page 372

Silent Spring

```
T L M O V E M E N T Y R T S U D N I J N
M G S A C T I O N S G A E F I L D L I W
P H Y C H L V A O N L L I K F S A J S C
K A N J Y T E D I L P Q O Z E I M N D I
K R T F Z R H T T M X O R D R L E O B L
F M H Z I R N K A S B S I E A G R I V B
P U E F R E E X V I W C A I O L I T R U
T O T D M R E S R Q I E S N A R C I O P
Q D I U I H E D E T C R I R X A A S T G
T P C S R C S G S A E C U V B C N O R U
D O S E O E A E N V R T L P R H A P E T
D P L Y K N P L O A L C I U O E G P X A
A U A G Y X S R C U D H H G W L T O H K
M L C O N L T D C N R E C N O C I N N N
A A I L E N V I R O N M E N T A L C I H
G T M O O N R E C N A C D Y Q R X F Y U
E I E C F G N I C N E L I S K S G O B H
R O H E A H S N O I T C E N N O C O F X
D N C H U M A N S E I R R E B N A R C G
O S E D I C O I B Y C A G E L J H P D M
```

ACTIONS

AERIAL

AGRICULTURAL

AMERICAN

BIOCIDES

BIRDS

BOOK

CANCER

CARCINOGENS

CHEMICALS

CONCERN

CONNECTIONS

CONSERVATION

CONTROVERSIAL

CRANBERRIES

DAMAGE

DANGER

DDT

DOCUMENTING

ECOLOGY

ENVIRONMENTAL

EPA

EXAMPLES

FIRE ANT

FUTURE

HARM

HUMANS

INDUSTRY

INTERVIEWS

KILL

LEGACY

MEDICAL

MOVEMENT

OPPOSITION

PESTICIDES

POISONS

POLICY

POPULATIONS

PROOF

PUBLIC

RACHEL CARSON

RESEARCH

SILENCING

SYNTHETICS

WILDLIFE

Solution on page 372

Do Your Homework

```
Z Y R A E R B D B P R M V Y V U X X Y R
W P S E R D V O H P O W T Q E I T Z P P
Q O U X V B R L I R E T U P M O C E M H
D C R E A I E S G Y E E G A U G N A L Y
R A V K N W E G H M S A D X D C J H G S
Z L E G S T W W L T A E D C I U U O X I
O Z Y Y W H F M I A D T H L F R L V D C
Y A S S E Q E O G E Q A H M F O T G A S
P A P E R M N E H W L N E N I L D A E D
N D H B O S F S T L X I W B C L L E P S
Q S M R W R I T E K B T S T U D Y X Y F
W O I Z S N S N R T C S R R L S O L V E
D Z W A I M G E R U T A R E T I L H P Y
E N F F H I E C S F E R L C S A U C R R
F X N W N N O L A I L C V C B E X N O O
I U V G G Z M F B P C O N U U W A E J T
N S T L U S E R M O R R S E H L V R E S
E L I E K T T E R Z R P E T I R U F C I
P S Y T O G R O F S V P O X W C T S T H
H P A K Q G Y Y H P A R G O E G S K R Z
```

ALGEBRA

ANSWER

BIOLOGY

BORING

CALCULUS

CHALLENGING

COMPUTER

COPY

DEADLINE

DEFINE

DIFFICULT

ENGLISH

ESSAY

EXERCISES

FORGOT

FRENCH

GEOGRAPHY

GEOMETRY

HIGHLIGHTER

HISTORY

LANGUAGE

LITERATURE

LOST

MATH

MEMORIZE

PAPER

PENCIL

PHYSICS

PROBLEMS

PROCRASTINATE

PROJECT

QUESTIONS

READ

RESEARCH

RESULTS

REVIEW

SCIENCE

SOLVE

SPELL

STUDY

SURVEY

SYLLABUS

UNFINISHED

WORKSHEET

WRITE

Solution on page 372

Kung Fu Panda

```
C O Q S S T Q Y S R K T D U D H L M V K
G T M K I C N L E U Q E S R U H F M D O
Z P I M O T D I S N E Y E K N O M T R Z
S D C G A P N M R T N U O M A R A P X A
S C S N E S I A A F R E F A W E S O M E
S H Z U M R T F M F N A C I R E M A N I
G I F L A H E E H S S V L I Y R O T S L
O N K I E N J I R O U B E A R G E G U O
B A I A L G I E V I F S U O I R U F D J
R C T T J M K M L O R F M A T T I M R A
D E K Y H A E Y A Y M L M A N H R E E N
R P C U N G C I C L O V I A S J T A A I
A P A S N U I K T W I N S Q N C B R M L
G U L N L G F F I A M P D C A N O H W E
O O B Y D P F X O E W A R R I O R Z O G
N C N K Z A O U N R C H A A C O E K R N
W M O M K G X T P A E H W N O T H T K A
O L A X E E O V O C C P A E M R P Z S T
U A J V R U B K S W G N I N I A R T U J
M F F J J G S D D E E G B V C C O E U M
```

ACTION
AMERICAN
ANGELINA JOLIE
ANIMAL
AWARDS
AWESOME
BEAR
BLACK
BOX OFFICE
CARTOON
CHARACTER
CHINA
COMIC
CRANE
DISNEY
DRAGON
DREAMWORKS
ENTERTAINMENT
FAMILY
FIGHTING
FILM
FURIOUS FIVE
HERO
HOFFMAN
JACKIE CHAN
KIDS
KUNG FU

LUCY LIU
MANTIS
MARTIAL ARTS
MASTER
MONKEY
MOVIE
PANDA
PARAMOUNT
SEQUEL
SHIFU
SNAKE

STORY
TAI LUNG
THEATER
TIGER
TRAINING
VIPER
WARRIOR

Solution on page 372

Watch What You Eat

```
Z I F I S H N K A R S Q I R N B D S K B
F A D D I E T S N I A R G A S D N U O P
R Q S N Z B T R I G L Y C E R I D E A C
U R E U V I T A M I N S G S K P E P A H
I B R T P X C E R E A L S T E N S L R Y
T D V R T P M U I D O S A S A H O I L S
S A I I Q C L F C O Y S U I D R C N S S
H C N T D H H E S R C H R Z I Z U N M C
C C G I H O E O M A M A O E M A L M I T
I X S O G C A C L E T I S B A F G M L I
S N O N G O L E J E N N Y C R A I G K K
T W T U D L T Q G G S T B D Y A T F S Z
A H O A S A H E N G E T S A P F C D G P
F K Y L K T V I N S S S E E D T I E B M
J I A P P E T I T E E R H R O V A S J L
Z O B N P S V U T M E T A B O L I S M C
G J B E A A R L X G H Y T O F L D E K H
R S N F R T C I N F C H S P R O G R A M
K G R C W C M U S C L E A P X J C T U G
C U N O Z T H I N K B V P I L L S P E Y
```

APPETITE

ATKINS

BREAD

CALORIES

CARBOHYDRATES

CEREALS

CHEESE

CHOCOLATE

CHOLESTEROL

CRAVINGS

DESSERT

FAD DIETS

FASTING

FATS

FIBER

FISH

FOOD PYRAMID

FRUITS

GLUCOSE

GOALS

GRAINS

GUT

HEALTH

HUNGER

INCHES

INTAKE

JENNY CRAIG

METABOLISM

MILK

MUSCLE

NUTRITION

OILS

PASTA

PILLS

POUNDS

PROGRAM

SCALE

SERVINGS

SODIUM

SUPPLEMENTS

THIN

TRIGLYCERIDE

VEGETARIAN

VITAMINS

Solution on page 372

Part of a Team

```
S D E G A G N E B C W H H X V E Q Y X A
R E C C O S C O M M I T T E D D F M T L
O P T S A E M O T I V A T E D L N R N Y
T E H E L P F U L C D C I J E S U A L C
C N T U L G H I G L O S A X P S V D B P
O D N U H H S Q N S A M I P T Y N T T A
D A F Z B T T U H Z L B P W T E G E L R
H B S D E I R A N U L L O E I A L T L T
G L O N M S R R F E N R A R T B I A A I
T E E Z E I E T C D T I F B A I H N B C
S R L S N L C E N H G E T H T T T O T I
E I L G I E R R Y O W B C Y R E E I O P
L V A A P U F B N H C A O C W E K S O A
F R B S L L O A K R O W M A E T G S F N
L L E E V I T C U R T S N O C B Z A A T
E R S G Q E J K P G N I L L I W L P E B
S L A R A E M P A T H E T I C K G M D A
S G B O Y N A P I H S N A M S T R O P S
V S Z U G X A E Y H Z A R T S E H C R O
B K T P I R P M A R I N E S Y E K C O H
```

APPROACHABLE

ARMY

ATHLETES

BAND

BASEBALL

BASKETBALL

CAPTAIN

COACH

COLLABORATE

COMMITTED

COMPASSIONATE

COMPETITION

CONSTRUCTIVE

CONTRIBUTE

DEPENDABLE

DOCTORS

EAGER

EMPATHETIC

ENGAGED

FLEXIBLE

FOOTBALL

FRIENDLY

GROUP

HELPFUL

HOCKEY

LISTENER

MANAGER

MARINES

MOTIVATED

NAVY

NURSES

ORCHESTRA

PARTICIPANT

QUARTERBACK

RELIABLE

RESPECTFUL

RULES

SELFLESS

SHARING

SOCCER

SPORTSMANSHIP

TEAMWORK

TRUSTWORTHY

UNITY

WILLING

Solution on page 372

Dry Cleaners

BUSINESS

CHEMICAL

CLOTH

COATS

COST

DAMAGE

DELICATE

DELIVERY

DETERGENT

DIRTY

DRY

EXPENSIVE

EXTRACTION

FABRIC

FLUID

FOLD

GARMENT

HEAT

INDUSTRY

IRON

JACKET

LAUNDER

MACHINE

ONLY

PANTS

PRESS

PROCESS

PROFESSIONAL

SERVICE

SHIRT

SILK

SKIRT

SOIL

SOLUTION

SOLVENT

STAIN

STEAM

STORE

SUEDE

SUIT

TEMPERATURE

TEXTILE

TICKET

TUXEDO

WOOL

```
S C Q K O K C S V F A B R I C O S T D R
X T G I S Y Z R M V N M E O P S L I O S
F A Z B Q R L T K S I T D A E S D S L S
W A L B W Z O N H T T U N S Z R H K D K
A N I S U E D E O I E E U E D R B I B Z
S X U T C G E M H C N W A E V C U R R S
F E D S G O X R F K I D L M F L W T J T
I D X E W A U A U E H I A R F O O W B A
A D E P L Q T G A T C L C M O T B S N I
V Y D D E I B S B A A D I L A H V I H N
U Q T J F N V U T N M R M X P G T G K N
E D I B H I S E O Y O E E X K N E T L S
L I D E G I T I R N Z S H P J B N W T N
S N B A N E S D V Y S R C B M E H E O E
N D T E E S C F P E J Q M V G E K I L Z
V U S R E O H I C A E X T R A C T I O N
M S O F A X W O V K N J E T A U T G H E
Z T O T Y T R I D R M T P J L X I T R D
S R S G D P R E S S E C S O E Q U X U X
P Y Q C E C F O L D P S S T T H S N U W
```

Solution on page 373

The Eyes Have It

```
S F T L H P P P P D V T P C O L O R S B
W T G Q G U S E O T Z I I J A H A Z E L
C C V R V R T M Q R D Y F B K M Q Y Y U
F F A M Y I I H Q L J I E N J A T P E E
C Y R U H N A E M O S O M O R H C R N C
Y K I W A E R P Z E R O H P O H T N A X
N Y A N S S T N H G L B I A T L C B M T
M I T I D G E U M E L A N I N A L R U N
V F I M M T A O I A N I N N R P R O H P
V L O S A O O D C N T O S O O K I W I H
Y I N I E M R K E E H P T E C D Q N A I
T P S N R N O H R C E E C Y L Y K E W A
V U C I C S I R C C N K R O P V T Y N Y
H P I B O T I D T O D A G I C I S E X F
X R T L O N N R I S R G R T T U C C S A
M P E A A E U D I R F E C A H A L F L Y
R M N K E M S H A D E S T S E G N A H C
C Q E R E G B N W A L T X E I P I C R Q
Z W G A C I N E G Y L O P M H T P L E Z
A N W D Z P W Y R D N R E T C A R A H C
```

ALBINISM
AMBER
APPEARANCE
BLACK
BLUE
BROWN EYE
CAROTENOIDS
CHANGES
CHARACTER
CHROMOSOME
COLORS
DARK
DOMINANT
EUMELANIN
GENETICS
GOLD
GRAY
GREEN
HAZEL
HETEROCHROMIA
HUMAN EYES
INHERITANCE
IRIS
LIGHT
MELANOCYTES
OCULAR
PHENOTYPIC

PIGMENTS
PINK
POLYGENIC
PTERIDINES
PUPIL
PURINES
RETINA
SHADES
SPECTRUM
STROMA
TRAITS

VARIATIONS
VISION
WHITE
XANTHOPHORE

Solution on page 373

Magical Mary Poppins

```
S M H A P P Y P P T Q E E W S Q Q Y T D
J O D N B G Z N E C W A L T D I S N E Y
S D R I B E H T D E E F O L A K W N E A
D W C M C T R N Q F W R G D O M E A X W
R X P A O K E T H R Y S V N I N R N B D
A J Q T C G V E B E E E Y C I U D A C A
W E A I K N G A T P N H H E G T N O O O
A N A O N I A K N T C A T R N K A W N R
Y G H N E G B Y U D E B J A S M E O F B
M L X Z Y N T R M L Y G T F F V I I L G
E I D Y U I E B C A M K A P T Y L H M F
D S M O T S P W Y H G M E R F M U S C O
A H U P X R R N I Z I I P I F F J G A R
C F S R E V A R T L P L C D V F X N R Y
A B I I E H C P Y R A E D I P O U O O S
Y U C G T S K N A B R M A R S N M S U A
G R A S N I U G N E P P D F E S F L S T
U T L R T X R N C X T G N I C N A D E N
S K T E R X O B O O K S U M B R E L L A
V Y A C L G G N T H C R R K B H Z Q C F
```

ACADEMY AWARDS

ADVENTURES

ANIMATION

BANKS FAMILY

BERT

BOOKS

BRITISH

BROADWAY

CAROUSEL

CARPETBAG

CHILDREN

CHIMNEY SWEEP

CLASSIC

COCKNEY

DANCING

DICK VAN DYKE

ENGLISH

FANTASY

FATHER

FEED THE BIRDS

FILM

FLOATING

HAPPY

JANE

JULIE ANDREWS

KITE

LONDON

MAGIC

MICHAEL

MOVIE

MR BANKS

MUSICAL

NANNY

PL TRAVERS

PENGUINS

PERFECT

SINGING

SONGS

STAGE

STORY

SUFFRAGETTE

TEA PARTY

UMBRELLA

WALT DISNEY

Solution on page 373

Making Art

AESTHETIC

ART

BEAUTY

COLOR

CONCEPTUAL

CREATIVE

CULTURE

DECORATIVE

DEPICTION

DESIGN

DISPLAY

DRAMATIC

DYNAMIC

ELEGANT

EMOTIONAL

EXPRESSIVE

EXQUISITE

FINE

FLOWING

GRAND

IMAGINATIVE

INNOVATIVE

INSPIRED

MOVING

MULTIFACETED

ORIGAMI

ORIGINAL

ORNAMENTAL

PAINT

PASSIONATE

PICTORIAL

PIGMENT

PLEASING

POETRY

STIMULATING

STRIKING

STYLE

SUBLIME

TALENT

TASTEFUL

THEATRICAL

UNIQUE

VIBRANT

VIEW

VISION

```
W E I V I B R A N T N E M G I P T F S G
C E E C I T A M A R D B N E E L Y T S W
I R V L S R N E M O T I O N A L T R U N
M C V I L T S I T K W Z U N I Q U E B M
A U E L T T I J A O L U F E T S A T L O
N Z V A H A S M L P F A N G I S E D I V
Y K I E R Q N F U C U L T U R E B D M I
D E T E C A F I T L U M T N A G E L E N
K I A V P E I Y G L A U T P E C N O C G
C N V I O U T X I A Z T D B O M P F N P
O O O T E H D A A X M J I R K O A I B I
L I N A T Z E O N D C I A N Y Q K N O C
O S N E R A R O I O P T D Y G I Z E R T
R I I R Y I I S E V I S S E R P X E I O
O V P C G T P D U V U S O T D N A R G R
W F O I C L S W E E T I S I U Q X E A I
Q T N I A A N L A C I R T A E H T R M A
Y A P Y G N I S A E L P T Z P Z T V I L
L E N D R W B S C B T N E L A T X N X D
D E B J L T C I R G A T B N I N N T S Q
```

Solution on page 373

Nice and Soft

U	S	Y	D	K	X	K	U	P	B	S	Y	K	A	P	W	H	D	E	R
Z	Z	Q	P	O	M	S	T	U	F	F	E	D	A	N	I	M	A	L	I
F	X	M	Q	V	M	R	T	R	S	T	U	F	F	I	N	G	T	A	A
B	Z	G	H	I	A	Z	L	E	A	T	H	E	R	E	T	S	M	A	H
C	E	H	D	B	T	R	B	I	I	S	W	E	A	T	E	R	C	G	J
D	P	C	B	M	Y	E	F	D	P	W	I	B	G	S	R	U	I	G	U
C	C	I	J	N	L	P	V	F	U	S	A	L	N	E	J	F	R	D	U
M	T	S	L	T	O	S	P	L	G	U	T	E	K	N	A	L	B	N	X
R	O	N	N	L	O	I	U	U	E	U	A	Y	D	W	C	F	A	C	M
N	D	E	R	O	O	H	H	E	P	V	I	H	C	O	K	L	F	Q	M
P	G	T	X	S	W	W	L	S	D	D	X	N	M	L	E	U	G	F	P
N	U	T	J	M	S	P	W	R	U	E	L	F	E	L	T	F	Y	O	C
O	R	I	H	A	D	E	F	E	B	C	O	B	L	A	V	F	L	A	D
Y	B	K	T	I	C	U	R	H	U	R	O	U	L	M	P	Y	T	M	M
K	O	I	Y	E	D	C	G	T	T	V	W	N	G	H	E	I	B	D	M
R	N	A	E	F	I	S	L	A	T	E	P	N	P	S	C	R	G	R	O
R	S	L	Q	B	A	O	B	E	E	A	I	I	T	R	E	U	L	F	Y
K	F	T	H	D	P	L	G	F	R	K	M	E	J	A	M	E	O	H	S
K	Z	J	U	Z	E	H	E	Y	S	G	R	S	D	M	H	W	O	C	P
M	B	Z	P	R	R	B	L	W	Q	I	Z	E	X	Q	P	M	N	R	H

BED

BLANKET

BREAD

BUNNIES

BUTTER

CAT

COMFORTABLE

COUCH

CUSHION

DIAPER

DOG

FABRIC

FEATHERS

FLEECE

FLUFFY

FOAM

FUR

GENTLE

GUINEA PIG

HAIR

HAMSTER

KITTEN

LEATHER

LIPS

MARSHMALLOW

MATTRESS

PETALS

PILLOW

POLYESTER

PUPPY

RABBIT

RUG

SATIN

SHOE

SILK

SKIN

SNOW

STUFFED ANIMAL

STUFFING

SUEDE

SWEATER

VELVET

WHISPER

WINTER JACKET

WOOL

Solution on page 373

Wilderness Adventure

```
R E T L E H S T H G I N L E V A R T M T
S Z H M Y S L A I T N E S S E L I M C D
I S G Y S S E N R E D L I W A T E R B A
D E I R D E Z E E R F L F K Z Q I M N G
E I L T D N E X P L O R E F I L D L I W
N L A N E K C D O O F E D I S L I A R T
N P R U V C A N O I T A G I V A N D J N
A P T O O I R J O U T D O O R S A F O D
L U L C T S T W O R I E N T E E R I N G
P S U K S E O R E D Y Y N R H C T R I A
H P T C E D N E H H I A Q L A A G E A B
I N E A L U E C C B I A I N R T I R T G
K P N B B T V R O H W A T D R C C I N N
I G T R A I A E C E R E Y S N H A N U I
N N S U T T E A A T E H A Z R F M G O P
G I S S R L L T L N E M X K N I P E M E
I P S H O A H I S D M A E R T S F A Y E
N M S E P E C O M P A C T D B H I R Q L
P A A P R M T N E M P I U Q E X R T S S
K C A P K C A B C T I G N I K K E R T I
```

ALTITUDE SICKNESS

APPALACHIAN TRAIL

AXE

BACKCOUNTRY

BACKPACK

BRUSH

CAMPFIRE

CAMPING

CANTEENS

CATCH FISH

COMPACT

DEHYDRATION

EQUIPMENT

ESSENTIALS

EXPLORE

FIRE RING

FIRST AID

FREEZE DRIED

GEAR

HIKING

LAKE

LEAVE NO TRACE

MAP

MOUNTAIN

NAVIGATION

NIGHTS

ORIENTEERING

OUTDOORS

PLANNED

PORTABLE STOVE

RECREATION

SHELTER

SLEEPING BAG

STREAM

SUPPLIES

TENTS

TRAILHEAD

TRAILSIDE FOOD

TRAVEL

TREKKING

ULTRALIGHT

WATER

WEATHER

WILDERNESS

WILDLIFE

Solution on page 373

Fire Department Vehicles

```
D A E R T D P R W S Q N E H K C R X A N
H Y U L E N S L Q R T L S E R V I C E M
F I G H T S T I A U Y R F P F Q O R R X
J H A O F S C J E T F O A M T M I F I M
C R W X L U E U O X F K Y N P S H X A Z
O E L W O O N W E C C O B A S A P T L G
R T A I O D N B S U T A R A P P A G Y K
G A D L D R O H R B C T H M F S O C U G
T W D D L A C T C R M V D V K Y N R S D
V U E L I Z E M B E E O E S G E H S T D
Y U R A G A R L N H T N I N G Y O N E I
C W S N H H P T I S T R I R D E S O E Z
R B H D T Z S C A I B T E R P Q E I R Y
E E R E S A L E L U H M A T M U S S I U
L N N A E E B A I G E U N T U I Y I N L
L A G N D L T L I N L O U D P P E L G O
I R E I M I B L E I R B S Y B M M L O A
T C E T N W O A C T O O L S S E S O G L
S M A G V E Z S S X W A R N I N G C C J
X F W B I N C I D E N T N O I T C A O F
```

ACTION
AERIAL
APPARATUS
CAB
COLLISIONS
COMPARTMENTS
COMPUTER TECHNOLOGY
CRANE
EMERGENCY
ENGINE
EQUIPMENT
EXTINGUISHER
FIGHT
FLOODLIGHTS
FOAM
HAZARDOUS
HOSES
HYDRAULIC
INCIDENT
LADDERS
LIGHTING
LOUD
PLATFORM
PRECONNECTS
PUMP

RADIOS
RESCUE
SCENE
SERVICE
SIREN
STEERING
TASKS
TILLER
TOOLS
TOWER
TRANSPORT

TREAD
TRUCK
TURNTABLE
VEHICLE
VENTILATING
WARNING
WATER
WHEELBASE
WILDLAND

Solution on page 374

On a Schedule

```
F H Q E L H W Q T Z Q D V Q O T M G T T
R B G O I J T A W C X G L L I K S Z Y N
M W U S S T R A T E G Y S Q R Y G D A S
I I D F C G P S S C F C F D S D K X H H
N C O T B H A R W K H F R T R P L A N A
U Y H F E F E W E S T R E S S Z B T P J
T P T O A L O D K P U M D C U I T P R O
E E E R R Y I H U P A C R D T B O T O Z
S R M T L E Y H G L C R O S L I S T D I
T A K U Y Z S N L L E M A F N M V D U P
C W N B A I E O O C H A R T A I I E C D
E T F B K N C C C I T W M B I K E L T R
J F D N I A K N O I T E L P M O C E I O
O O F T T G G D N L N A C Y R M N G V L
R S U I J R U V T T T U V H A O I A I I
P O N C C O I J R E J O G I N D C T T Z
R G K T B I D M O N I T O R T I J E Y D
V U R C U G E P L E N F A L L O Q S S J
R T O K Z Q I N C G A T L L S B M U V S
G O W H V N Z I T F Q D E A D L I N E C
```

ALLOCATING

APPOINTMENT

CHART

CHORES

CLOCK

COMPLETION

CONTROL

DAY

DEADLINE

DELEGATE

EARLY

EFFECTIVE

EFFICIENT

FAST

FOCUS

GOAL

GUIDE

HABITS

HOUR

LATE

LIST

METHOD

MINUTES

MONITOR

MOTIVATION

ORDER

ORGANIZE

PLAN

PREPARATION

PROCESS

PRODUCTIVITY

PROJECTS

RIGID

ROUTINE

SCHEDULE

SKILL

SOFTWARE

STRATEGY

STRESS

SYSTEM

TASK

TECHNIQUE

TOOLS

WATCH

WORK

Solution on page 374

Gags

AMUSING

BOO

BUZZER

COMEDIAN

DECEPTION

DUPE

DYE

FAKE

FUNNY

HOAX

HOT SAUCE

HUMOROUS

JAPE

JEST

JOKE

LAUGH

LOUD

MALICIOUS

MASK

MEAN

MISCHIEF

NAUGHTY

NOISE

PEPPER

PLAYFUL

POKE

POWDER

PRANK

PRETEND

PROPS

RUSE

SCAM

SCHEME

SCREAM

SHAVING FOAM

SNEAKY

SQUIRT

STARTLE

STUNT

SURPRISE

SWAP

TARGET

TRICK

VICTIM

VIDEO

```
H M T Z W N Y E F M E N G L C M M R P I
L A K K W D Y M P Z A N Q P Z C E A K I
M K V B Y A Z C R E L C G J A I D M S N
F D Y E N O W A I E A D S A O W E A A V
B M G P O W F L E Q J T R I U Q S E X O
U S M U I I N K G U A V I C T I M K O Z
C G V D S D A B Q R E Z Z U B E C C C L
H R T M E F I I T R E D W O P M G I H H
R S J U P C D L L U F Y A L P E T R O O
M N U Y E F E T P R E T E N D H P T A Z
J E L O U K M P E T D H J G T C O P X T
Z A Q N I B O O T C C G K L X S K I E R
H K N R J C C J T I U U U N M F E S A R
A Y S H A V I N G F O A M I A E I H M U
M M N Z P J U L Q O K N S U O R O M U H
I X A A E T X M A E R C S T P L P D S R
K S J S S P L J E M H I H R O R A S I E
T V T Z K Z O E D I V X U X Z H O U N T
F B V E Y F U Q E F K S F P P H R P G W
U E G H Q K D F U E E U B V S S J L S H
```

Solution on page 374

Fancy Stuff

```
V F T D I V F P K L A T S Y R C E U L U
L B P M U C F U R N G D R E S S E S Y J
O U N I L C H M T E L E C A R B R S M C
T C V H A O O I G Z S L A E S U A S A V
E F K S C R B U N C I T L D T G T K N X
O P T A R L R S I A L U A T E F E C S I
J L O E I S W E T S G O G U J S B Z I G
E S B N J E E K N E P T T E R A R O O P
N N G A Z N C W I S R S W H L A I J N Q
I G G Y J O P F A L R E I L E D N A H C
S I N A C T E N P T L M R F N S G T A V
U S I C P S N D E R C O X H I D S L L N
O E D H G M D C Y T O H A A W L L T W D
M D D T A E A P W M Z I E T Y I R O I X
I G E S O G N H S T A O B S G H G N G Z
L V W F B S T C C U M M E R B U N D S F
N B W M S U S S N O I I A R B E L E C R
G A L S H I P S M O R P C B R Y O C A S
S U F E S T T R O E H E T Y V H L A V G
I D Z K G D K R Q Y J K L I S H F L D Z
```

BALLROOMS

BLING

BOATS

BRACELET

CAKES

CALLIGRAPHY

CASTLE

CELEBRATIONS

CHAMPAGNE

CHANDELIER

CHINA

CLOTHES

COCKTAIL

CRYSTAL

CUMMERBUNDS

DESIGNS

DINNER

DRESSES

FUR

GALA

GEMSTONES

GOLD

GOWN

HATS

HOMES

JETS

JEWELRY

LACE

LIMOUSINE

LOBSTER

MANSION

PAINTING

PENDANTS

PICTURES

PROMS

RESTAURANT

RINGS

SHIPS

SHOES

SILK

SUIT

WATCHES

WEDDING

WINE

YACHTS

Solution on page 374

Podcasts

```
V E X P E R I E N C E V S P O R T S F T
V X J L O N P N O I N I P O E H C I N H
S A C T D M O P F B X T R V C L C N Z G
F S F F N N O I X O Z N R D I E I V J Z
J S M P K E Y O T C R E F U V E L M G U
D E D X Y R M A R A S M B N D R I B U O
M L E C T U R E P S C N A U A F S L I G
V I V B C F X H S D S I C T S Z T M D N
E B C Y A I O S A I P A D J I I E Q E I
S O V D Q N M O R P T T L N C V N X P R
O M V Y E A L K D I E R U C Y D E E I A
A M I G R N G A O C E E E T P S O S S H
M A P G W C I N H B A T I V O I K H O S
M E O O I I R N I L I N D G D R Q O D E
P R D B E A O R C T D E S U O A I W I L
P T E E D L C D L A E R A W O S L A C I
D S X I O S U I I F M K T O E Y S S L F
A W O G B C O M P U T E R Y O N L I N E
B Q Y U I L F M S I N K L A T X C E P Q
X H S C I T I L O P L F B F M E Q X W V
```

ADVERTISEMENT

ADVICE

AUDIO

BUSINESS

CLASSROOM

CLIPS

COMPUTER

DOWNLOAD

EDUCATION

ENTERTAINMENT

EPISODIC

EXPERIENCE

FEED

FILES

FINANCIAL

FREE

GOSSIP

GUIDE

INFORMATIVE

IPOD

LECTURE

LISTEN

MARKETING

MEDIA

MOBILE

NETWORKS

NEWS

NICHE

ONLINE

OPINION

PAY

PHONE

POLITICS

PROGRAMS

RADIO

SERVER

SHARING

SHOW

SPORTS

STREAM

SUBSCRIBE

SYNDICATION

TALK

TECHNOLOGY

TUTORIAL

Solution on page 374

Backgammon

ANCIENT

BAR

BEAVER

BLACK

BOARD GAMES

CASE

CHALLENGE

CHECKERS

CHIPS

CLASSIC

COMPETITION

COUNTERS

DICE

DOUBLING CUBE

DRAUGHTS

FAMILY

FUN

GAMBLING

INDIA

LUCK

MOVEMENT

OLD

OPPONENT

PAWNS

PIECES

PIPS

POINTS

```
I Z U C V X N Q R W G B Y Z D C G M C P
Z Y V N V A R I A N T S R E T N U O C I
U Y Y B I W Y N B S T U R F F X M I V C
D K N V L G C L F C D S N W A P Y D J K
M W T L K I A K U T O N S R E V A E B O
W H I T E C S M N N U R H T B Q W W L I
F K Z N K T T E B N B U I A A R U L E S
S T T T N W M K L L L T R B I K Q H T A
B V E I W E I K E G I T O L N N E H N Z
I C O V V O R C Q O N N S E D C G S Q G
R P H O K H P U N E G A G S I U Y H F J
Y M M E F G E L M H C P I F A B G O O W
H L S Q C A G A A M U U T R C I E P K E
S A U V Y K N Y C Y B R D V T Y T P S Z
C E E Q I R E V L S E M A G D R A O B W
B Q N B U D L R A I E R S C E D R N N D
V K B O Z K L Q S F M C S P C L T E C S
T N T Q T C A U S J E A E V I O S N J D
C V T J X S H N I U Y M F I D P O T I T
F D N M N R C R C H I P S H P P I N N M
```

RACCOON

RED

RULES

SKILL

STAKES

STONES

STRATEGY

TABLES

TOURNAMENT

TRIANGLES

TURNS

TWO PLAYERS

VARIANTS

WHITE

WINNER

Solution on page 374

See the Falls

```
P J T E A G R A I N B O W B K K P M U Z
Y J L R I H E L U F R E W O P I X S I O
R E C U I L A F Z S E G E X O T I C S K
L U J S V C O F U V A R T G U V A D V W
I M O H I I K O P V T P I N E E W I G E
J L Q T P S R L P D H B M I B C W Q H V
V W R Z H E U G E N T S E P V D T H X G
Y E M E D N N Y I I A L S A S P R A Y E
V X L N G I Q A C N K V O C U J O J C B
I F U E W R T O A C I G Y S A T P L E A
H H X O A N O T M C N A P D N S I Y W R
T W L N U R U G T I G K F N G S C F Z R
S F S O R R N O H N S S S A E U A A U E
O Z M I E H R S I E T T F L L M L H D L
P B V S G I U R M C E R S J F L O U D E
O E X Y A G A C P S E E X P A N S I V E
R C A N Y O N C A T P A B E L B B U B A
D K C O R X P C C V S M S P L A S H R T
G N H X N K C J T M E V I D S W I M I P
K E L H H G B H C Y F O Y G N Y R Z Y Y
```

ANGEL FALLS

BARREL

BEAUTIFUL

BREATHTAKING

BUBBLE

CANYON

CASCADE

CAVE

DIVE

DROP

EXOTIC

EXPANSIVE

FLOWING

GORGE

GUSHING

IMPACT

LANDSCAPING

LOUD

MISTS

MOUNTAIN

NATURE

NOISY

PLUNGE

POOL

POWERFUL

RAINBOW

RIVER

ROARING

ROCK

RUSH

SCENIC

SHELF

SPLASH

SPRAY

STEEP

STREAM

SWIM

THUNDEROUS

TOUR

TRICKLE

TROPICAL

VERTICAL

VICTORIA

VIRGINIA FALLS

YOSEMITE

Solution on page 375

Candy Store

BAKE
BARS
BLEND
BOIL
BRITTLE
BUTTERSCOTCH
CHEWY
CHOCOLATE
CINNAMON
CLUSTERS
CONFECTION
COOK
CREAMY
DECORATE
DELICIOUS
FLAVORS
FRUITY
FUDGE
GIFTS
GOURMET
GUMMY
HEAT
HOLIDAYS
JELLY BEANS
LICORICE
MARSHMALLOW
MELT

MIX
MOLD
NUTS
OCCUPATION
SOURS
SPECIALTY
SPRINKLES
STIR
SUCKERS
SUGAR
SWEET

TAFFY
TASTE
THERMOMETER
TOFFEE
TREATS
TRUFFLE
VANILLA

```
B G N Q Z D F C H H H K D W Q D W L M N
A L L D B I J N E Q H O O Y D B C N O T
S R E K C U S A W E Y V O K M Y N I K D
J E U N Z G T T Y Q A I B R I T T L E E
N J X M D N K T J C D S R O V A L F C U
Q V A N I L L A E E H J Q A P W S I M M
H O L I D A Y S L R R O A U I N R R T J
L I P F I K N I L W S R C N R O M E B E
X S K C T R C G Y K E C W O C H E W Y V
M F E O V I F U B T O C O I L W U S Z T
M P U L O R V M E S I L L T S A B T Z A
S U I U K C M M A N H U L C C O T A A S
T Q S I Y N O Y N N V S A E S H U E K T
W R J C Z M I A S R D T M F L U N R X E
K X A R R F M R E I T E H N N F G T S E
M Q H E L O W G P T R R S O Y F F A T F
Q N H A N I D V I S D S R C Y T I U R F
H T E M R U O G T F E T A R O C E D R O
I F I Y F R Y B N U T S M D L O M E L T
A X Q H M J S U H R B S R A B U F W H X
```

Solution on page 375

Green Things

```
U P A R S L E Y I P S N E I L A E P F Z
Q Z U E E U T N G B M U H T V A X Y G X
A W E B S W I Y A E F S G S V Y V N E F
I R E M D H O W M V E H Y A K M I N T S
T G O U C N A L L I G A T O R H N R R S
A V O C A D O N L L C M R R T A A L X F
Z A U U O V C C Y O Z R J O H C P O S N
B Z N C V L I L H C S O L G T X S S N D
I C H N P E L O P N C C L O V E R G A G
J T E R D I J A O G K K R R P L C A E Q
E K D R J N C I R M P S P F L A E L B Q
L M P L O A N K O D U P R J E K D F E U
R S A A O O D N L E G A B B A C A M Q I
R L W W K M E H H E M R S R F M I O I Z
I G K N E Y T C C P T E E A G L A E P O
H O K S R D A Q Q N A T R E L P P A E K
I S S O M N L O H W I I U A N O Y A R C
I T Q W I S X I E I F R N C L S A L A D
C Y K P T Q E E M F K L G T E D W S T U
T S S T B A D N R A J M W D J C E U A U
```

ALGAE

ALIENS

ALLIGATOR

APPLE

ASPARAGUS

AVOCADO

BEANS

CABBAGE

CHLOROPHYLL

CLOTHING

CLOVER

COLLARD GREENS

CRAYON

CUCUMBER

EMERALD

ENVY

EYES

FLAGS

FROG

GRINCH

KALE

KERMIT

LAWNS

LEAF

LETTUCE

LIME

MILDEW

MINT

MOLD

MONEY

MOSS

OLIVE

ONIONS

PAINT

PARSLEY

PEA

PICKLE

SALAD

SEAWEED

SHAMROCKS

SPINACH

THUMB

TRACTORS

TREE

ZUCCHINI

Solution on page 375

Culinary Tools

BLENDER

CHOPPER

COOKER

CORKSCREW

CUTTING BOARD

DEEP FRYER

DICER

DISHWASHER

ESPRESSO MAKER

FREEZER

FRIDGE

GARLIC PRESS

GRATER

GRILL

JUICER

KETTLE

KNIFE

MASHER

MEASURING CUP

MICROWAVE

MIXER

OPENER

OVEN

PEELER

PROCESSOR

RACK

ROLLING PIN

```
G C W R K M R H A B G R N D M F X I X M
M F L T E E D C W A O L M Y P E W G S P
Q J J O T B D L R T S L I S N E T U P E
R G M A T H D L A G C B L E N D E R R E
U B R S L Y I R N Q H C Y Q K C A R E L
G G S T E C E O S Y D D A C K N I S Z E
B Z Q E P A T P S A L A D S P I N N E R
D S A R E K A M O S S E R P S E F A E E
D Y E N S T K F S R A E A R D R U R R K
I S I I U R N C S L Y U O O M E S E F O
S W H L E D I C E R O I B L I C E N H O
H W A V Z S F U F T I H G L C I R I W C
W R R R S P E P P U C G N I R U S A E M
A E K O R N E V O Z T R I N O J I R R O
S L R E T E M O M R E H T G W W F T C P
H S L T D Z M I H P L Z T P A A C S S E
E G D I R F X A P B L X U I V R W O K N
R H Z M R E W O E Z I B C N E M S D R E
V C Z E R G H G W T K P R O C E S S O R
G X U R C C P A M A S H E R P R D Z C X
```

SALAD SPINNER

SCISSORS

SERVER

SINK CADDY

SKILLET

SPATULA

STEAMER

STRAINER

TEA INFUSER

THERMOMETER

TIMER

TOASTER

TONGS

UTENSILS

WARMER

WHISK

WINE AERATOR

WOK

Solution on page 375

Zoos

ATTRACTION

AVIARY

BARS

BIRDS

BRONX

CAGES

CAMEL

CAPTIVITY

CHILDREN

CONSERVATION

EDUCATION

ELEPHANTS

ENCLOSURE

EXHIBITS

FAMILY

FISH

FUN

GIRAFFES

GORILLAS

HABITATS

INFORMATION

LIONS

MAMMALS

MONKEYS

PANDA

PARK

PENGUINS

PETTING

REPTILES

SAN DIEGO

SEALS

SHOWS

SNAKES

SPECIES

TIGERS

TRAINERS

TREES

URBAN

VETERINARIANS

VISITORS

WALKING

WATER

WILD

ZOOKEEPERS

ZOOLOGY

```
Q O D Y W J K M N M S L Q Z P L R F N X
X T D L X G S Y E K N O M A S L I F L S
U U G N I K L A W A T E R X S G E T S H
M C O R K W G P L S U K U Q F Y F M E S
J R O G F K S S E L E P H A N T S O A P
B O G N N K N Q A T I G S D R I B N L C
A H R U S O A O G Q T R A C D V D E S N
R A E H I E I I I G U I O C E I Q R H N
S B P L Q M R T T T N C N G E T E U O N
J I T X R A A V A A A S H G M P E S W K
H T I L F S N G A M T C O I E A W O S V
G A L F F E I Y T T R N U E L C F L N I
Q T E N A K R P T I I O K D L D A C S S
H S S H M A E J R K G O F Z E M R N R I
O E S P I N T P A S O E N N M X I E F T
E I P V L S E Q C Z N P R A I U N N N O
F C A Q Y U V M T K A A M S G I G U K R
P E N E X H I B I T S S B N A R F U Q S
L P D Y G O L O O Z S E E R T I A O H H
Q S A V H W J C N H T P T U U Y Z L E A
```

Solution on page 375

Adele

ALBUM

ALL I ASK

ARTIST

AWARDS

BILLBOARD

BREAK

BRITISH

CHARITY

COLD SHOULDER

COLUMBIA

CONCERT

CONTRACT

DEBUT

ENGLISH

FEMALE

GRAMMY

HELLO

HOMETOWN GLORY

LONDON

LOVESONG

MANY SHADES OF BLACK

MILLION YEARS AGO

MOTHER

MUSIC

MY SAME

PARENT

PERFORMING

PLATINUM

POP

RECORDS

REMEDY

RIVER LEA

SALES

SCHOOL

SIMON KONECKI

SINGER

SKYFALL

SNL

SONGWRITER

SOUL

STUDIO

SUCCESS

TOUR

TURNING TABLES

```
N Z C L E R A O T W V P U Q K M B G G G
K A I R J L T X B V G Q G C A S H A R O
G S S M B V S C O N T R A C T I E R A H
X L U U S P C O N C E R T Y B N L C M C
W B M N I B I L L B O A R D G G L K M U
V X H I M R U D E B U T F L S E O I Y P
R U O T O J E S O U L R I V E R L E A N
O U M A N Y S H A D E S O F B L A C K K
F E E L K T T O T Y H M Q P I T C K S X
P X T P O I U U N O D F A O A O I V S X
I F O Z N R D L A G M E N S L R N U A A
G U W E E A I D K B W Y M U Y A T L L C
H I N L C H O E A W E R M E A M L I E W
A H G A K C L R E A O B I B R I T I S H
V C L M I L T U R N I N G T A B L E S T
X I O E A Z B S B A G N O S E V O L N S
N H R F A W A R D S R P K S D R O C E R
U V Y E H G N I M R O F R E P A R E N T
K K N L O N D O N P B V W Q B C H N H K
S U C C E S S C H O O L C V E Y U F I A
```

Solution on page 375

World Records

ATTEMPT

AUTHORITY

AWARD

BEST

BIGGEST

BOOK

BREAK

CERTIFICATE

CHALLENGE

COLLECTION

COMPETITOR

CONTEST

DISTANCE

EATING

EVENT

EXTREME

FACTS

FAME

FEAT

FIRST

GLOBAL

HEAVIEST

HONOR

HUMAN

INTERNATIONAL

JUDGE

LARGEST

LONGEST

ODD

OFFICIAL

PUBLISH

RECORD

REFERENCE

SET

SHORT

SIZE

SPEED

STUNT

TALL

TELEVISION

TIME

UNUSUAL

WEIGHT

WORLDWIDE

YOUNGEST

```
Q J V U P E G N E L L A H C K E A K A Y
P C D A S N L S A A P L R O N O H U Y U
M E E W I W T K R J A N I M N B N D Y P
U K A T P U S G X U I E N P O O D E W X
C B A U N B E R S D L A O E I O X M T T
U E I T T S G U S G V V L T E K W E S O
I E F G T H N R A E T A C I F I T R E C
C U F L G U O D G Q N E R T Y H E T G L
G S A O D E L R S O L T Z O C C S X N L
Q F J B R H S J I L X F S R N W H E U G
E A W A O S F T O T D T S E T N O C O V
G E W L C V A C V I Y S R K I X R A Y Y
O K R A E N O I S I V E L E T V T T E S
F V A M R D F T G D F Z H E J T A T C E
F E S E Q D A I L E Z S S G V S E E T X
I A T W R N W O R L D W I D E E I M H Y
C N C Z C B A U E S A P L Z G B N P G I
I D A E N K X M R M T T B T E A P T I K
A T F S D U A M U Y I B U N Z S P E E D
L N T A E F G N M H D T P S O Y K W W U
```

Solution on page 376

Grocery List

APPLES

BANANAS

BEANS

BEEF

BREAD

BUTTER

CARROTS

CEREAL

CHEESE

CHIPS

COFFEE

COLD CUTS

CONDIMENTS

COOKIES

CRACKERS

DETERGENT

EGGS

FISH

FLOUR

FROZEN FOODS

FRUIT

JELLY

MACARONI

MEAT

NAPKINS

NUTS

ONIONS

ORANGES

PASTA

PEPPER

PORK

RICE

SALT

SEEDS

SHAMPOO

SOAP

SODA

SOUP

SUGAR

TINFOIL

TOILET PAPER

TOMATOES

TUNA

VEGETABLES

YOGURT

```
L O S E T Y Z H X S V F D J C A L X X Z
Y T Z T I P O R U G L S S M W D T O K Q
I D I S U I C G I O T L N E B M U R D M
M Q O N R N A H U I M A C A R O N I A L
H R R E F R S R Z R W S O T E T A R R S
C O P N V O N P P P T D L W P B E G T E
K B V A T B I B I O P O D U V P S N D L
D A Y D S Q K L R H O O C I A D E K Q B
I P U O S T P R V F C F U P E M D R V A
N I Q S C D A E R B I N T E I D E O T T
Q U M S C C N V J S O E S D E L R P L E
G E O Z R H E E H F L Z N T R A J L A G
B B A B W E E K E I S O E W N E G G S E
F F K L A F T E O M C R O G J R P A C V
C Q Z A F N B T S K G F E P A E I P E P
J P A O S I A J U E O S C K M C L P E K
E T C T Y M D N N B C L I O C A X L I P
S K S O S E O T A M O T R F V A H E Y Q
O K X O O N I O N S E I K O O C R S F Q
W L P X N M K N P B P D C D Q E L C E S
```

Solution on page 376

On the Radar

AIR TRAFFIC
AIRCRAFT
AIRPORT
ALTITUDE
ANTENNA
ARMY
BATS
BEARING
BLIP
DIRECTION
DISH
DOPPLER
ECHO
ELECTRONIC
ENERGY
FORECAST
FREQUENCY
JAMMING
MILITARY
MISSILE
NAVY
OBJECT
PING
PLANES
POLICE
PULSE
RAIN

RANGE
RECEIVER
REFLECTOR
SATELLITE
SCAN
SCREEN
SHIP
SIGNAL
SONAR
SOUND

SPY
STEALTH
STORM
SUBMARINES
SYSTEM
TRACKING
WAR
WEATHER

```
M J N F Q H Z X N F Y N S C Q P I L B C
P A U D U N R W I L V T E P Y M R A E R
M S G E N I P L B H C C P E R X Z N S E
X Z E Z J A P Q N C E X H N R E U G L H
B Y E N O I T C E R I D G T S C G I U T
I A C G I M B B L C D N U O S T S S P A
T C I N O R T C E L E K Y T W S O H N E
I I L I E S A H X A R E C E I V E R M W
W F O P Y U Y M L I R O P M N T P I M L
B F P S O R Q S B T P I D O P P L E R E
A A E T H D V E T U E H N F K I E A Y B
E R N N C U Q F R E S W O G T C Q F F B
G T O Q E M A K C F M R M A N N E T N A
P R I T I R L A Y S E T R A C K I N G T
T I X L C D G I J C Z Y P S S T W N R S
U A L R L E I Y A H A L D H R A I A A Y
S C I R H E L S Y V A N I A R M N C N P
W A D M Y I T F H N Q P B U M G C S O R
E T R O P R I A E R H T L A E T S N S Q
Q D V S S S C S S R O B J E C T K H Y Z
```

Solution on page 376

Street Life

| M D S O G H F O D I S R E T N U O C N E |
| C O R N E R S D E T N A R U A T S E R O |
| D T V N T R A N S P O R T A T I O N D M |
| T I S E T C I R T S I D K X L B K P K D |
| D F R I M J S Z I X T N E M E V A P Y Q |
| N J C E R E H N N O C E S U O O Y N Z W |
| F P F T C U N I A M E P O L L U T I O N |
| B I O R B T O T T I S V P O F F I C E S |
| L Q Y E F N I T I C R I A N F N S Z P I |
| E W H E C A T O O Q E T S N C R R Z A G |
| V Z N S N B A D N G T D S R O T E Y R N |
| A T B I F R L A C S N M E E C S V A K M |
| R M S S I U U F Z J I T R R D S I W P S |
| T S E T O R P O X H A C S O T E D D L M |
| Y U R Z O I O K J I O E B L K E P A A H |
| W A Y B L P P H L E U U Y P L W K O C M |
| C O N C R E T E C N B U S X A E R R E G |
| R X Y J N M R R E T T I L E W E M B A W |
| L T A X I S T V K Y A W B U S B X S S M |
| P T V I T R A F F I C K H C T B F A M Q |

AVENUES

BROADWAY

BUS

CAR

CONCRETE

CORNERS

DESTINATION

DIRECTIONS

DISTRICT

DIVERSITY

ENCOUNTERS

EXPLORE

HOUSES

HUB

INTERSECTIONS

JOURNEY

LIFE

LITTER

MADISON AVE

MAIN

MARKET

MOVEMENT

OFFICES

PARK PLACE

PASSERSBY

PAVEMENT

PEDESTRIANS

POLLUTION

POPULATION

PROTEST

RESTAURANT

RETAILERS

SIGN

SMELL

STOP

SUBWAY

TAXIS

TOURIST

TRAFFIC

TRANSPORTATION

TRAVEL

TREES

URBAN

WALK

Solution on page 376

Opera Fan

```
B W S F V I Q W W P V L O T T E R B I L
Y V Z D C C S S U A R T S C O R E O G X
C Z K D D G T Y S V N E M R A C W L B B
U W A G N E R I K A V I R T U O S O F N
G L F O L L A H C R B Q A R T O R S R N
S P S Q V K G L I O R N W N S C P G E B
Z C C O Z Z E M S T A G E U H C S C N E
T C E I H B D O U T U M R E D I T O C L
E H O N C G Y Z M I N A S I O T R N H L
L L E N E T I A L I C T V R V A A T N I
L U S A C R W R A O R A Q O T M V R J N
A O U V T E Y T C A J I J D R A I A V I
B C O O O E R I I E N V U O A R N L M J
C O H I I E R T S I R A F H D D S T F F
Z G A G T N E J S Z D R S M I J K O Z H
U Y R N E R I S A D E T L A T P Y D I U
G W E O M W O C L P O A S S I N G E R S
A P P D E R C M C R Z L C S O P R A N O
C M O C H P W G Y U I X E C N E I D U A
A C S O T E N O R S P L A Y R Q A Z P L
```

AUDIENCE
BALLET
BASS
BEL CANTO
BELLINI
CARMEN
CLASSICAL MUSIC
CONCERT
CONTRALTO
DIVA
DON GIOVANNI
DRAMATIC
ENRICO CARUSO
ENTERTAINMENT
FRENCH
HALL
LA TRAVIATA
LIBRETTO
MEZZO
MOZART
OPERA HOUSE
ORCHESTRA
PAVAROTTI
PERFORMANCE
PLAY
PUCCINI
ROSSINI

SCENERY
SCORE
SINGERS
SOLO
SONGS
SOPRANO
STAGE
STORY
STRAUSS
STRAVINSKY
TENORS

THE MET
THEATER
TOSCA
TRADITION
TRAGEDY
VIRTUOSO
WAGNER

Solution on page 376

Dressy

BALL
CAPE
CHIFFON
CUMMERBUND
DAPPER
DESIGNER
DICKEY
DINNER JACKET
DRESS
ELEGANT
EVENING
EXPENSIVE
EXQUISITE
FASHIONABLE
FORMAL
FRILLS
GOWN
HANDKERCHIEF
HEELS
JEWELS
LACE
LOAFERS
LUXURIOUS
ORGANZA
PARTY
PROM
PUMPS

SEQUINS
SHAWL
SHOES
SILK
SPECIAL
STYLISH
SUIT
SUSPENDERS
TAILCOAT
TIE
TOP HAT

TOPCOAT
TRENDY
TUXEDO
VELVET
VEST
WAISTCOAT
WEDDING

```
G Q R W M F R I L L S T Y L I S H A W L
R Y R B B B B E X P E N S I V E L V E T
Q U B M H S J R D K S S E R D W A S P I
D T W W A U N M C Q E W E U I V C L A U
F L V R N O C A J E W E L S C J E L C S
K P O H D I J L J N J A O C K Q K T H Q
X I H A K R F C X Z G N I N E V E A T Z
G F G O E U O A O H E E L S Y T D O B Q
N N A N R X R E X Q U I S I T E P C X S
I T N S C U M M E R B U N D S C E L U X
D I H H H L A R I R S I O I O S O I L K
D A G O I I L D F P W A G A S A J A T O
E M Q E E J O Y E H Z N T J F U I T T P
W C V S F O T N T N E Q O E B C W N N U
M P G U E U D V A R Z O R F E H N W A M
I P B N X E K G H B A S B P F N W O G P
Y D N E R T R O P A L P S S N I U Q E S
P C D S S O X R O L R E P P A D H Z L I
T O N E B A O N T L X J Y M M H L C E L
E O V W R M M W J W O E U Q D R C S E K
```

Solution on page 376

Ocean Stroll

```
M B P A W A L K W A Y F V O M B T Y O R
A G D Q Q N P A R E O U Z A A J N W O A
U U E D O C K S N O W O H P R F E O J P
J T D B H C M V D D P I C Q I I M D J S
W A R M B R E E Z E M E U E N S U G G T
S H S O R E T A W T L A S D A K N T P S
S L L T P N X A N A Y B R N G N O A S I
E C J O E P R G V V O S F K D A M G E R
R S U S B S U I N F I T T O A L D I A U
O E K C P S N S T I R E B U M P E R S O
I D S R J R T U M S B N W O P N E E H T
F I R E A C L E S H H B U S N E W S E K
N T A C A H Y F R E S H A I R D A U L G
C K L V S G S H A R B O R R A O E O L Y
S O L N Z E U S N M U L O C C O S H S Y
W S I F K L H L L E B R E A K W A T E R
Z A P G Z C E C L N P T H C F R A H W E
R N V I N H D N A S T R O L L I N G Q J
D O U E H S H O R E B L N S U R F I N G
C B B F S S V G F R B O A R D W A L K F
```

BEACHES
BENCH
BOARDWALK
BREAKWATER
CARNIVAL
COLUMNS
CRABBING
DAMP
DOCKS
FISHERMEN
FOOD
FRESH AIR
HARBOR
LANDMARK
LIGHTHOUSE
LOBSTER
MARINA
MONUMENT
MOOR
NETS
OCEAN MIST
OCEAN VIEWS
PILLARS
QUAY
ROPES
SALTWATER
SAND

SEAGULLS
SEASHELLS
SEAWEED
SHARKS
SHIPS
SHORE
STROLLING
SUNSETS
SUPPORT
SURFING
TIDES

TIRE BUMPERS
TOURISTS
WALKWAY
WARM BREEZE
WAVES
WHARF
WOODEN PLANKS

Solution on page 377

Play Games

BACKGAMMON
BANANAGRAMS
BASEBALL
BASKETBALL
BATTLESHIP
BINGO
BRIDGE
CARDS
CHASE
CHESS
CLUE
COMPUTER
CROQUET
DICE
FOOTBALL
GO FISH
GOLF
HEARTS
HOCKEY
LIFE
MARBLES
MONOPOLY
OLYMPIC
OTHELLO
PARTY
PICTIONARY
PLAYERS

POINTS
PUZZLES
RELAXATION
RISK
RULES
SKILL
SOCCER
SPORTS
STRATEGY
TAG
TEAMS

TENNIS
TRIVIA
TWISTER
UNO
VIDEO GAMES
VOLLEYBALL
YAHTZEE

```
U A I V I R T K V T O P W Z Y V S R X X
V Y W R U L E S D K U E I L G O M W T P
Z B P I R J E C S H W I R E E L A P A J
J Z L Z F L O I C L E B W E T L E R G M
L J R E B P R P T O A A M R A E T U O T
D L G R F O P M J T S S R A R Y F T L K
C H A S E I P Y T B E V M T T B I W F C
S M F B D N L L L A B T E K S A B I E A
M R N Y E T E O G C G P U Z Z L E S G B
A M E N V S E D N K B Y T K M L K T R L
G J H Y H V A G R G R N Y A H T Z E E T
T S A I A L I B C A C O M P U T E R G M
I H P V E L W D N M E I S O N V O B P S
D O S O A A P O E M Q T K N N T J A F D
A C S I R B I T C O U A I U H O A E D R
I K E D F T Y D R N G X L E B L P F D A
F E H E C O S C A T M A L T E U Q O R C
G Y C I B O G U X U K L M O C Z K U L Y
R I P Q M F B I N G O E C E G D I R B Y
D T F I B A N A N A G R A M S I N N E T
```

Solution on page 377

Be Well

```
E P W F R U I T B X G W X V V T R A E H
I A R E O M U I S S A T O P P E E L S W
X F G W B S U P P L E M E N T S B I M R
A H W C U A M B K G H D I C A C I L O F
L T C A S F I T N E S S S N C T F V U C
E G H A T U O K R O W C A L O R I E D E
R N N L R E S F G N I T A E N A E L C M
D E R I E B R S B N W T G Y V E C L U P
T R E F N T O V E G E T A B L E S I V H
D T R E U U I H C N C S F T C I S H D O
J S Y S T Q T C Y I I T I N I E Z H S S
H A V T R S O R T D F P A C N D R H S P
G T I Y I L T S I M R L P G R B E A C H
T P T L T N I A U E A A A A M E M M I O
L A A E I L U I F B N M T S H Y X V B R
S C M T O F N M I L K T G E D Y G E O U
Q N I H N E R I M D E K S O S N V O R S
D I N S L A R E N I M L B T T H G I E W
Z Z S E R D J U S E G E U E V I T C A K
G C S Z B Y O R M T Z S T D N J G R Q B
```

ACTIVE

AEROBICS

AMINO ACIDS

ATHLETIC

BALANCE

BODY MASS

CALISTHENICS

CALORIE

CARBOHYDRATES

CLEAN EATING

DIET

EXERCISE

FATS

FIBER

FITNESS

FOLIC ACID

FRUIT

GYM

HAPPINESS

HEART

HOLISTIC

IMMUNITY

LIFESTYLE

MAGNESIUM

MEDITATION

MILK

MINERALS

NUTRIENTS

NUTRITION

PHOSPHORUS

POTASSIUM

RELAX

REST

ROBUST

SELENIUM

SLEEP

STRENGTH

SUPPLEMENTS

VEGETABLES

VITAMINS

WALK

WATER

WEIGHT

WORKOUT

ZINC

Solution on page 377

Space Travel

```
L M S G E Y Q W Y O S G R A V I T Y J M
U H T E K C O R S P C I K V B Z U Y O S
O U A J W A U K U G R W H L T R A V E L
D E R V Z C X T N V E C N E I C S Y F D
T G S P R D N O E X W C M G O Y S R M W
G T E E D I R Y L L A S A N W O S J D E
F O M J K T E R S D U G R I A H E G R F
Z L O H S C G L T V A S S N N O L P A F
N I O M O O N P V R Y B P I I U T E P O
M P R R V Z E O I T O U B A H S H Y E F
A A R B I D L N E D H P L R C T G L H W
R S E S E D L F Y J E P P T O O I N S J
G U T E T P A S G T O N M U L N E A N B
O I I R L S H T R A E H N O S P W S A Y
R T L U O I C A P E C A N A V E R A L J
P U L S P N E L T T U H S G M U F Z A U
A Q E S E C A P S C C A P O L L O I W Q
D G T I M K U U G E M I N I V E Q W L Q
X Z A A X S R E T S O O B G H C N U A L
T A S O S L C L C P K M I S S I O N N X
```

ALAN SHEPARD
APOLLO
ARMSTRONG
ASTRONAUT
BOOSTERS
CAPE CANAVERAL
CAPSULE
CHALLENGER
CHINA
CREW
EARTH
FLORIDA
GEMINI
GRAVITY
HOUSTON
JOHN GLENN
LAUNCH
LIFE SUPPORT
MANNED
MARS
MERCURY
MISSION
MOON
NASA
PILOT
PROGRAM
ROCKET

RUSSIA
SAFETY
SALLY RIDE
SATELLITE
SCIENCE
SHIP
SHUTTLE
SOVIET
SOYUZ
SPACE
SPUTNIK

STARS
SUIT
TECHNOLOGY
TRAINING
TRAVEL
WEIGHTLESS
YURI GAGARIN

Solution on page 377

Waves

BOBS

BREAKERS

COAST

COLLIDE

CRASH

CRESTS

CURL

DIFFRACTION

DISPERSION

DISTURBANCE

DURATION

ENERGY

EROSION

FETCH

FOAM

FREQUENCY

HIGHS

INTERFERENCE

LONGITUDINAL

LOWS

MEDIUM

MOTION

PERIODIC

PERTURBATIONS

PROPAGATION

REFLECTION

REFRACTION

RIPPLE

ROGUE

SEASICK

SPACE

STORM

SUPERPOSITION

SURFACE

SWAY

SWELLS

TIDE

TIME

TRANSFERENCE

TRANSVERSE

TROUGHS

VIBRATION

WATER DEPTH

WAVELENGTHS

WHITECAPS

```
T J F O A M H Z H S A R C O L L I D E L
D B Y R N O I T A R U D D I S T S E R C
P O L C E Y A W S E I D I O D U N L R N
Z B W C X Q Q A P S X E F O P O O O O V
N D Q U K D U T P A E C F E T W I I G J
O W B R E A K E R S D A R C S S T R U A
I H S L P D R R N B G P A N Y O A X E O
S I H Q Y S N D U C O S C E M G B O J P
O T T J I I F E L S Y Z T R L Z R F C S
R E G O A N N P I V X M I E O D U E E L
E C N A B R U T S I D C O F N T T T N L
H A E H A E I H E R W T N S G F R C A E
R P L B N O I T A R B I V N I J E H K W
I S E K N F T U X H F D D A T R P C O S
M E V N O I T C A R F E R R U N R X Q W
U A A X M F G S H G U O R T D H I G H S
I S W E T R A N S V E R S E I K P C Q B
D I C E P R O P A G A T I O N Z P D S O
E C A F R U S T O R M N A L A C L D U B
M K J O V M V J N O I T C E L F E R G Z
```

Solution on page 377

Canada

ALBERTA

ARCTIC

BAFFIN ISLAND

BANFF

BLUE JAYS

CALGARY

CARIBOU

DE CHAMPLAIN

DOUGLAS FIR

EDMONTON

ELK

ENGLISH

EXPOS

FRENCH

GRIZZLY BEARS

HALIFAX

HAMILTON

HUDSON BAY

ICE HOCKEY

INUIT

IROQUOIS

JOHN CABOT

LUMBERJACK

MANITOBA

MAPLE LEAF

MONTREAL

MOOSE

MOUNT LOGAN

MULRONEY

NEW BRUNSWICK

NEWFOUNDLAND

NIAGARA FALLS

NOVA SCOTIA

OTTAWA

POLAR BEARS

QUEBEC

RAPTORS

REINDEER

SASKATCHEWAN

SENATE

ST LAWRENCE

TORONTO

TRUDEAU

VANCOUVER

WINNIPEG

```
Q R A P T O R S K N O T L I M A H D S V
W E T L A E R T N O M R E I N D E E R J
M V Q H G L J O W V U A E D U R T I O A
X U O B I R A C M A P L E L E A F H T O
D O L F Y A B N O S D U H C K S N I P I
D C S R F R C I T C R A W V A C U W E K
Q N R A O N E W F O U N D L A N D S C C
U A A S B N A A I T Z S G B I I D I N A
E V E L O O E B C I Y U O A C H W O E J
B T B G S P T Y E A O T G E E S N U R R
E M R E L I X I J D N A H S N I A Q W E
C H A P G D N E N O R O O U A L G O A B
U C L I B K U I R A C O R L L G O R L M
L A O N U L Q O F K M B P W B N L I T U
T L P N B K T A E F W M H R E E T Y S L
X G R I Z Z L Y B E A R S F R E N C H X
F A Y W K L G E N H N B J Z T O U A J J
A R S A S K A T C H E W A N A C O A E N
S Y S E N A T E D M O N T O N E M Z I C
A W A T T O D F T H A L I F A X K E D V
```

Solution on page 377

Horseback Riding Lessons

```
I A A B P E N G L I S H V S N Y Y K M H
G S E D R R A W M Y M N I C T R E P X E
B T R I U V I V P F M N O I L L A T S F
M M T S X L R V L E V E L S E D C E U K
K T X K P H T M A R E I D P V C H V L D
A S H C A I S A C T B T R A I N I N G Q
R O E O B H E N I A E K N S C P E V P V
X C V D R E U J T M B C T S E A V B O N
S A I D I S Q Q U E E A S I E P E H N N
Q T T A H N E K E D O B R O M H F E Y O
N D I P R L S M P A S E R N U Y T L W M
H S T F N S D T A L S S H E Z S K M A B
D Z E W E S T E R N Y R E N N I G E B P
V C P C G N V W E U S O E B F C T T M L
T Z M R I K E E H R C H S N E A O S E K
B O O T S R V B T P B T I H I L O S N O
U O C H A M P I O N S H I P G A S V T M
M S R I D I N G N I D R A O B O R C A A
U T N Z J P X J S D S V L X N F W T L B
R R E Q Q B X W H O N O R S T A B L E S
```

ABILITY
ACADEMY
ACHIEVE
ADULT
ADVANCED
ATTIRE
BARN
BEGINNER
BENEFITS
BOARDING
BOOTS
BREED
CHAMPIONSHIP
COMPETITIVE
COST
ENGLISH
EQUESTRIAN
EXPERT
GROOM
HELMETS
HONORS
HORSEBACK
HORSEMANSHIP
INSTRUCTION
LEARN

LESSONS
LEVELS
MARE
MEDAL
MENTAL
NOVICE
PADDOCKS
PASSION
PHYSICAL
PONY
PRICES

PRIVATE
RIDING
STABLES
STALLION
TEAM
THERAPEUTIC
TRAINERS
TRAINING
WESTERN

Solution on page 378

At Auction

ANTIQUES

ARTWORK

BARGAIN

BID

BLIND

BUY

CALLER

CARD

CATTLE

CHARITY

CLERK

COLLECTIBLES

COMPETITION

CONDITIONS

CONSIGNMENT

DEALS

ESTATE

FARM EQUIPMENT

FURNITURE

GAVEL

GOING

GOODS

HOUSE

JEWELRY

LAND

LISTING

LIVE

LOT

NUMBER

OFFER

PAINTING

PAYMENT

PLATFORM

PODIUM

PRICE

PROXY

PURCHASE

RESERVATION

SEIZED

SELL

SILENT

SOLD

SURPLUS

TREASURE

VALUE

```
A N B P E D M O L P M Y U B M P V H Y O
R P H S U V S J Y R A E L U S V A T S D
U X K Q L U L L O Z R I A S M Q B F Y C
M B F L A E H F Q U N Q N Z A E L T H N
O Q P T V X T T S D W U D T B U M S C A
U Y S A Q A N A F B A R G A I N Z H R G
B F G D L I E L A S E U Q I T N A O Q B
C K N P O R M P R E L L A C O R G C B G
P A I I T O N A M N R A S I I R I O G D
M H T N J T G L E F O E T T I G Q N Z E
Y U S T N I I I Q S L I Y D P S N D C C
Z R I E L V S D U B T H T E P U X I G W
X Z L D E E N Q I E P O R A T L R T O L
J I I E O R O T P B T U D L V P A I J G
S B F Y W P C M M N T S R S N R R O X O
Z J S D R E O S E I Z E D C T U E N Q F
H B D O L C J M N A S S X W H S M S F F
F E X L D P Y R T W O H O D R A C B E E
R Y O A C A U H C L E R K L L E S O E R
M C O E P F B F D H K Y E S T A T E X R
```

Solution on page 378

Holiday Lights

BATTERY
BLINKING
BRIGHT
BULB
CIRCUIT
COLOR
COMPUTER
CORD
DISPLAY
ENERGY
EXTRAVAGANT
FIBER
FLASHING
FLICKER
FUSE
GLASS
HOLIDAY
HOUSE
INCANDESCENT
LAMPS
LED
LIGHT
MINIATURE
MONOCHROMATIC
ORNAMENT
OUTSIDE
PLASTIC

PLUG
POWER
SAFETY
SCULPTURE
SETS
SHOW
SIGN
SOCKET
STAR
STRAND
STRING

SWITCH
TECHNOLOGY
TRANSFORMER
TREE
VOLTAGE
WATTS
WIRES

```
V F I B B F I D G E N Y W R S I I O N F
E L I L Z I N P N I F Y W H S E M N X Z
P R D B T R C U I P F E S N X O T R T J
X F Y T E F A S H U T S Q T N H C S S X
M T M W C R N H S R S U R O R A K K Z H
A X O X H I D E A A Z A C L S I E Q E C
D P B Z N O E N L G V H S I V M N S G T
D M B X O S S G F A R G G P B L M G I I
D H X J L F C N G O Y N M R V Z B U B W
T O Y E O Q E A M G I B I V S V P L A S
I U Q R G L N A R K D G K Y T L L P T T
U S M U Y T T E N N H O R N A M E N T T
C E P T M I N I A T U R E S R L B E E A
R G Q P C E L R E D I S T U O U P Z R W
I A Y L O B T Y V P Z I U A L Y R S Y T
C T V U R S P M A L C B P B O I M Z I W
Y L R C D E X O O F I G M V C T G E O D
K O I S J R P Y A D I L O H V D O H E H
W V S N W I S J N R E K C I L F S L T L
G Y F X K W D Z O U K N Y M M O L E Z Z
```

Solution on page 378

Ecological

ADAPTATION

AGRICULTURE

ANIMAL

BEHAVIOR

BIOME

BIRDS

BOTANY

CARBON

CLIMATE

COMMUNITY

COMPOSITION

CONSERVATION

DIVERSITY

EARTH

ECOLOGIST

ECOSPHERE

ECOSYSTEM

ENERGY

ENVIRONMENT

EVOLUTION

FOOD WEB

FORESTRY

GENETICS

GLOBAL

HABITAT

HUMAN

LIFE

LIVING

MIGRATION

NATURE

NICHE

OCEAN

ORGANISM

PHYSIOLOGY

PLANT

RECYCLE

RELATIONS

RESOURCES

SCIENCE

SOCIAL

SOIL

STUDY

TREES

WATER

WEATHER

```
H D V E H C I N G S J C O M M U N I T Y
C F T N A L W F Y E L C Y C E R R N A H
O S H R O K T E R E H P S O C E E O T K
B S B A A I M U A R I U N M S M L N I W
G O Y A N D T I H T R A E P N U A Z B Q
N I T F G I A U G Y H Y S O E L T S A R
A L S A I R M P L R G E R S P M I D H F
M W C O N V I A T O A I R I T O O R T O
U L I J S Y W C L A V T I T L R N I R O
H A E K M R H O U N T E I I J G S B B D
L X N O T T I Y E L J I V O N A Y R G W
U T C O N S E R V A T I O N N N D E T E
W Z E D Y E I G X M N U X N O I U S C B
O I Z H N R L G E G M P R A V S T O L C
B M P E R O H R O I V A H E B M S U I N
Y N R B B F U K U L U W R C N Y O R M C
R G B A G T E E E O O S A O S P C C A O
Y K L G A H Y F I C I C Z T I F I E T J
Y D D N Z A S C I T E N E G E A A S E X
M S L D X V V L Y L Y M X N C R L O U F
```

Solution on page 378

Cabling

```
Q J F C O P K C W S F C J W S T R O N G
S G Q V P G A V I D Y C O N D U C T O R
C E A E O U O T E S K Q T P S R E B I F
H V N T D L P W P U X W A W K S D L S T
Z I S I N S T A L L A I R T S U D N I X
Y B O T I C R A D E T A L U S N I E V I
J F A G V E Z E G J C E C X U K S T E N
E A N V N L C G T E C H N O L O G Y L T
Q A T S L A N N X N W O R O P B P N E E
L T E F F I H I A I I G M Q H P E L T R
G O L D D X N R R T R R T P S P E M R N
E F B L O A H E S E S O P C U G E R A E
A B I B X O X E D S W I I J R T O G N T
T U X F N C A N T I I N D A A P E J S E
B D E O S E U I N O A L P L T B I R M N
E Y L X C T U G M H G H V I G M S V I S
S E F C D C E N C I R T C E L E E I T I
L W S O R E L E V A T O R B R A I D Y O
O J G I O A M X L I Q F P K M C A E O N
R T C Q C T I B S Y I Q H E H E N O F M
```

AUDIO
BOX
BRAID
BUILDING
CAR
CIRCUIT
COAXIAL
COMPUTER
CONDUCTOR
COPPER
CORD
DISTANCE
ELECTRIC
ELEVATOR
ENGINEERING
FIBERS
FLEXIBLE
GOLD
INDUSTRIAL
INSTALL
INSULATED
INTERNET
LINE
MECHANICS
METAL
MODEM
OPTIC

PHONE
PRINTER
ROPE
SIGNAL
SILVER
STEEL
STRONG
TECHNOLOGY
TELEGRAPH
TELEVISION
TENSION

TIES
TOWING
TRANSMIT
UNDERGROUND
VIDEO
VOLTAGE
WIRE

Solution on page 378

Take a Picture

ANTIQUE

BIRTH

BLOWUP

BLUR

BRIGHTNESS

CAMERA

CAPTURE

COLOR

CONTRAST

CROPPING

DEPICT

DEVELOP

DIGITAL

ENLARGE

FAMILY

FILM

FLASH

FRAME

FRIENDS

IMAGE

LANDSCAPE

LENS

LIKENESS

MEGAPIXELS

MEMORIES

MODEL

MUG

NATURE

NEGATIVE

PANORAMA

PHOTOGRAPHER

PORTRAIT

POSE

PRINT

RETOUCHING

SCHOOL

SEPIA

SHOT

SHUTTER

SLIDE

STILL

TRIPOD

VACATION

WEDDING

ZOOM

```
T F D W T T I H G V P U T Q W L L J L P
C J T H Q Y Z O Q X D E N T E E M C O V
U H E Y S C L E N S B D I D V Z E A K C
I O O L U S U N V N S C R O P P I N G I
D E P I C T Z R N E N E P A C S D N A L
E H A M O D Z C P V H R N O I T A C A V
H G R A N E E I E P U L H T M O O Z P R
M G M F T V A H A L C H I V H O Z M U G
G K Q T R E Z R B F A O C K M G D D W Y
L P C O A L G N I H C U O T E R I E O L
T M O H S O M L R E A W Z X E N S R L O
L E X S T P M N T L E V I T A G E N B O
P G D O E X Y D H D P M T N M F I S K H
G A H O W R I L D O A U T S E Q R S S C
H P N Z P G U I R G H I U G D O O A A S
W I S O I I N T E S Q I R K C N M M M L
I X K T R G R I A U C A P T U R E B F E
W E A H I A R T E N L C O L O R M I C R
V L P J I L M Q A N R K H S A L F H R D
K S X T H H L A E D I L S R E W G H W F
```

Solution on page 378

Down the Mississippi

AGRICULTURE

ARKANSAS

BARGES

BIG RIVER

BOATING

BRIDGES

CANOE

COMMERCE

CURRENT

DAMS

DELTA

DRAINS

FISHING

FLOODING

HISTORY

LAKE ITASCA

LEVEES

LOCKS

LONG

LOUISIANA

MARK TWAIN

MEANDERS

MIDWEST

MINNESOTA

MISSISSIPPI

```
E Y D D U M F G S L K H L Y D R A I N S
K A B F V S L N H I S T O R Y T K I T L
M W O F T R U I O W C W N F L F N A A E
R R A P P A F D W T A D G E Y I O N I V
T E T Y C B R O B M N R D N A B A S Y E
S T I N X D E O O T O V O W M I Z R S E
E A N B Z N W L A K E I T A S C A R P S
W W G E U A O F T C T K E I K T E L E A
D N F D M S P R C A R T U B U D N T R G
I O Z I I I H M T A S O M B N H A H N R
M D O W S F D R M H L B I A I T G I E I
I T D H S H O E S Z A R E E S L I V C C
N T E N I P I E S R T M U D P K I N R U
N N P N S O G N G M O O E W S R D J E L
E E B N S D R E G U A T D R G L A G M T
S R A J I T S I T Y I D E I I O D L M U
O R Y R P E A H V N T T B I V C F T O R
T U B V P W X T U E A F P Q N K A P C E
A C P O I W C D E W R I A M H S O U T H
V M R B Q H S S A S N A K R A N T C U R
```

MOUTH

MUDDY

NORTH AMERICA

OHIO RIVER

POWERFUL

RAFT

SANDBARS

SEDIMENT

SHOWBOAT

SOUTH

STEAMBOATS

TEN STATES

TRANSPORTATION

TRIBUTARY

UNITED STATES

WATER SKIING

WATERWAY

WIDE

Solution on page 379

Sony Corporation

```
P X J S V E J A P A N M D D I S C M A N
E O T S E M A G D O N K H R X Q Z U O A
O V L E S S E N I S U B C L O O J S B M
C I I I N D V S K E N V N M I C S I E K
M C O V S R I S E O V N Q D R C E C T L
A O U O B V E J I A A M A K I G R R A A
O M U M E M C T I I U R I R D X U U M W
Y P N L M N A O N E D S E I R E T T A B
J U E I H T T N R I I M A M D X C E X E
O T S O S P O E U P O N H V A H I C Q L
V E I Y C V Y N R F O E D I V C P H C E
X R A S A L N L E T A R E M O L G N O C
F L A T M R A M C D A C A E W F L O N T
P S I E C O P T P S P I T T Y Y T L S R
D O N R O T M H I X T T N U I F G O U O
N U Z E R I O A W G E P F M R O F G M N
A N F O D N C F B S I B H G E E N Y E I
R D G I E O A F S A I D E M G N R Q R C
B Y L S R M J A G V B L Z M P O T P A L
T E L B A T C U D O R P J I I M O B B Q
```

AUDIO
BATTERIES
BETAMAX
BRAND
BUSINESS
CAMCORDER
CAMERA
CASSETTE
COMPANY
COMPUTER
CONGLOMERATE
CONSUMER
CORPORATION
DIGITAL
DISCMAN
DVD
ELECTRONIC
ENTERTAINMENT
ERICSSON
GAMES
HEADPHONES
INNOVATION
INTERNET
JAPAN
LAPTOP
MANUFACTURER
MEDIA

MONITOR
MOVIES
MUSIC
PICTURES
PLAYSTATION
PRODUCT
PSP
RADIO
RECORD
SOUND

STEREO
TABLET
TECHNOLOGY
TELEVISION
VAIO
VCR
VIDEO
WALKMAN

Solution on page 379

Around California

ALAMEDA
ALCATRAZ
BEACH
BERKELEY
BEVERLY HILLS
CABLE CARS
CALTECH
CONTRA COSTA
DEATH VALLEY
EL DORADO
FARMLAND
FRESNO
GLENN
HOLLYWOOD
IMPERIAL
LAKE TAHOE
LASSEN
LOS ANGELES
MARIPOSA
MENDOCINO
MERCED
MOJAVE DESERT
MONTEREY
MOUNT SHASTA
NAPA VALLEY
OAKLAND
ORANGES

PACIFIC OCEAN
PALM SPRINGS
POPPY
REDWOODS
SACRAMENTO
SAN DIEGO
SAN FRANCISCO
SAN JOSE
SANTA CRUZ
SEQUOIA
SIERRA NEVADA

SILICON VALLEY
SONOMA
STANFORD
USC
VENTURA
WINE
YOSEMITE

```
G G M E R C E D O O W Y L L O H C A E B
G R G L O S A N G E L E S D O O W D E R
Z P B H C E T L A C D N A L M R A F T S
S U E N I W S B E V E R L Y H I L L S A
O D R O F N A T S A O L A I R E P M I C
N N K C N F H E E D E O H A T E K A L R
O A E F A D S A L A M E D A D U V W I A
M L L R C T T E P X S R A C E L B A C M
A K E W D S N M Q V E N T U R A Q W O E
G A Y P E Z U A I O U Q E S Q D A J N N
L O E A A A O C S I C N A R F N A S V T
E D R L T R M S I E R R A N E V A D A O
N M E M H T J B H S A N D I E G O Y L N
N Z T S V A Y W O N I C O D N E M N L S
E G N P A C I F I C O C E A N X P J E E
S R O R L L M S G J A S O P I R A M Y R
S V M I L A M N Z Y E L L A V A P A N F
A F Y N E C O N T R A C O S T A L Z L K
L U R G Y N H E T I M E S O Y P P O P R
P N B S A N J O S E G N A R O K Z B I F
```

Solution on page 379

Call for Help

```
G C T N T M T Q N D F R F A L L F F L R
N R B I R S P I H I O S I C A S T J E S
F E O A V P A G R U R X E C L S R W T I
H H X R D R A E E G R I I P E Z A P N R
T C F T P U R M I V U T P R A C A C I E
D T A S Z G K O A L I Y U S A R O J L N
K E C E X C P D D R L T Z D A M C C P V
S R C G C L K A C D U N A M P R I S S H
E T I N L I Y N S S T S E R W H M I I E
Z S D I A L L R A S L D E S E R I O U S
A S E S T L A O U X I S O V S P C N R T
E E N S I U U T P C S S A O O Z M O G U
F R T E P N I B I F N C T L H L O I E C
H T T R S R I B M V U W S A A I G T N P
D S Q D O O P E R A T I O N N R R A T A
H I F T H C A N T I S E P T I C M C A A
D D C R Z S R I T I X E M S P B E I K G
G O B G G O O H R B R E H T A E W D M B
D W K Q H N A C Z L N N L E I B R E A K
O J W B N E F F B T Z M P C N F A M W K
```

ACCIDENT
ALARM
AMBULANCE
ANTISEPTIC
ASPIRIN
ASSISTANCE
BREAK
CAST
COMPRESS
CRISIS
CRITICAL
CUTS
DISTRESS
DOCTOR
DRESSING
EVACUATION
EXIT
FALL
FIRE
GAUZE
GLOVES
HORN
HOSPITAL
HURT
ILLNESS
IMPERATIVE
MEDICATION

OINTMENT
OPERATION
PAIN
PARAMEDIC
POLICE
SCRAPES
SERIOUS
SIREN
SPLINT
SPRAIN
STRAIN

STRETCHER
SUTURES
TORNADO
URGENT
VEHICLE
VITAL
WEATHER

Solution on page 379

Sisters Are Special

```
T O G J B V Z R U Y G D Y L I M A F B W
C I N C S Q S A X N T T R O P P U S L O
C Y A A S I B L I N G L L Y F I C C Y M
S D X R M C N W H S Y A A J V W O T E A
H Z K I T P O S R Y N T V Y S H N O T N
E Z L N B R I E T R K L I L O A V Q S O
S A R G G R T H E O P E R R D L E C Y I
R S E S E H C T S L T I T I O B N O M T
B R N H G K E Y W N G S F L P R T U P A
P C C U W O F U N C O N D I T I O N A L
N F A S N I F G D K O I B T N R G S T E
V D R V S R A F X C I L N O H N U E H R
U M I E D E V O T I O N I A I G C L E J
S S E J V N N D N O B T K R P S I P T N
E E D O H E S E D T C A U K A M L F I I
B C L N R T R W S I S T E R H O O D C C
W R I B E S X O R O R S G G V Z H C I I
V E R V S I D F F U L U S N I W T I E S
Q T K N D L R R N K E C I S E L A M E F
O S Q L G A J F J I P O I Y G D C R Z G
```

ADVICE

AFFECTION

ARGUE

BLOOD

BOND

CARING

CATHOLIC

CHERISH

CLOSENESS

COHORTS

COMPANIONSHIP

CONFIDANT

CONVENT

COUNSEL

DAUGHTERS

DEVOTION

ETERNAL

FAMILY

FEMALES

FIGHT

FOREVER

FRICTION

FRIENDS

GIRLS

GROWING

KIN

LISTENER

LOVE

LOYALTY

NUNS

NURTURING

RELATION

RIVALRY

SECRETS

SIBLING

SIMILAR

SISTERHOOD

SORORITY

SUPPORT

SYMPATHETIC

TIES

TRAIT

TWINS

UNCONDITIONAL

WOMAN

Solution on page 379

Fossil Fuels

ALTERNATIVES

ANAEROBIC

ANTHRACITE

AUTOMOBILE

BARREL

BURN

CLIMATE

COAL

COMBUSTION

CONSUMPTION

CRUDE

DECOMPOSITION

DEPENDENCE

DIESEL

EMISSION

ENERGY

ENGINE

ENVIRONMENT

FUEL

GAS

GEOLOGY

GLOBAL

GREENHOUSE

INDUSTRY

KEROGEN

LIMITED

METHANE

MINING

NATURAL

OIL

PETROLEUM

PLANTS

POLICY

POLLUTION

POWER

PROCESS

PRODUCTION

PUMP

RESOURCE

RIG

SEDIMENT

TRANSPORTATION

TRUCK

VOLATILE

WELL

```
V P I M E T H A N E L K N Y P O L I C Y
F R A A U T O M O B I L E D U R C A H G
P O W E R F V W I N A T U R A L X R Z O
M C U I Y B V I T M R W B D O L A A J L
U E Y A A Y O S A D J L I Q U G X D P O
P S V N I R L T T L D E P E N D E N C E
Y S E V I T A N R E T L A C X C S N J G
D E Z F S S T A O T N Q C O O O U K B N
U E T T J U I L P E O N F M T V O I L I
A N T A Y D L P S E I C P B H Q H T L N
G G R I M N E E N N S O O U A B N L V I
I I O E M I D S A V S N L S N R E F Y M
D N R F S I L I R I I S L T A W E J G L
N E Q U M O L C T R M U U I E G R P R A
W L M E S M U I D O E M T O R P G S E B
Y R N L W T O R B N K P I N O B U R N O
Y T L H R N C E C M Z T O J B A R R E L
I V M U E L O R T E P I N D I E S E L G
F H C Q O H A Y G N N O I T C U D O R P
N K Y G O K L C J T A N T H R A C I T E
```

Solution on page 379

Grownups

```
S R K M T D L I N D E P E N D E N T N D
I E B B O E M R E G E K H K H S X H K O
T W O R K E R L R C L I N W O R L D L Y
W O Z A E A X A U P B S R C H O I C E S
T P Y N Q F H W T H I U C R Y G A N A N
M O L D V C I I A V S R S E A S O N E D
U S J Y N N P N M R N U K U O M L A P U
V O R I W F R E E D O M M M E E T L N H
S E D O Z N R E D D P F I V G E A E I Z
E U R E L Y R E A L S M A A T N C E G B
T G P U T A R A Y A E H L Z E N L X H N
T T W E C A U T H O R I T Y A M I P T D
L Z M U R E C R E L L A T M C R A E C U
E W C O S V S U B Z X P O J H E T R L I
D C F V V P I R D S S R M A E G K I U J
J M O T H E R S R E G I X E R G C E B W
C T X E P E O A O B L I G A T I O N S A
E L J B E F G U A R D I A N Q B C C G M
S H W B I I F V T S D E V E L O P E D Q
N Z N U C X C G U P V L A W S D F V U M
```

AGE
AUTHORITY
BEER
BIGGER
BILLS
BRANDY
CAREER
CHOICES
CIGARS
COCKTAIL
DEVELOPED
EDUCATED
EMPLOYER
EXPERIENCE
FREEDOM
GET MARRIED
GROWN
GUARDIAN
HAVE MONEY
IN CHARGE
INDEPENDENT
LEGAL
MATURE
MIMOSA
MOTHER
MOVE OUT
NIGHT CLUBS

OBLIGATIONS
OLD
PLAN
POWER
REFINED
RESPONSIBLE
ROMANCE
RUM
SEASONED
SECURE
SETTLED

SUPERVISOR
TALLER
TEACHER
VOTE
WINE
WORKER
WORLDLY

Solution on page 380

Water Company

```
F Z V K K W A L X P C M V P N R I V E R
Y U P O R F G O P Y E L T Q C T O W E R
Z Z U C J K A A Z T L N E U G F R G R O
E P M G D D R I S S E W V A R U U F E P
J V P U N E G Y B M G K F L N L Z L M Z
U C H O T I S P T E G E Y I A Y T U E J
D Z I A L F R A Y T I L I T U T N W T Y
R L W L O I E P L F Q Z I Y O I E A E G
M K A A B R C C S I E O X B C N Q M R K
K H Y K T U P I O S N G O I O U O D K W
E U F N E P P L E N P A P I E M J N W V
F C I T Y D R N U S S A T D E M E U I Q
A P R M L N I M D M L U U I B O V O C Y
S R O U A R O R B Q B C M Q O C R R Q U
X O G N O E V I O I T I N P Z N E G Y D
T T R L D S R C R U L P N X T F S R I P
K E H W Z E E T V A L V E G I I N E N R
H C E F R E S H S U E F Y U T I O D I T
T T A C Y I E P I P W Y Q A B P C N A N
M Z M A D D R I N K G A P R E S S U R E
```

AQUEDUCT
AQUIFER
BOTTLE
CHLORINE
CITY
CLEAN
COMMUNITY
CONSERVE
CONSUMPTION
DAM
DESALINATION
DISTRIBUTION
DRINK
FLUORIDE
FRESH
LAKE
METER
MUNICIPAL
PIPE
PLUMBING
POLICIES
POND
PRESSURE
PROTECT
PUBLIC
PUMP
PURIFIED

QUALITY
RAIN
REGULATION
RESERVOIR
RIVER
SAFE
SOURCE
SPRING
STREAM
SYSTEM
TAP

TOWER
TREATMENT
UNDERGROUND
UTILITY
VALVE
WATER
WELL

Solution on page 380

Looms

ART
BACKSTRAP
BATTENING
BLANKET
CLOTH
COTTON
CRAFT
DESIGN
DEVICE
DRAWLOOM
FABRIC
FRAME
HANDLOOM
HEDDLES
INDUSTRY
INTERLACING
KNIT
MACHINE
MANUFACTURING
MATERIAL
MOTION
OLD
PATTERN
PEDAL
PICKING
POWER LOOMS
RIBBON

RUGS
SHEDDING
SHUTTLE
SKILL
SPIN
STRING
TAPESTRY
TECHNIQUE
TENSION
TEXTILE
THREAD

TRADITIONAL
TREADLE
VERTICAL LOOM
WEAVE
WEFT
WOOD
WOVEN

```
O F Q E D U S K R T L B R L V X C N W U
X Q V I A A Z J P L A I R E T A M B M M
H U I W S J Z O L D A E R H T N I A A N
Z B C C M A N U F A C T U R I N G C D C
Z Y F L O G N I K C I P G I T F H K A R
M O T I O N M T C C B N Z E A I K S M D
S X S R L T A Y A M I A R V N X X T O C
K X H C R P H L F R D L T E O Y D R O M
G F U Y E N L L T R A D I T I O N A L N
G A T S W O P S A C A V G E E P U P D O
Y B T N O T C W I K R M E C E N I I N R
M R L M P T L N S E R E E H G E I I A N
Y I E V V O G G E L T E K N A L B N H M
W C C T O C U S L I U Q I I G D U D G N
F R I M R R Z I D T D D K Q O A P U N P
Y A V C B S K J D X D E G U X E Z S T N
B F E Y H S P W E E C S V E D R D T I J
J T D T E Q O I H T D I P A T T E R N M
V M W B N O I S N E T G L W E F T Y K T
E L I M D J R I B B O N X K R W O V E N
```

Solution on page 380

Well Done

ACCOMPLISH

ACHIEVE

ADMIRED

ADVANCE

AFFLUENT

ATTAIN

AUTHORITATIVE

AWARD

BEST

CHAMPION

COMPLETE

DEGREE

DOMINANT

EXPERT

EXTRAORDINARY

FAMOUS

FAVORABLE

FORTUNATE

FRUITFUL

GRADUATION

HAPPY

HIRE

INFLUENTIAL

JOB

LUCKY

MASTER

MONEY

NOTABLE

NOTEWORTHY

OPULENT

OUTSTANDING

POWERFUL

PRESTIGE

PROUD

RECOGNITION

RESPECTED

REWARDING

SECURE

SKILLED

STRONG

TALENTED

THRIVING

VICTOR

WEALTHY

WIN

```
O M E J N A D V A N C E R V X R B E S T
J P R M Y J L C T H V D N R C S A Q K D
D H U K O G V H I E P B O I R O T C I V
V M C L G N R R I U S U O M A F D D L Q
S U E D E I E H H W T F R U I T F U L N
L O S F V N C Y H T L A E W Y N T A E O
K E V I T A T I R O H T U A D X A A D T
S J N N H U J Q L A I T N E U L F N I E
H G R A D U A T I O N R E J R M X J T W
S P P F S T R O N G N I D N A T S T U O
G P E L U F R E W O P E D C N E R R S R
Y D T R E P X E I E T F C R P L E P S T
K T E C O Q N T T C P O N N O B W R F H
H A L G V H I O E N M R O R P A A E M Y
M L P Q R N W P I P E T O X H R R S U Z
A E M B G E S R L P A U U U N O D T H O
S N O O R E E I X B M N L V D V I I X L
T T C J R B S T L D C A W F N A N G G E
E E J O E H J E A T H T H P F F G E K U
R D P R B Y A D M I R E D C B A W A R D
```

Solution on page 380

Quick

AIRPLANE
CARS
CHEETAH
COMPUTER
CONCORDE
CYCLONE
DRAGSTER
ELK
ENERGY
EXPLOSION
FALCON
FERRARI
GREYHOUNDS
HORSES
HUMMINGBIRD
HURRICANE
INTERNET
JETS
LASER
LEOPARDS
LIGHT
MISSILE
NANOSECONDS
PHOTONS
POLICE CHASE
RABBIT
RACE

RAPIDS
ROADRUNNER
ROCKET
ROLLERCOASTER
SAILFISH
SHOOTING STAR
SOUND
SPACECRAFT
SPEEDBOAT
SPRINTER
SUPERMAN

TACHYONS
TAP DANCE
TIME
TORNADO
TRAINS
WILDCATS

```
F J L P D R O L L E R C O A S T E R D O
A S R A P I D S D N O C E S O N A N D L
L P S Z W S U P E R M A N U J T I L J I
C H E E T A H W X V L T J S S O R A C G
O O P D E U C C P N T U J G G S P C R H
N T H Q N Y Y E L K Z E N F S A L O R T
E O E D R O C N O C S I N D P I A M K W
L N W V E J L E S L T Q N A A L N P K Z
P S C U T L O S I O L U F D C F E U T S
L S B H N B N A O A O Y R P E I F T T R
M I S S I L E H N H B I E T C S R E P R
T K M T Z N S C Y F B D N O R H J R E G
E S D R A P O E L G Q R N R A S D P U E
K N R F S C R C N R S A U N F O O T C H
C O E P F G D I A C E G R A T U Q N B S
O Y F R E T M L E R K S D D L N A Q I E
R H F E G M D O I Y S T A O B D E E P S
C C C U U Y I P P W E E O L P Z K V U R
P A K H Q E B T Q F E R R A R I N F R O
R T I B B A R S P R I N T E R I D V B H
```

Solution on page 380

Flowers

AMARYLLIS

ARRANGEMENT

ASTER

BEAUTIFUL

BLOSSOM

BOUQUET

BOUTONNIERE

BOWS

CARNATION

CHRYSANTHEMUM

CORSAGE

CUT

DAFFODIL

DAISY

DECORATE

DELIVERY

DESIGN

FLORIST

FLOWERS

GARLAND

GERANIUM

GIFTS

GREEN

HYACINTH

HYDRANGEA

IRIS

LILIES

```
F G C V X Y K D L K B F D A Y E D F X M
H J T Z D F I T S I R O L F M S B N D R
Y N O U E H N S N H L P E T U N I A B E
R R V Y C N G O D E Y I Y J M K E A R T
I Z F R O D I Y A V M A E Z E G K E D A
G D O B R T S G X M Z E C S H S I N R W
Q L B M A K E W O U A S G I T N O F E G
W I D N T P D S T Z G M V N N G V H T E
R P R W E E S L R N R Q A O A T L G F S
M A R I G O L D I E H N T R S R H E L A
C G A R L A N D E D Z U D A Y H R R O V
S D W B S C D G C R O P Q N R L G A W H
B X J W R E A T H B A F O N H U L N E W
N C B Q W S P L A N T E F S C F A I R K
M T P U R C H A S E P W P A B I S U S G
P T L O O A R Y R E V I L E D T T M S X
I U C E S D L K T N L B O U Q U E T I U
Q R X I E K B A C U Y A E G N A R D Y H
A I R H S V L B T E L O I V D E K C I P
Y I O S D S M E L L S W O B M B H A A L
```

MARIGOLD	SNAPDRAGON	
ORCHID	TULIPS	
PEONY	VASE	
PETALS	VIOLET	
PETUNIA	WATER	
PICKED	WEDDINGS	
PLANT	WREATH	
PURCHASE		
RIBBON		
ROSES		
SMELLS		

Solution on page 380

Lil Wayne

AMERICAN

ARTIST

AUTHOR

BILLBOARD

BOOKS

CASH MONEY

CHILDREN

CONCERT

CONVICTED

DWAYNE

ENTREPRENEUR

EXECUTIVE

FATHER

FEUDS

GOLD

GOT MONEY

HIP HOP

HOLLYGROVE

HOT BOYS

JAIL

LABEL

LAWSUITS

LIGHTS OUT

LOLLIPOP

MEMOIR

MIXTAPE

MUSIC

NEW ORLEANS

PERFORMING

PHILANTHROPY

PLATINUM

PRIVATE JET

RAP

REBIRTH

RECORDING

RELEASE

RETIREMENT

SEIZURES

SHE WILL

SINGER

SOLDIER

SONGWRITER

THA BLOCK IS HOT

THA CARTER

WORLDWIDE

```
E R E G N I S Y T G M C E P E L M L E Y
R E L E A S E S R U E N E R P E R T N E
G Z M M U N I T A L P O H P I H H Y Y N
J A I L O L L I P O P M I X T A P E A O
Y Y S M G N I M R O F R E P B A E R W M
D E T C I V N O C M I U V L G U D E D H
Q O I N L Y G O L D R A O B L L I B R S
G U U Y E T S I T R A C R R A N W I E A
G H S S P M B K E K K N G I B S D R I C
Y P W O H O E T E I X F Y O E O L T D Q
Z G A T O P R R S S N N L M L N R H L Q
U W L K H A R H I N V E L E D G O A O B
H J S K C A O I T T P W O M F W W U S Y
E L M A D T R S V N E O H Y A R C T E H
Y C H I L D R E N A A R N C T I I H R O
V T K F C O N C E R T L I G H T S O U T
C E S E V I T U C E X E I M E E U R Z B
L V D U N A C I R E M A J H R R M E I O
G X O D R E C O R D I N G E P A T M E Y
A F K S B L L I W E H S G P T T P R S S
```

Solution on page 381

Enjoyable Activities

```
P E T S K O O B P V Y O J N E H E U F X
A Z R N J C G A E T G B T C K S G F P F
V Z I Z J N M K T Y K D N Y I R H K B A
K T G J I D M I M L M A G H H J F E M P
G V N T E U G N E E D L E P O I N T F H
I G I K S W A G G G G N I K A M Y L F P
S R L I O S E N O I T C A R T S I D E U
W C C M T Q I L J E O S Q P D H N I L Z
A Y Y I J H Z P R L E U E X A K T V S Z
P Z C G S J B T L Y I K P M M D E E T L
U S I I N S A E M L C A R Y A I R R A E
E G F G K I C G T O I A I O E G E S M S
K W N N N T K I N N D N K K W O S I P Q
T W V I I X N R T I V E R O S D T O S V
K E N N G G P B O E T K L E O S A N U F
B G G N C G A R N W L N E S A C H E S S
M D P U J L O T S J D H I P E D R Z B S
T I L R L I I J P U L O T A T W I A V T
I R G Z G N I D L I U B O A P X J N F W
I B A K G N I P M A C S S W O M R W G T
```

ART
ATHLETICS
BAKING
BEADWORK
BOOKS
BRIDGE
BUILDING
CAMPING
CHESS
COLLECTING
COOK
CRAFT
CYCLING
DANCE
DISTRACTION
DIVERSION
ENJOY
ENTERTAINING
FISHING
FLY MAKING
FUN
GAMES
GYMNASTICS
HAM RADIO
HIKE

INTEREST
INVENTING
JEWELRY
JOGGING
KNIT
MODELS
MUSIC
NEEDLEPOINT
PAINTBALL
PAINTING

PASTIME
PETS
PUZZLES
QUILTING
READING
RUNNING
SEW
STAMPS
WOODWORKING
WRITING

Solution on page 381

Marching Bands

```
C Q C U S E V O L G B W S V U G T Q F K
U X X L N T E P M U R T N F T A P Y L P
S Z R S A E N C C S B V F V L B E B U D
U N I F O R M E A E J B T U D O N G T E
O S W U H N I A M D P T R O M B O N E R
R A K Y M M G N G U E D A R A P H H Y A
M S T X U I M S E E R N F F N X P I C N
T H M H I L A T O T F T C U O Z O W O S
M E Y Z D I R E C T O R S E I V X T S P
U S E O A T C R D E R C Z N T V A P D K
S O G F T A H O S R M K A J I B S R C Y
I O E I S R E T P O A M P P T R O E N Y
C F L E S Y S C E J N U R O E A U C A O
I O L L I P N U T A C R G Z P S S I I B
W O O D W I N D S M E D A R M S A S W V
P T C P Q T I N S T R U C T O R P I S R
E B P O U T D O O R S T H T C L H O H M
B A A B D O G C I F O R M A T I O N V Y
F L A G U R R M W V F K C O T F N C S X
H L K M D P L G P U W X R E D A E L S G
```

BATON

BRASS

CADENCE

CAPES

CLARINET

COLLEGE

COLOR GUARD

COMPETITION

CONDUCTOR

DIRECTOR

DRUM

FIELD

FLAG

FLUTE

FOOTBALL

FORMATION

GAME

GLOVES

GROUP

HAT

INSTRUCTOR

INSTRUMENTS

LEADER

MAJORETTE

MARCH

MILITARY

MUSIC

OUTDOORS

PARADE

PERFORMANCE

PRECISION

RHYTHM

SASHES

SAXOPHONE

SCHOOL

SNARE

SONG

SOUSAPHONE

STADIUM

STEPS

TROMBONE

TRUMPET

TUBA

UNIFORM

WOODWINDS

Solution on page 381

Lake Michigan

```
P I Q N I Z J Z C S E R O S I O N I J F
N D N W T O I J S E K A L T A E R G L W
W Y A B L O T G K U W I S C O N S I N T
D R G L Q S N U C A G S W G W J U M R T
F A I G A I A S T H I L A S E I R R E F
H E H O P W W E T O A R L A N O S A E S
T L C P L O R H N K Y T N U O C R O O D
Y C I I T Y O I E S S N I F L P E R C H
Y H M K N U L T M E I H H N O A C C Z A
S I E U S L R Y N C S Z O B D R R B F R
S C Q E I O J B O G F L E R O I E G G B
V A S E U Y O L R W W I C Z E A A S E O
P G N T T W E C I R O T S I H L T N T R
S O N I F T C H V W V O S H B N I S A S
E A P I R Z E I N Y G L D E I T O N M S
L R N A L A O U E C A N A L S N N C E A
Q B E D J I M Z Q N P C G G A A G R R B
O F C Y B B A T D R H T C D U N E S I I
C E N I N P H S T E A M S H I P D V C L
J C W T O U R I S M Q M O T J M D T A Y
```

AMERICA

BASS

BEACHES

BOATS

BOWFIN

CANALS

CHICAGO

CLEAR

COAST

DOOR COUNTY

DUNES

ENVIRONMENT

EROSION

FERRIES

FISHING

FORESTS

GARY

GREAT LAKE

HARBORS

HISTORIC

ILLINOIS

INDIANA

ISLANDS

JEAN NICOLET

JOLLIET

LAKE TROUT

LARGE

LIGHTHOUSES

MARINAS

MARQUETTE

MICHIGAN

MILWAUKEE

PERCH

RECREATION

SAILING

SAND

SEASONAL

SHIPPING

SHORELINE

SIZE

STEAMSHIP

TOURISM

WATER

WISCONSIN

WOODLAND

Solution on page 381

International Business Machines

```
G L O M U W Q G R I L Y A R M O N K E S
U W L A B O L G N E Q L E N O V O C E Y
H F P C P B A T G S R E X E K K N M R A
M Z R H U R E N X U N U M L S E M V U N
T Y O I Y R I R Y I V O T E I K C O T S
D N F N N T E N G G J I I C T P R G C N
A A I E S S B N T F O N S T A S Y I U A
P P T O E S E M V E W L M R U F Y J R C
K M H A X Y E I O B R S O O J L U S T I
N O R S R C O N S U L T I N G T O N S R
I C P W C E D L I W N U O I H C Y S A E
H X Q O O H V C P S I E E C P C E R R M
T S G D M R U R A M U B W S G B E M F A
S V K N P F L G E M E B I Y A P Q T N R
Q I C I U S A D E S K T O P O M L A I F
P M X W T E R A W D R A H L Z R G E R N
F T Z L E P G N O I T N E V N I K Z M I
O D O F R N E T Q W D V N N B G G V C A
F G U S O F T W A R E E C I F F O F P M
M U L V L H P R O D U C T S S E C C U S
```

AMERICAN

ARMONK

ATM

BIG

BLUE

BUSINESS

COMPANY

COMPUTER

CONSULTING

DESKTOP

DEVELOPER

ELECTRONICS

EMPLOYEE

ENGINEER

GLOBAL

HARDWARE

HOSTING

HUGE

INFRASTRUCTURE

INTERNET

INVENTION

LARGE

LENOVO

MACHINE

MAINFRAME

MANUFACTURER

NEW YORK

OFFICE

PRINTER

PRODUCTS

PROFIT

RESEARCH

SCIENCE

SERVER

SOFTWARE

SOLUTIONS

STOCK

SUCCESS

SYSTEM

TECHNOLOGY

THINKPAD

WINDOWS

WORLDWIDE

Solution on page 381

Pump It

AIR
BALL
BUCKET
CAVITY
CHAMBER
DEVELOPMENT
DEVICE
DIAPHRAGM
DIRECT ACTION
DISPLACEMENT
DRINKING
FLOW
FLUID
FUEL
HOSE
HUMAN POWER
HYDRAULIC
INDUSTRIAL
INFLATE
IRRIGATION
LABOR
LEVER
LIFT
LIQUID
MANUAL
MARINE
MECHANICAL

MOVE
OPERATOR
PISTON
PLUNGER
PRESSURE
PROGRESSIVE
PUMP
ROTARY
RURAL
SIPHON
SUCTION

TANK
TIRE
TOOL
VALVE
WATER
WELL
WORK

```
K A C Z L Y L K P I S T O N X T T L Z H
F P M E L S N C W R E V E L F K N H N Q
N N N W L V B U C K E T A L F N I V G N
L D D L A U N A M G W S O O O Z W M W Z
P U M P B T V B N W N W S K R O W P Y E
U Y E W L I E I N O I T C U S Q T C X K
M K E V T U K R O C I L U A R D Y H W U
M T H Y I N N N U F T T T L D E S A N V
O T L U I S M G A R H P A I D K N M L U
Y C N R Y B S G E T O I Z G R O T B W S
V W D E V I C E M R R T Q R I E J E B T
P M V E M C A I R T V P A T U R H R S Q
I K F A O P P U S G T F C R M R R R I U
M V A I L B O U S Q O A L X E A A I P V
E I Q E N V D L Q L T R R U M P R L H O
P F U E T N E M E C A L P S I D O I O V
G F V E I S B T E V W B S S N D Z Q N Q
Z O W R O T A R Y R E W O P N A M U H E
M E C H A N I C A L L D R R Z T F I L B
V F K O C D H W W K L H T N M N Q D F F
```

Solution on page 381

Deaths in 2016

ALAN RICKMAN

ALAN THICKE

ALAN YOUNG

ALVIN TOFFLER

ANTONIN SCALIA

ARNOLD PALMER

CARRIE FISHER

CHYNA

DAN HAGGERTY

DEBBIE REYNOLDS

EDWARD ALBEE

FIDEL CASTRO

FLORENCE HENDERSON

GARRY MARSHALL

GARRY SHANDLING

GEORGE KENNEDY

GEORGE MARTIN

GEORGE MICHAEL

GLENN FREY

GRANT TINKER

JANET RENO

JOE GARAGIOLA

KEITH EMERSON

LEON RUSSELL

LEONARD COHEN

MERLE HAGGARD

MORLEY SAFER

MUHAMMAD ALI

NANCY REAGAN

PRINCE

RICHARD ADAMS

ROBERT VAUGHN

SHIMON PERES

ZSA ZSA GABOR

```
F A C G E O R G E M A R T I N Z X Z J P
U L L A L V I N T O F F L E R I H F O R
Q A O R G E O R G E K E N N E D Y N E I
J N X R O R T S A C L E D I F I X I G N
L R S Y E P N Y R E H S I F E I R R A C
C I U M V N Q T R N S T D K K N L O R E
P C A A R H C R Y A E E E E C H E B A O
U K R R E L Y E S G R D B I I G O A G R
M M E S K L E G H A E W B T H U N G I E
E A F H N E R G A E P A I H T A A A O M
R N A A I S F A N R N R E E N V R S L L
L O S L T S N H D Y O D R M A T D Z A A
E N Y L T U N N L C M A E E L R C A L P
H E E I N R E A I N I L Y R A E O S A D
A R L K A N L D N A H B N S S B H Z N L
G T R E R O G B G N S E O O C O E B Y O
G E O R G E M I C H A E L N P R N Z O N
A N M G A L R I C H A R D A D A M S U R
R A Q C H Y N A I L A C S N I N O T N A
D J Q I L A D A M M A H U M Y T W G G Z
```

Solution on page 382

Adulations

ACCLAIM
ADMIRATION
AFFECTIONATE
AMAZING
APPLAUSE
AWESOME
BEAUTIFUL
BRILLIANT
CHARMING
CHEERFUL
CLEVER
COMMENDATION
ENDORSE
EXCELLENT
FABULOUS
FANTASTIC
FLATTER
FRIENDLY
FUNNY
GENEROUS
GENIUS
GOOD
GORGEOUS
HANDSOME
HOMAGE
HONOR
INTELLIGENT

KIND
LOVELY
NICE
PERFECT
PLEASANT
POLITE
PRAISE
PRETTY
RAVE
SINCERE
SMART

STRONG
SUPER
SWEET
TALENTED
TRIBUTE
WARM
WONDERFUL

```
W M Z Q P O L I T E E E Y T O M A X O K
V I V G R L O K P H W J V T M M L T W T
E U I B A Y V T R H Q M R A W I Q A C V
N A D N I K E X K W O N D E R F U L L G
O P D U S P L E A S A N T R I B U T E K
S E M M E Y Y N O I T A D N E M M O C J
S R G N I Z A M A N N O C H E E R F U L
R F V G T R A M S O O A T U S U P E R S
D E T N E L A T I G Y N N U F V H Y M U
F C T E Q X P T G N A C A W E S O M E T
F T A T B T C U I B T L I E C I N D N Y
P E C U A E Y E N O P E L T G F O A D L
E E C L F L A Z L P N J L N S Y R G O D
R W L F E M F U A L D E I L P A E T R N
J S A V U V T D T E E M R G I N T P S E
X M I Y T T E R P I R N B E E G T N E I
H O M A G E I R N A F K T R C N E Y A R
U E M O S D N A H G J U O M E N I N Q F
F N H F G Y V C F A B U L O U S I U T B
F D A G O R G E O U S T R O N G S S S N
```

Solution on page 382

Airplane Traveler

```
J O A T I M U J R A T E S T U N A E P T
D U E T H M K B S C M S I S T A N D B Y
A E N E T F O U R I A N J D L R O W G D
P C B K M Q T S I P E P O E B M I L E S
V O I C E L H I G R T T L I L O S H R E
X M P I M T G N Q R N B N K T F R X A J
N F O T B A I E E D A R G P U A U I F G
N O T G E D L S B T D I O P W M C V D R
G R S O R V F S Y L N J J X O K X A P E
O T N A S E G A S B E V E R A G E S V G
X A O A H N R G L R T V D K C X H X Z N
T B N E I T Y H E L T E L H P O I N O I
W L N V P U C I Z G A F R L O Y A L T Y
V E A E X R S J T R Y U O U U P R C M L
Y S Y C N E U Q E R F R T Z S G Z G H F
B A L R N R Z W R G E E N I Z A G A M Z
L U L A T S A V P R N O X L B D E A L S
O I L E U R A O S J U U V I P A O L G V
D P B M D D I V S T N I O P T M H P P E
H C C Z S C X P T R A V E L W F Q G Q X
```

ADVENTURERS
AIR
ATTENDANT
BEVERAGES
BOARDING PASS
BUSINESS
COACH
COMFORTABLE
DEALS
DELAY
EXCURSION
EXIT
EXPLORERS
FARE
FLIGHT
FLYING
FREQUENCY
HABITUAL
HOP
JUNKET
LOUNGE
LOYALTY
LUGGAGE
MAGAZINE
MEMBERSHIP
MILES
NONSTOP

OFTEN
PEANUTS
PLANES
PLEASURE
POINTS
PRETZELS
RATES
REWARD
RIDE
SAVINGS
STANDBY

TICKET
TRAVEL
TRAY TABLE
TRIP
UPGRADE
VACATION
WORLD

Solution on page 382

Popular TV Shows

ARROW

BETTER CALL SAUL

BILLIONS

BLACK MIRROR

COLONY

DAREDEVIL

DESIGNATED SURVIVOR

FARGO

FULLER HOUSE

GILMORE GIRLS

GOOD BEHAVIOR

GOTHAM

HOMELAND

HOUSE OF CARDS

LEGENDS OF TOMORROW

LUCIFER

LUKE CAGE

MEDICI

NARCOS

OUTLANDER

PEAKY BLINDERS

PLANET EARTH II

RICK AND MORTY

RIVERDALE

SCORPION

SCREAM QUEENS

SHOOTER

SKAM

STRANGER THINGS

SUPERGIRL

TAKEN

THE OA

THIS IS US

TRAVELERS

TROLLHUNTERS

TRUE DETECTIVE

VAN HELSING

VERSAILLES

VIKINGS

WESTWORLD

```
R E W T A R E D N A L T U O M I R W J G
E Z H R D A R E D E V I L A I E O L L S
T N I O T R V S O M R U H H V R I D C D
O O L L S R I I Z T K T T I R M V C O E
O I U L U O K G Q E O R T O P T A K E N
H P A H P W I N C G A C M F E S H K T J
S R S U E T N A D E E O D U A R E R S V
N O L N R H G T T T T L N L K E B O P A
E C L T G E S E E F F O A L Y L D R E N
E S A E I O N D O J S N L E B E O R L H
U Z C R R A E S R O Y Y E R L V O I A E
Q J R S L U D U C A Q R M H I A G M D L
M P E P R N Y R W O C U O O N R R K R S
A V T T E R A V T F Y F H U D T A C E I
E O T G S N O I L L I B O S E R F A V N
R M E D I C I V S L R I G E R O M L I G
C L B G D L R O W T S E W K S G E B R Q
S T R A N G E R T H I N G S A U O K B J
C D L U C I F E R I C K A N D M O R T Y
H G V E R S A I L L E S U S I S I H T A
```

Solution on page 382

ANSWERS

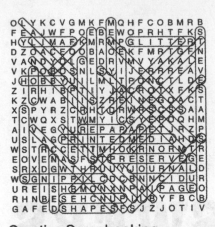

Creative Scrapbooking

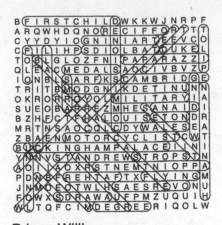

Prince William

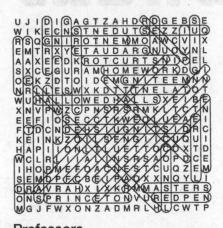

Professors

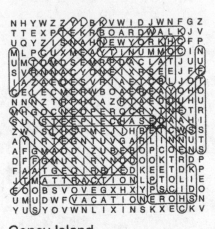

Coney Island

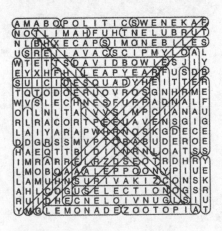

2016 in Review

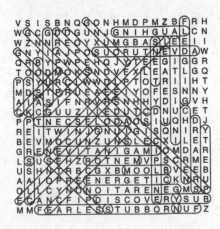

Youthful

Athletic Shoes

Caught in a Storm

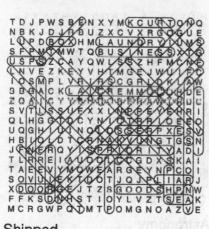

Shipped

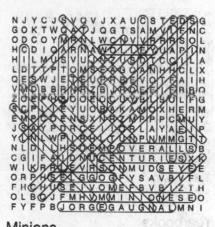

Minions

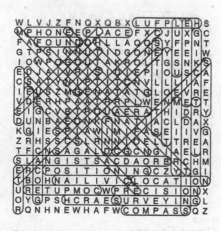

Global Positioning System

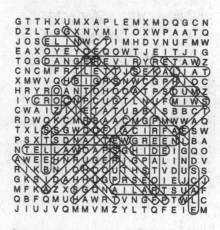

Crocodiles

Katy Perry

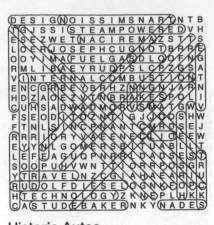

Historic Autos

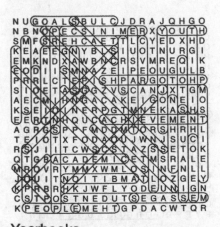

Yearbooks

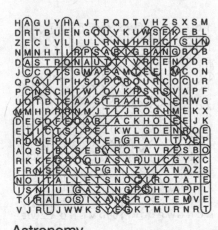

Astronomy

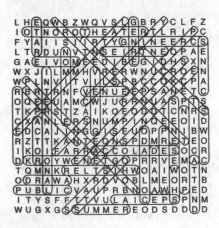

Film Festivals

Good Fences

Hear the Sound

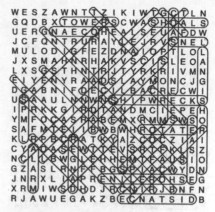

Lovely Lighthouses

Rubber on the Road

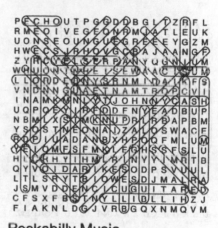

Rockabilly Music

Living in a Castle

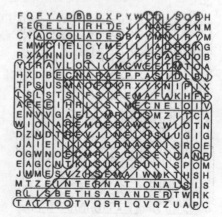

The Girl with the Dragon Tattoo

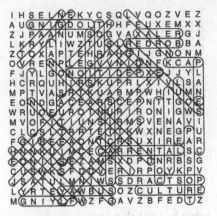

Journeys

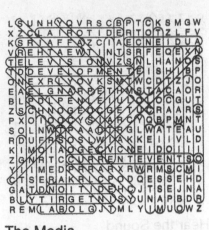

The Media

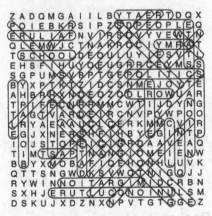

History Texts

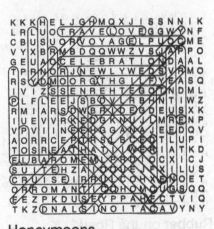

Honeymoons

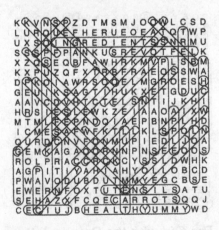

Bring a Lunch

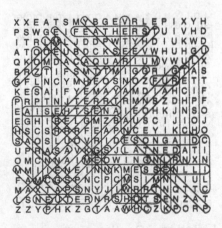

Animal Doctor

334

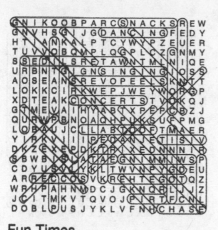

Fun Times

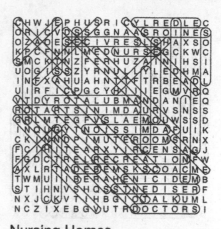

Nursing Homes

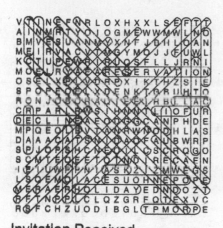

Invitation Received

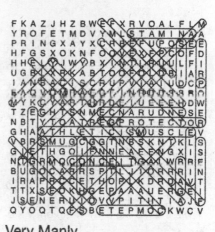

Very Manly

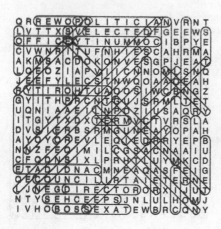

Mayors

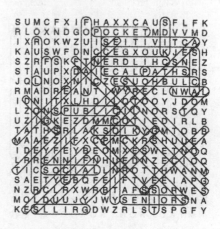

Neighborhood Parks

Punk Rock

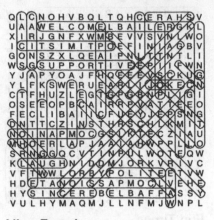

Nice People

Birds

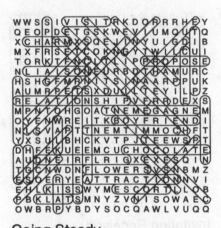

Going Steady

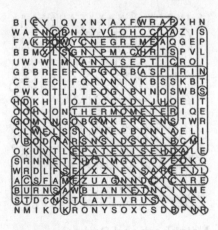

First-Aid Kit

Rainforests

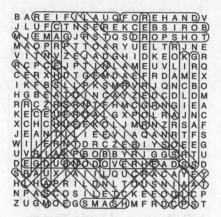

Tennis Fan

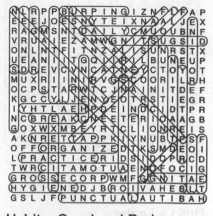

Habits: Good and Bad

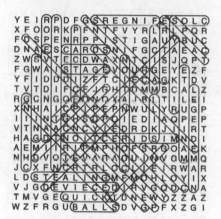

Sleight of Hand

Pitch a Tent

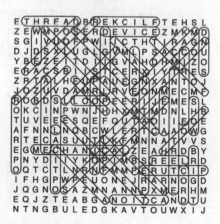

Movie Projectors

Domiciles

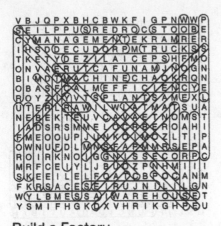

Build a Factory

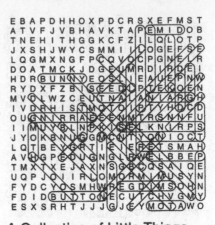

A Collection of Little Things

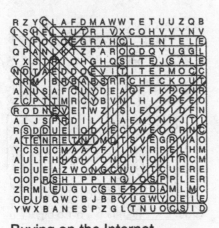

Buying on the Internet

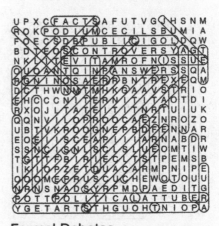

Formal Debates

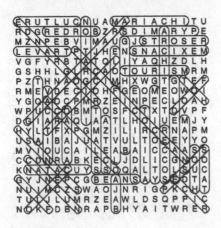

See Mexico

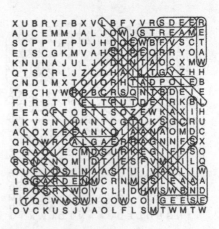

Ponds

Running for Office

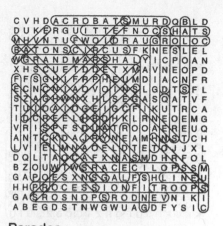

Parades

Going to the Dance

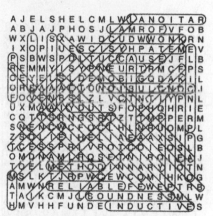

Use Some Logic

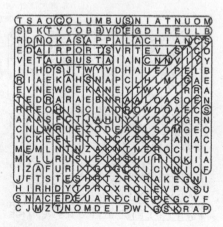

Georgia

See a Lawyer

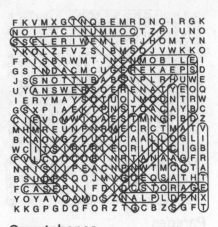

Smartphones

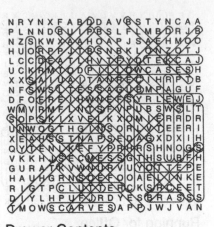

Drawer Contents

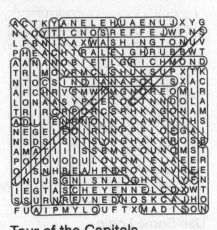

Tour of the Capitals

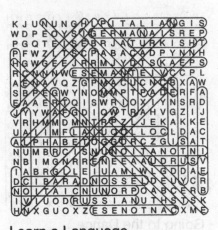

Learn a Language

At the Stadium

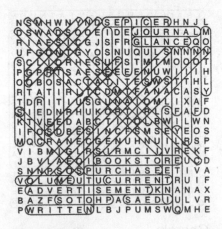

Magazines

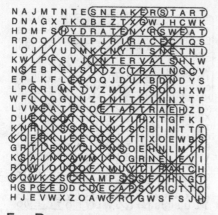

Fun Run

Give and Take

Snapchat

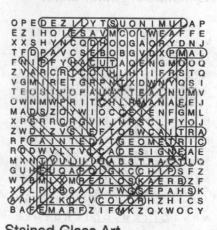

Stained Glass Art

Microwave It

Big Flood

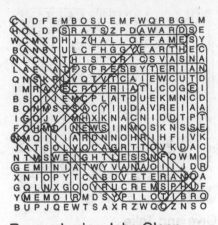

Remembering John Glenn

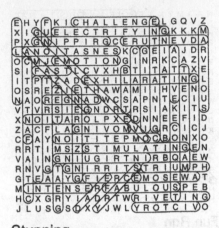

Stunning

Wearing Contacts

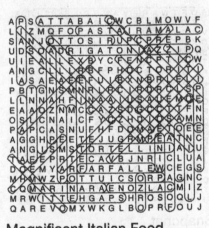

Magnificent Italian Food

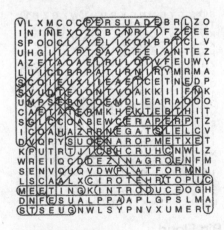

Interesting Talk

Corporate

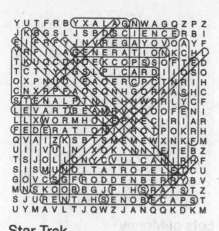

Star Trek

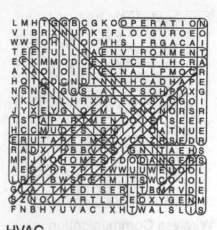

HVAC

Costumes

Make a Quilt

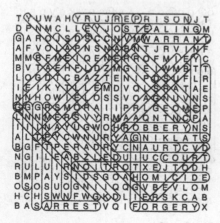

It's a Crime

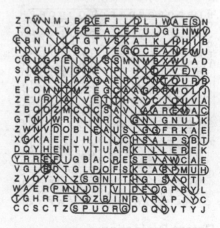

Whale Watching

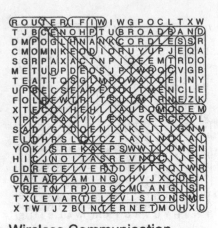

Wireless Communication

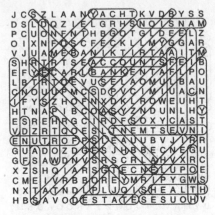

Lots of Money

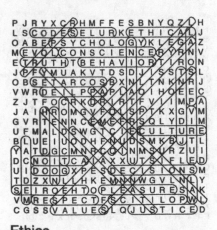

Ethics

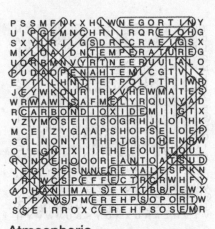

Atmospheric

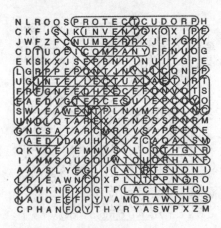

Patent Protection

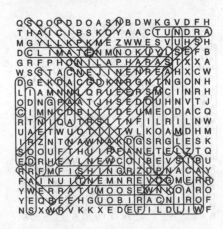

Alaska Trip

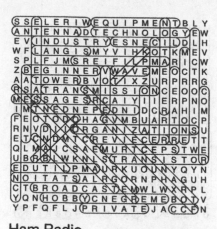

Ham Radio

Appearances

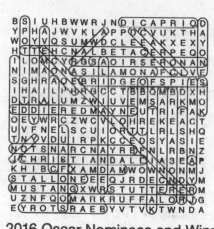

2016 Oscar Nominees and Winners

Parts of Life

Engineering

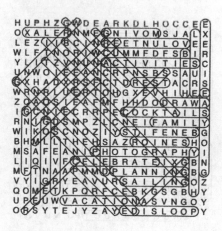

Retirement

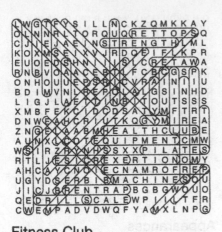

Fitness Club

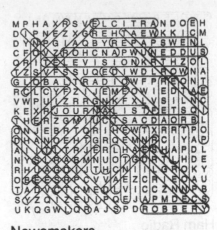

Newsmakers

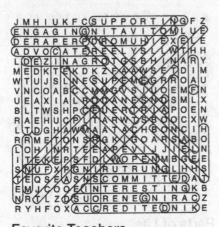

Favorite Teachers

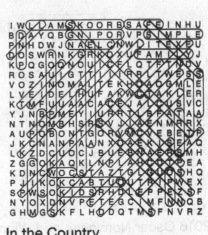

In the Country

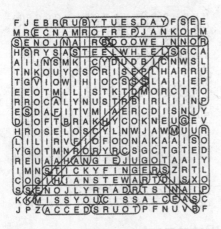

The Rolling Stones

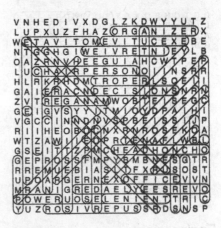

Bossy

346

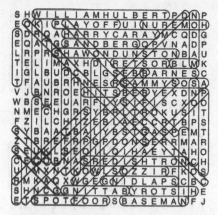

Chicago Cubs

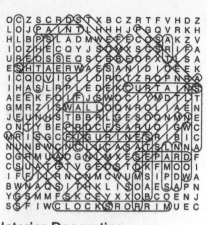

Interior Decorating

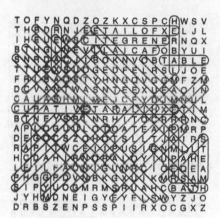

Spa Resort

Electronic Books

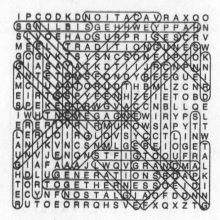

Family Time

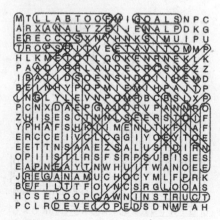

Coaching

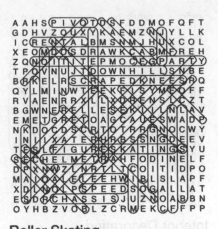

Roller Skating

Found in the Forest

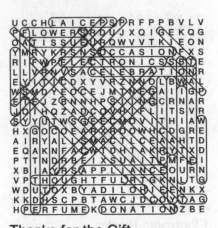

Thanks for the Gift

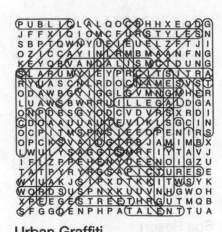

Urban Graffiti

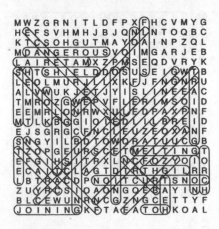

Welding

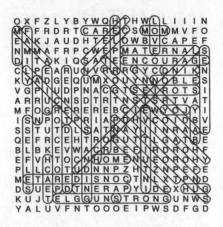

My Mom

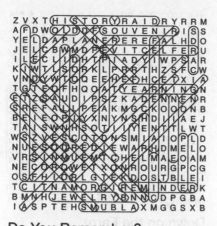

Do You Remember?

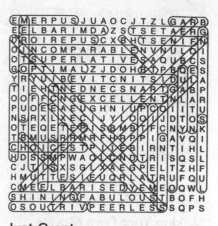

Just Great

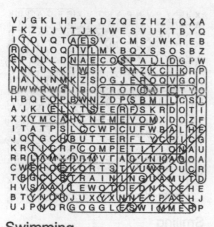

Swimming

Jennifer Lawrence

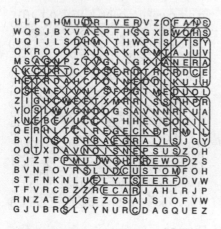

Monster Truck Show

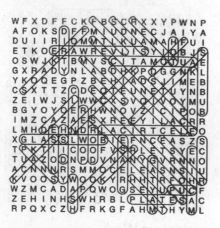

Dishwashing

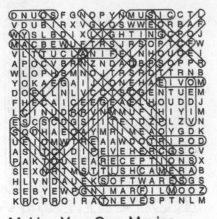

Making Your Own Movies

Down on the Farm

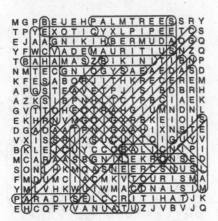

Hot Vacations

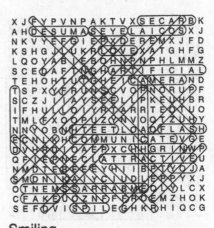

Smiling

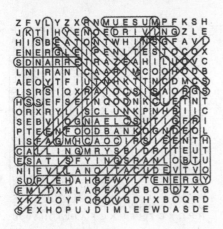

Volunteer Work

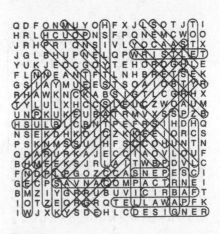

Purses

350

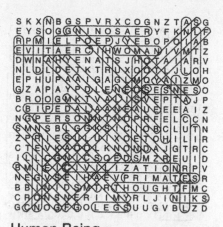

Human Being

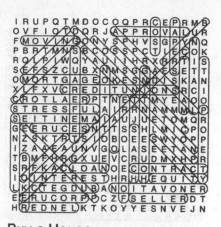

Buy a House

Higher Math

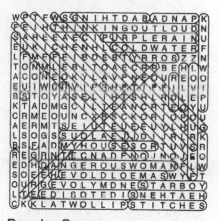

Popular Songs

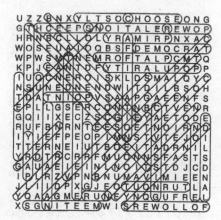

Presidential Election

TV Viewing

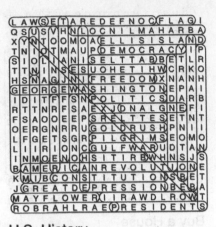

U.S. History

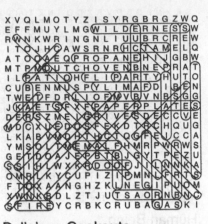

Delicious Cookouts

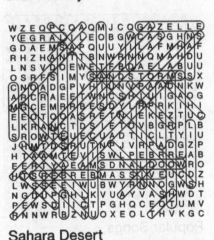

Sahara Desert

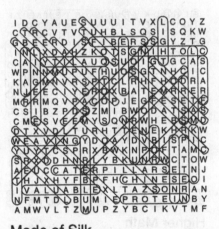

Made of Silk

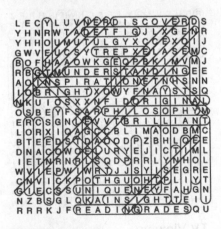

Really Smart

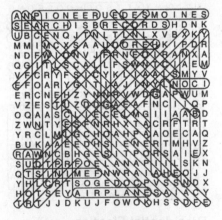

Amazing Amelia Earhart

352

Bathroom Cabinet

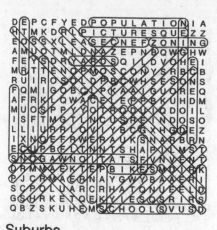

Suburbs

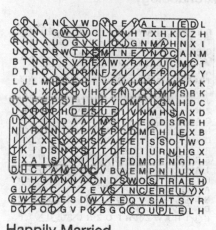

Happily Married

Brush with Toothpaste

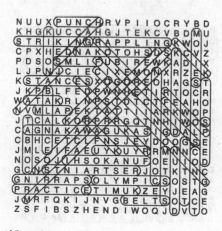

Karate

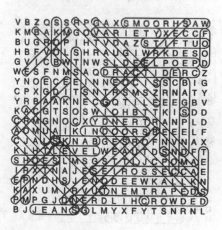

Shopping Trip

Madonna Fan

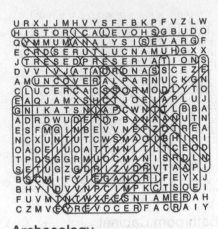

Archaeology

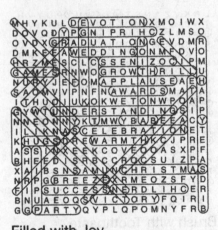

Filled with Joy

Eat a Sandwich

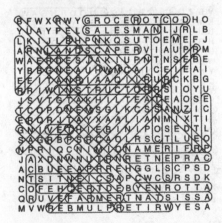

Your Job

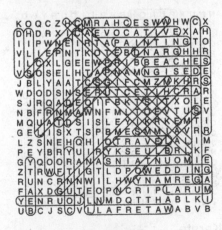

Pretty As a Picture

354

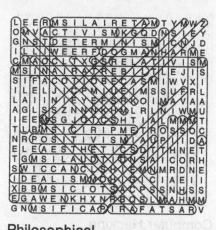

Philosophical

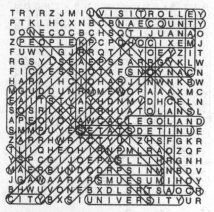

Visit San Diego

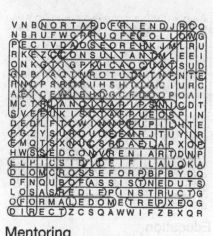

Mentoring

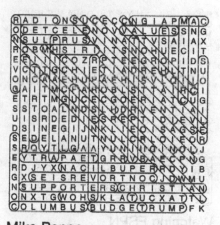

Mike Pence

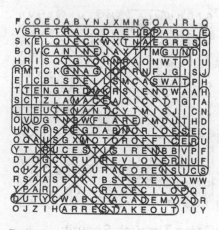

Police

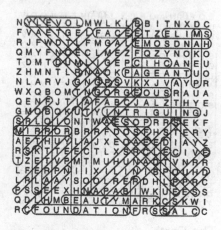

Beautiful People

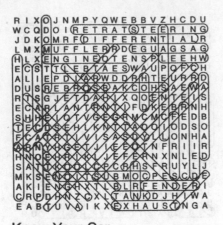

Know Your Car

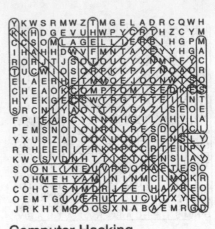

Computer Hacking

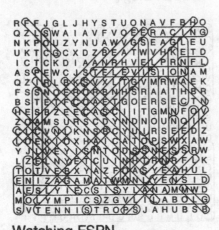

Watching ESPN

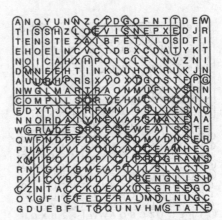

Education

The Earth

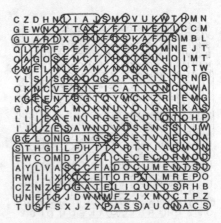

Going Through Security

356

Yard Work

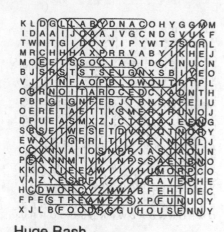

Huge Bash

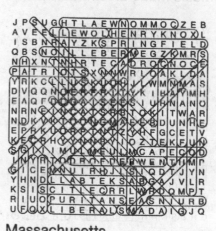

Massachusetts

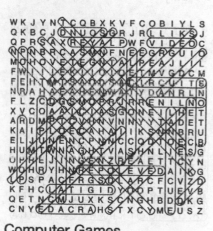

Computer Games

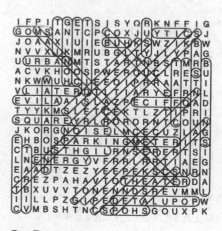

Go Downtown

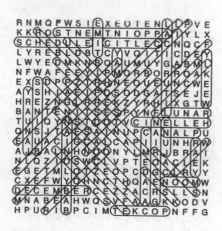

Calendars

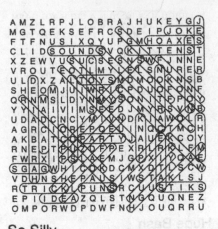

So Silly

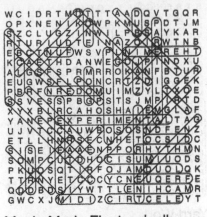

Music Made Electronically

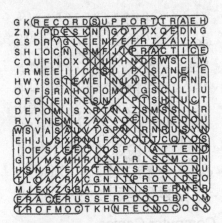

Nurses

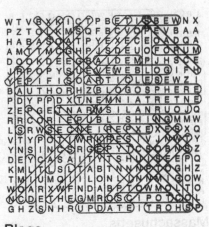

Blogs

All Aboard the Railroad

Positive Attitudes

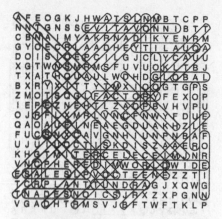

Drive a Toyota

Wildfire

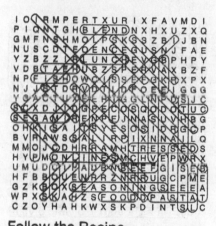

Follow the Recipe

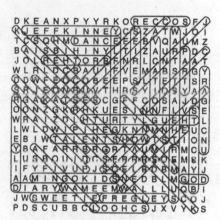

Diary of a Wimpy Kid

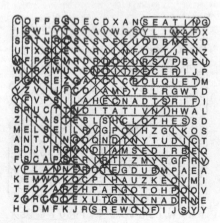

Weddings

Herbs and Spices

Physics Class

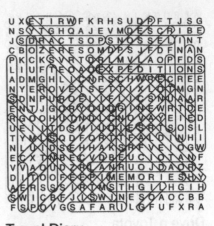

Travel Diary

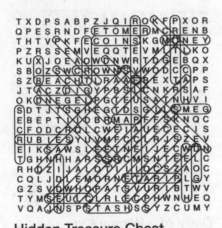

Hidden Treasure Chest

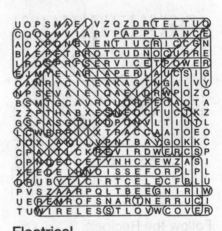

Electrical

Selling Insurance

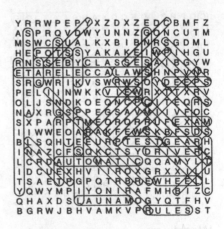

Learn to Drive

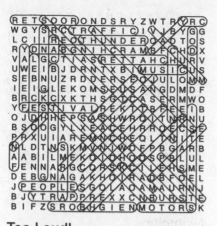

Too Loud!

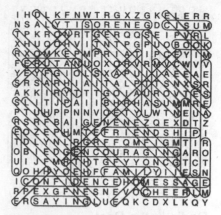

Enriching

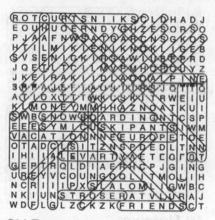

Ski Fun

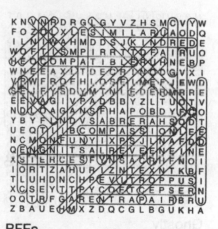

BFFs

For Carnivores

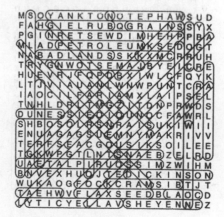

North Dakota

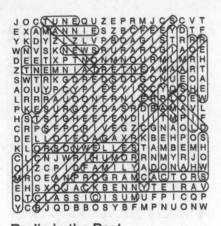

Radio in the Past

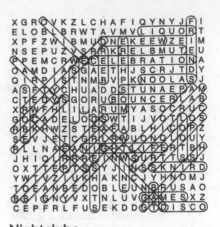

Nightclubs

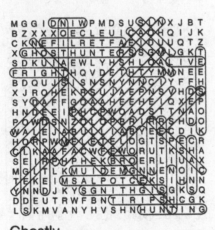

Ghostly

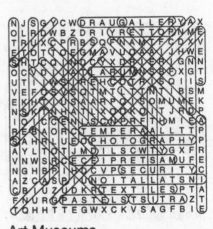

Art Museums

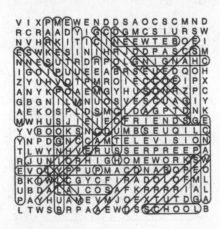

Tweenagers

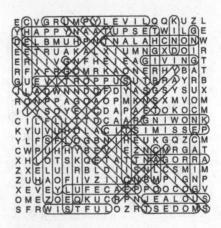

Demeanors

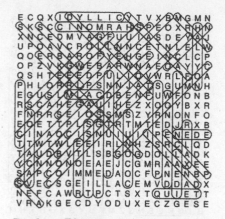

Perfect Places

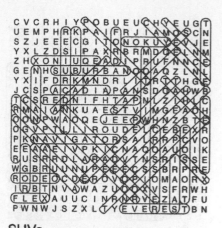

SUVs

Christmas

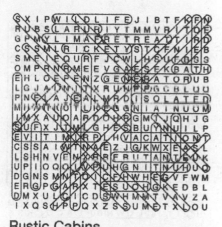

Rustic Cabins

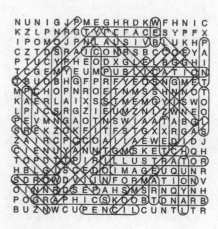

Illustration

iPhone 7

Certificates

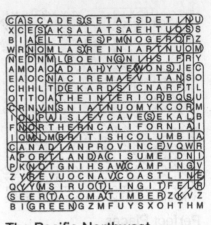

The Pacific Northwest

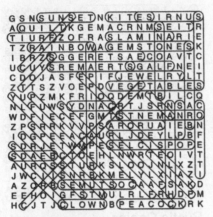

Colorful Stuff

Sea Otters

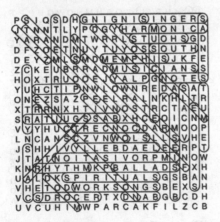

Blues Singers

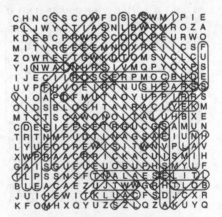

Home Improvement Store

364

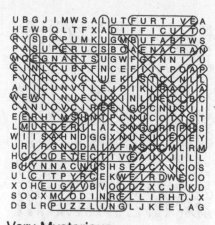

Very Mysterious

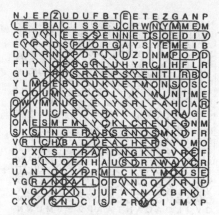

Justin Timberlake

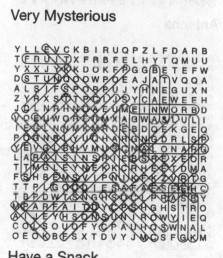

Have a Snack

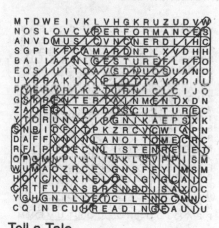

Tell a Tale

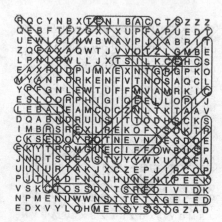

Stay Organized

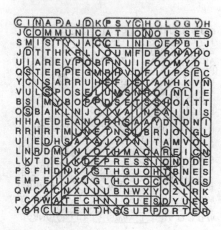

Therapy Session

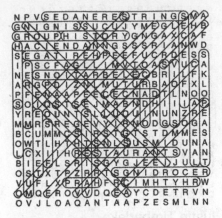

Mariachi Music

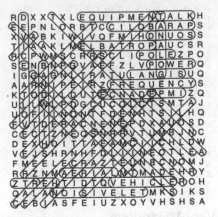

Antenna

Children's Parties

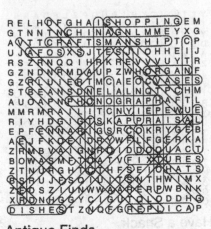

Antique Finds

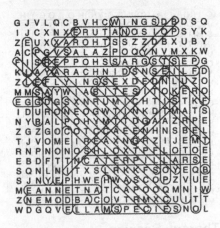

Interesting Insects

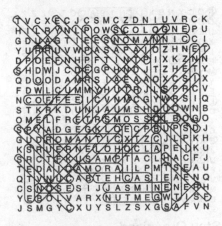

What's That Smell?

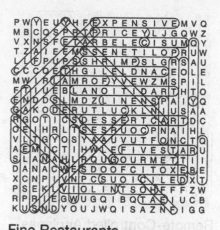

Fine Restaurants

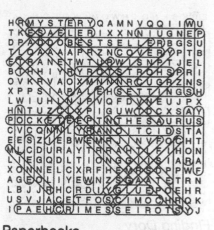

Paperbacks

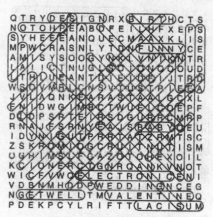

Send a Card

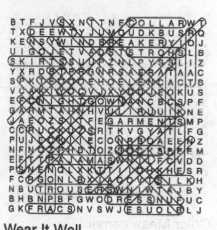

Wear It Well

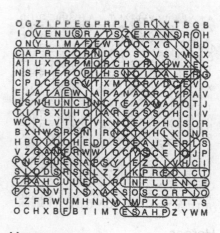

Horoscopes

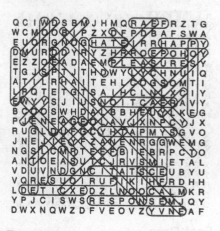

Emotional

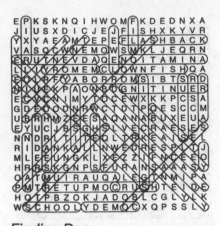

Finding Dory

Color Measurement

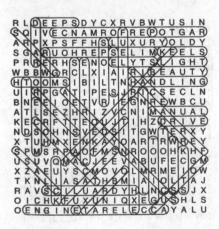

Fast Cars

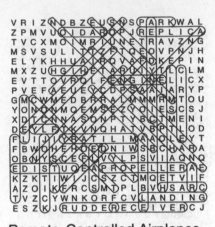

Remote-Controlled Airplanes

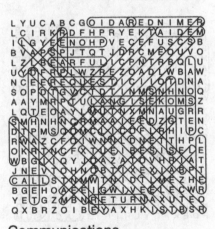

Communications

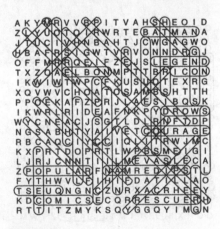

Heroes

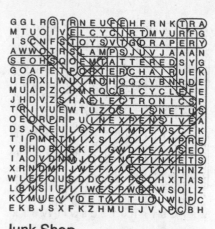

Junk Shop

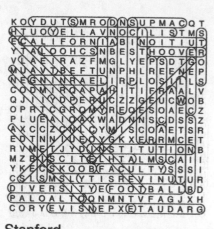

Stanford

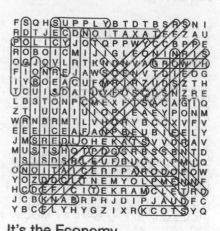

It's the Economy

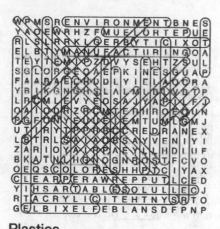

Plastics

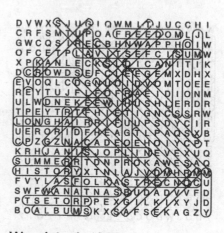

Woodstock 1969

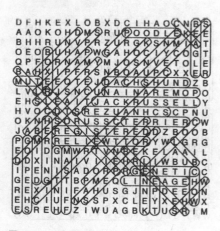

Types of Dogs

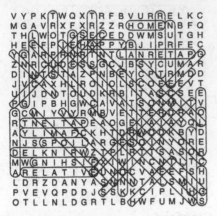

Grandparenting

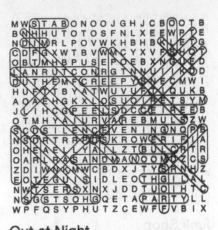

Out at Night

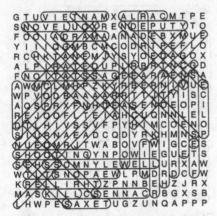

No Country for Old Men

Move a Mouse

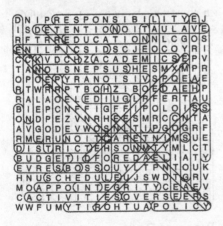

Principals

Growing Things

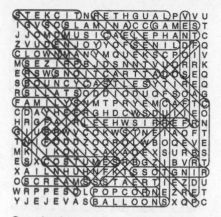

Carnivals

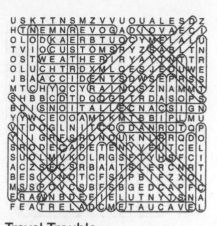

Travel Trouble

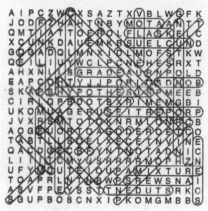

Chemistry Quiz

Jewelry

Classified Ad

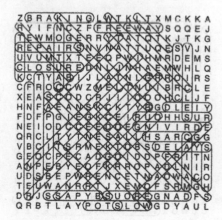

Stuck in Traffic

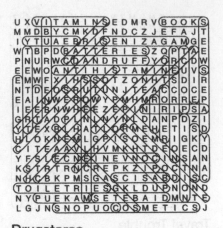

Drugstores

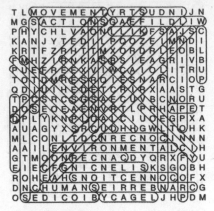

Silent Spring

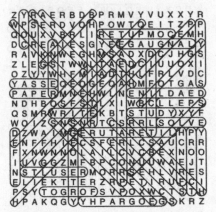

Do Your Homework

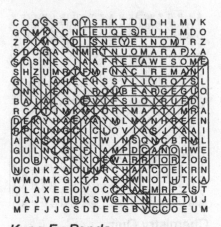

Kung Fu Panda

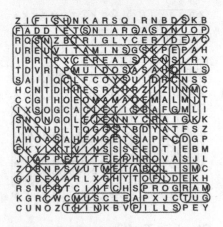

Watch What You Eat

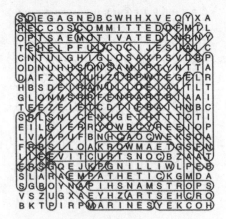

Part of a Team

Dry Cleaners

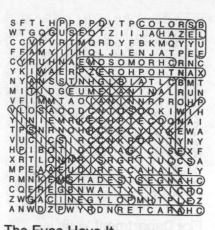

The Eyes Have It

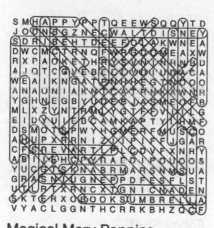

Magical Mary Poppins

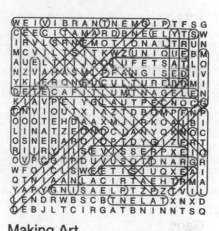

Making Art

Nice and Soft

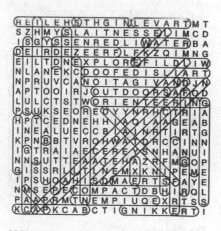

Wilderness Adventure

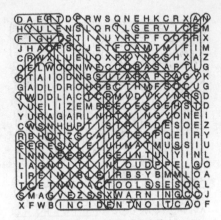

Fire Department Vehicles

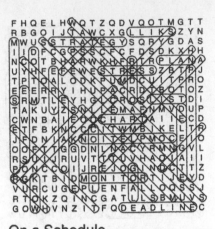

On a Schedule

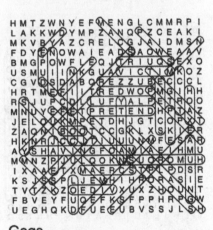

Gags

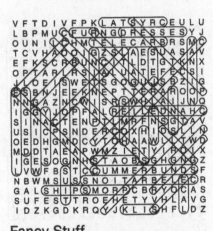

Fancy Stuff

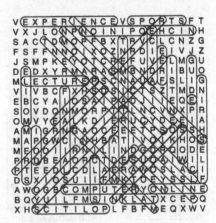

Podcasts

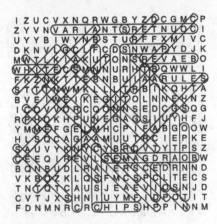

Backgammon

See the Falls

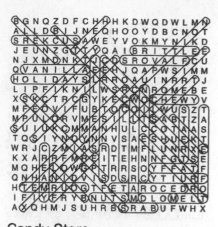

Candy Store

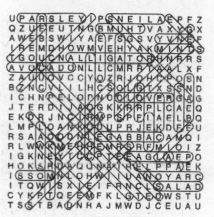

Green Things

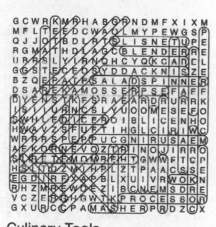

Culinary Tools

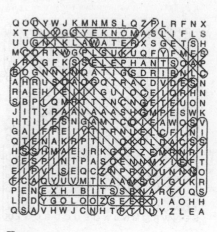

Zoos

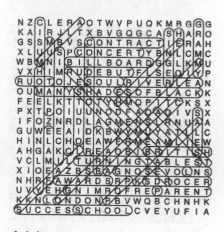

Adele

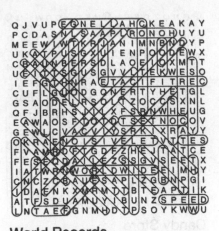

World Records

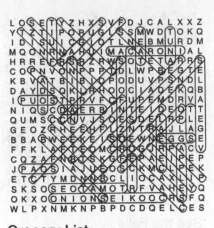

Grocery List

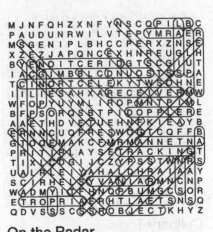

On the Radar

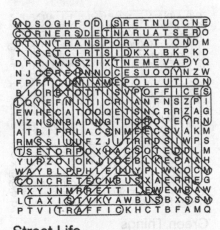

Street Life

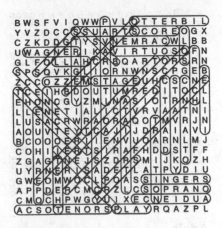

Opera Fan

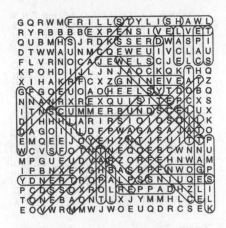

Dressy

Ocean Stroll

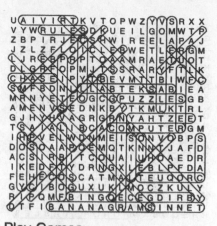

Play Games

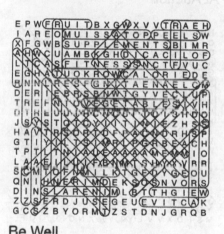

Be Well

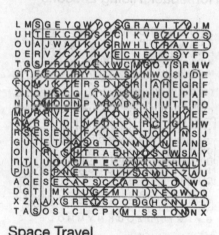

Space Travel

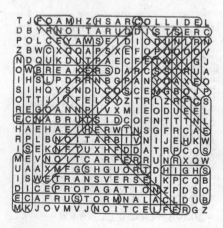

Waves

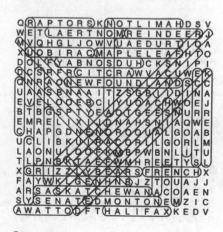

Canada

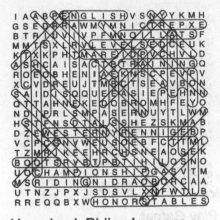

Horseback Riding Lessons

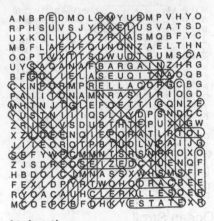

At Auction

Holiday Lights

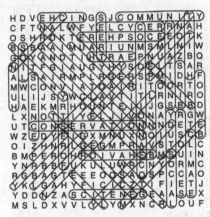

Ecological

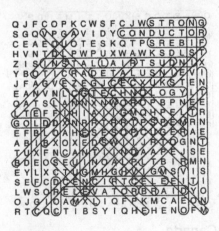

Cabling

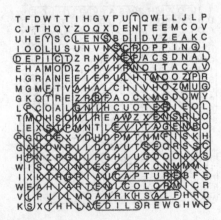

Take a Picture

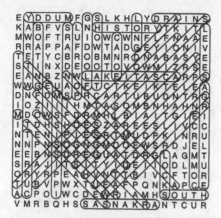

Down the Mississippi

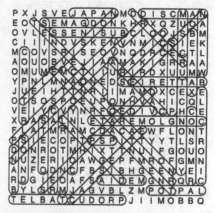

Sony Corporation

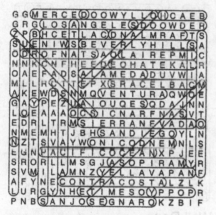

Around California

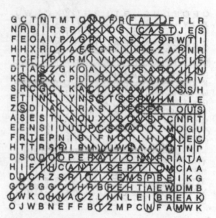

Call for Help

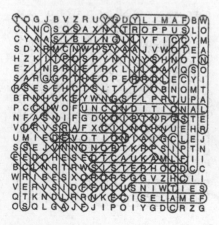

Sisters Are Special

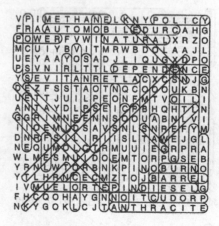

Fossil Fuels

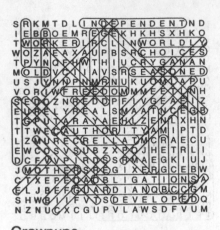

Grownups

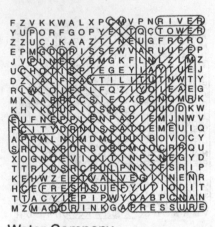

Water Company

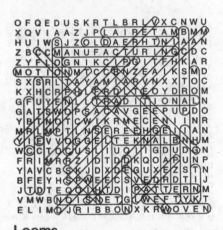

Looms

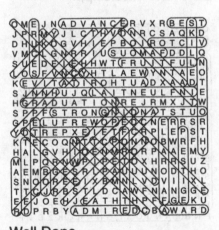

Well Done

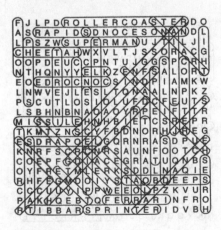

Quick

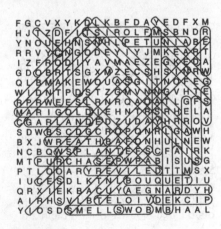

Flowers

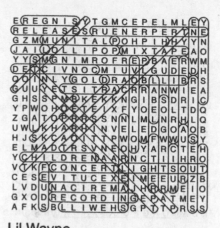

Lil Wayne

Enjoyable Activities

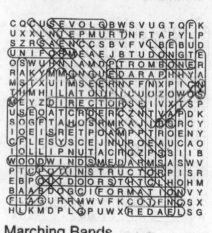

Marching Bands

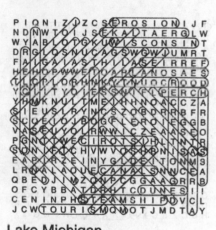

Lake Michigan

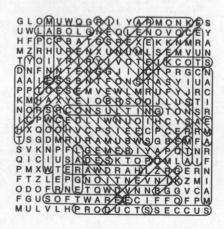

International Business Machines

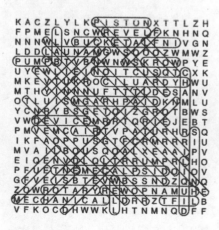

Pump It

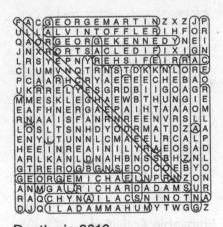

Deaths in 2016

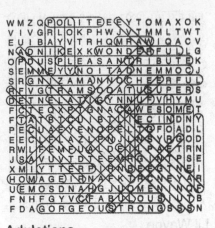

Adulations

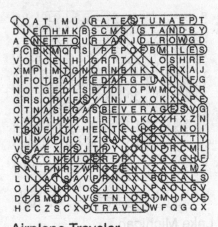

Airplane Traveler

Popular TV Shows